Reinhard Prahl
Thorsten Walch

ES LEBE CAPTAIN FUTURE

40 Jahre Kult in Deutschland

Franchise-Sachbuch präsentiert vom Corona Magazine

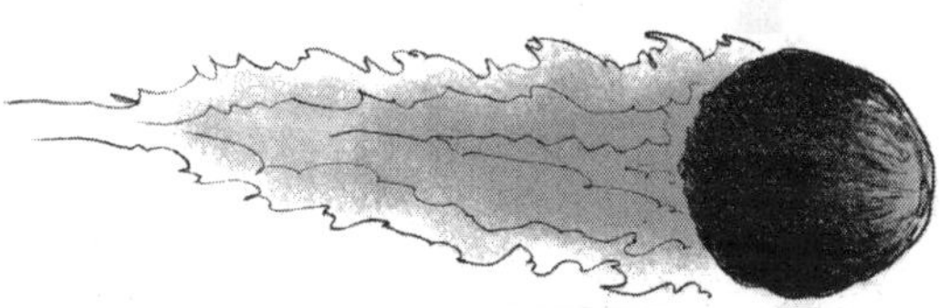

in Farbe und Bunt

Originalausgabe | © 2020
in Farbe und Bunt Verlag
Am Bokholt 9 | 24251 Osdorf

www.ifub-verlag.de
www.ifubshop.com

Herausgeber: Björn Sülter
Lektorat: Telma Vahey
Cover-Gestaltung: EM Cedes
Vignetten: Ralph Sander
Autorenfoto T. Walch: Sabine Walch
Innenseitengestaltung: EM Cedes

Print-Ausgabe gedruckt von:
Bookpress.eu, ul. Lubelska 37c, 10-408 Olsztyn

ISBN (Print): 978-3-95936-186-6
ISBN (Ebook): 978-3-95936-187-3

INHALTSVERZEICHNIS

TEIL 2: DIE HÖRSPIELE 134

TEIL 3: DIE RESTLICHEN ROMANE 181

TEIL 4: WISSENSWERTES FÜR NERDS 187

VORWORT

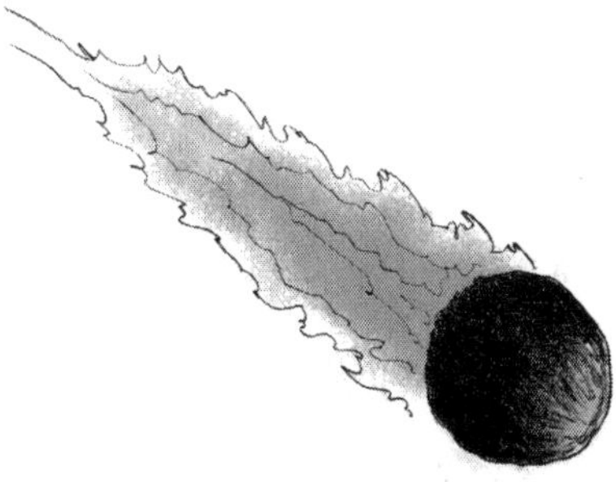

VON REINHARD PRAHL

Neben *Star Trek*, *Star Wars*, *Raumpatrouille Orion* und *Mondbasis Alpha 1* prägte in meiner Jugend vor allem Captain Future meine Vorstellungen von einer raumfahrenden Zukunft der Menschheit. Mit damals gerade einmal 13 Jahren kannte ich die Romane des Autors Edmond Hamilton (1904 – 1977) nicht, als die japanische Zeichentrickserie 1980 erstmals in Deutschland über die Bildschirme flimmerte.

Doch sie war anders als alle anderen Animationsserien, die ich bis dahin gesehen hatte und weckte schnell meine Leidenschaft für Curtis Newton alias Captain Future. Die Abenteuer des rothaarigen Kämpfers für die Gerechtigkeit und seiner Mitstreiter, das »lebende Gehirn« Professor Simon Wright, der stählerne Roboter Grag sowie der Androide Otto brannten sich ebenso tief in meines, wie auch das popkulturelle Gedächtnis einer ganzen Fernsehgeneration. Doch auch die Weltraumpolizisten Joan Landor und Ezella Garnie eroberten mein Herz im Sturm. Und welcher 13-Jährige träumt nicht davon, so mutig und draufgängerisch wie Ken Scott zu sein? Er durfte seinem Idol mutig hinterhereifern und mit ihm spektakuläre Abenteuer erleben. Im Lauf der Serie gerät er in so manche missliche Lage, aus der ihn der Zauberer der Wissenschaft dann befreit.

Die Tatsache, dass Captain Future eben keine Realserie oder ein Kinofilm war, wirkte sich in keiner Weise störend aus. Im Gegenteil. Der Stil von Animeserien war uns Kindern der 70er und frühen 80er Jahre bereits durch die weniger actiongeladenenen *Wickie und die starken Männer* (1974), *Heidi* (1974), *Die Biene Maja* (1975) oder *Pinocchio* (1976) bekannt. All diese Kinderserien wurden in Japan produziert und bereiteten uns auf den innovativen Stil vor, der schließlich von den Toei Studios verwirklicht werden sollte. Der Unterschied war, dass Captain Future nicht für Kinder im

Vorschulalter, sondern für die Altersgruppe ab 12 Jahren entwickelt worden war. Deshalb wagte sich die Serie an Themen, die ansonsten im Kinderfernsehen jener Tage eher tabu waren. Das Konzept der Space Opera mit unverkennbaren Western-Anleihen funktionierte jedenfalls bei mir prächtig. Noch heute fühle ich mich beim regelmäßigen Re-Watching bestens unterhalten und trage stolz auf Conventions mein Captain Future T-Shirt.

Für mich am Erstaunlichsten ist aber die Tatsache, dass eine 52-teilige Animeserie, die in Deutschland auf 40 Episoden gekürzt wurde, auch heute noch unvergessen ist. Mehr noch! Curtis Newton und seine Freunde genießen Kultstatus.

Das macht sich nicht zuletzt an der überwältigenden Bewegung im Franchise der letzten Jahre fest. Seit 2011 erscheinen im Golkonda Verlag Edmond Hamiltons Romane in einer wunderschönen Neuauflage. Sieben Bände plus zwei weitere mit allen Kurzgeschichten und ein Sachbuch sind publiziert. 2012 gesellte sich der Maritim Verlag mit einer von Sebastian Pobot produzierten Hörspielserie dazu, die auf den Golkonda-Veröffentlichungen beruhen. Hier liegen bislang fünf Staffeln auf insgesamt 25 CDs vor. Last but not least machen seit Jahren immer wieder Gerüchte über eine Real-Filmumsetzung von Christian Alvart *(Pandorum)* die Runde, die sich seit 2010 in der Planung befindet. Seit November 2018 verdichten sich die Indizien und mit etwas Glück beginnt der Dreh zum ersten von drei geplanten Teilen in Kürze. Wer also geglaubt hätte, eine eigentlich kurzlebige Animeserie könne im Fandom kein nachhaltiges Echo hinterlassen, täuscht sich gewaltig. *Captain Future* ist beliebt wie eh und je und im Jahr 2020 feiern wir 40 Jahre *Captain Future* in Deutschland. Zeit also, dem Kindheitshelden so vieler SciFi-Fans endlich in Sachbuchform zu huldigen.

Bevor wir das tun, möchten wir Ihnen als Leser noch einige einleitende Worte mit an die Hand geben. *Es lebe Captain Future* bezieht sich überwiegend auf das, was den Zauberer der Wissenschaften in Deutschland so beliebt gemacht hat:

die TV-Serie, ihre Sprecher und die wundervolle Filmmusik von Christan Bruhn. Die inszenierten Hörbücher des Maritim Verlages folgen der Serientradition, indem, soweit wie möglich, auf die Sprecher aus Zeiten der ZDF-Synchronisation zurückgegriffen wurde. Darüber hinaus erwarb das Label die Lizenz für Christian Bruhns Soundtrack, ohne den Captain Future heute nicht das wäre, was es ist.

Die nicht verfilmten Romane werden in einem eigenen Kapitel erfasst. Da diese in unseren Breitengeraden allerdings wesentlich weniger bekannt sind, entschieden wir uns für eine weniger ausführliche Bearbeitung. Damit ist dieses Buch sicherlich nicht der ganz ultimative Guide durch das Hamilton'sche SciFi-Universum, das sich der eine oder andere Fan gewünscht haben mag. Nichtsdestotrotz halten Sie heute das ausführlichste – und bislang einzige – Sachbuch zum Thema *Captain Future – Die Zeichentrickserie* in Ihren Händen. Nun aber im Spiralflug auf zum Sternbild des Schwans, den Abenteuern eines Helden entgegen, der viele deutsche Fans seit ihrer Kindheit und Jugend begleitet. Es lebe Captain Future!

VON THORSTEN WALCH

Es gab noch keine Mangas und keine Animes, als *Captain Future* hier zu uns nach Deutschland kam. Jedenfalls nicht im hiesigen Sprachgebrauch. Natürlich benutzte man diese Begriffe im Reich der aufgehenden Sonne schon seit der Nachkriegszeit, in der die ersten Erzeugnisse japanischer Zeichentrickkultur herausgekommen waren. Hier bei uns begann man damit erst in den frühen 90er Jahren, als Katsuhiro Otomos dystopisches Meisterwerk *Akira* breitere Beachtung fernab der Kunst-Szene erfuhr, und die heutige breit gefächerte Manga- und Anime-Fangemeinde begann sich wenig später zu formieren.

Aber am 27. September des Jahres 1980 kannte noch niemand Mangas und Animes. Japanische Zeichentrickfilme und -Serien allerdings schon, genaugenommen hatte es in Deutschland seit den 70er Jahren einen wahren Boom gegeben. Wie Kollege Prahl schon schrieb, bereicherten *Die Biene Maja, Pinocchio, Sindbad, Wickie und die starken Männer* sowie natürlich *Heidi* und die rührende Geschichte des kleinen *Marco* das nachmittägliche Fernsehprogramm für die Kleinen, das man damals noch die »Kinderstunde« nannte. Science-Fiction-Serien waren jedoch nicht darunter, obwohl es sie im Herkunftsland von *Ultraman* und *Godzilla* ganz ohne Zweifel ebenfalls gab. Und harte, fast erwachsene Burschen wie der damals 12jährige Verfasser dieser Zeilen schauten sich natürlich keine solchen Kindersendungen wie die schon genannten (mehr) an, jedenfalls hätten sie das niemals zugegeben. Doch die Aussicht auf ein gezeichnetes Weltraumabenteuer brachte auch seine Augen zum Leuchten.

Science-Fiction hatte sich damals auch hierzulande endgültig zu einem Mode-Genre entwickelt. *Krieg der Sterne,* gefolgt von *Kampfstern Galactica,* war im Kino zu sehen, im Fernsehen war gerade die erste Wiederholung von *Raumschiff Enterprise* zu Ende gegangen, wovon man zu Ostern ebenfalls einen ersten Kinofilm herausgebracht hatte. Gerade war außerdem ein Disney-Film mit dem Titel *Das schwarze Loch* in den Lichtspieltheatern angelaufen, und natürlich wartete man atemlos auf den zweiten *Star Wars*-Film im Dezember. Da kam *Captain Future* genau zur rechten Zeit, um ein Riesenerfolg im TV zu werden, genaugenommen beim Zweiten Deutschen Fernsehen, dem ZDF, das die neue Serie zeigen würde. Die Handlung basierte auf einer Romanserie des Autoren Edmond Hamilton aus den 40er Jahren, von der man in den 60er Jahren einige Geschichten in der Reihe »Utopia Zukunftsroman« in deutscher Übersetzung veröffentlicht hatte. Aber daran erinnerte sich fast 30 Jahre später freilich niemand mehr.

Der erste Eindruck von der Zeichentrickserie war dann demzufolge auch der einer Mischung aus *Krieg der Sterne* und *Raumschiff Enterprise*. Da war dieser wissenschaftlich hoch gebildete Captain des Raumschiffes Comet mit seiner Crew, die aus dem Roboter Grag und dem Androiden Otto bestand, die sich ebenso oft und gerne zankten wie schon Mister Spock und Doktor McCoy.

Joan Landor von der Weltraumpolizei unterstützte die Helden nach Kräften bei ihren Abenteuern, der wissenschaftliche Berater war das mittels eines fliegenden Apparates überlebende Gehirn des genialen Professors Simon Wright, und der kleine Waisenjunge Ken Scott schließlich war die Identifikationsfigur für das junge Publikum. Gemeinsam kämpfte das Team gegen alle möglichen und auch unmöglichen Bösewichter.

Die meisten japanischen Zeichentrickserien wurden damals auf 52 Episoden festgelegt. Die Folgen erzählten zusammenhängende Gesamtgeschichten, die mitunter stark gekürzt und auch in ihrer ursprünglichen Ausstrahlungsreihenfolge verändert wurden, um eine 25-minütige Episode pro Woche zu ergeben. Doch auch davon wusste damals noch niemand etwas, und Captain Future trat seinen Siegeszug an. Unvorstellbar in der heutigen Zeit, aber viele Eltern liefen Sturm gegen die Serie, die in ihren Augen erheblich zu brutal und auch zu unrealistisch für die lieben Kleinen war. Dies führte gar zu einer Warnung in einem damaligen Schulbuch. Dass diese sie dennoch eifrig mitverfolgten, zeigten allerdings die Einschaltquoten, die recht erstaunlich für eine Serie aus der Kinderstunde waren.

Und da man damals gerade den Bereich des Merchandising-Verkaufes als Geldquelle für sich entdeckt hatte, dauerte es nicht allzu lange, bis man pünktlich zum damaligen Weihnachtsgeschäft Actionfiguren zur Serie, Comic-Adaptionen sowie die zündende Musik aus der deutschen Fassung von Erfolgskomponist Christian Bruhn auf Schallplatte kaufen konnte.

Und so wurde *Captain Future* also zu einem ausgesprochenen TV-Kult hier bei uns. Mit dem Aufkommen der Science-Fiction- und Phantastik-Media-Fan-Szene, dem viel genannten »Fandom«, fanden auch die Zeichentrickabenteuer des Captain Future einen kleinen, aber festen Platz darin, den die Serie bis heute behauptet hat. Schließlich erschien sie gar auf DVD und Blu-ray und kann somit von den nächsten Generationen an Science-Fiction-Fans genossen werden.

Und noch mehr als das: In den heutigen Zeiten, in denen allzu gern Altbekanntes und Beliebtes wieder ausgegraben wird, um ein »Reboot« zu erschaffen, ist bereits seit Längerem die Rede von einer Fortsetzung der Serie, möglicherweise gar als aufwändiger Kinofilm. Aber dem soll an dieser Stelle nicht vorgegriffen werden, davon wird es noch zu lesen geben.

Reisen wir also zunächst zurück in der Geschichte und werfen wir gemeinsam einen Blick darauf, wie Captain Future entstand, das wurde, was er noch heute ist und was vielleicht noch alles daraus werden kann. Anschnallen bitte, Comet startet!

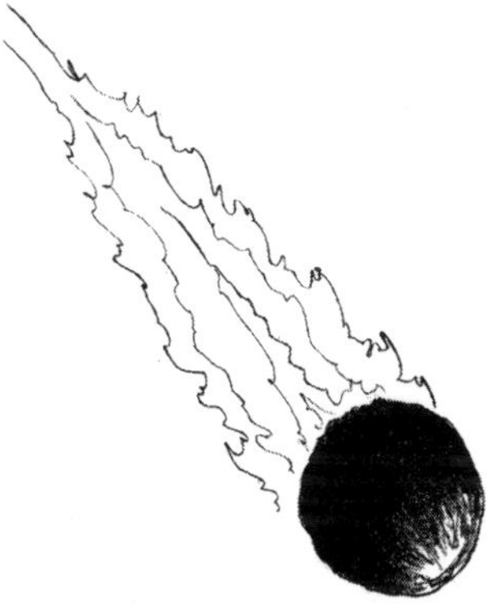

PROLOG

EDMOND HAMILTON

Captain Futures Vater und einer der Schöpfer der Weltraum-Oper

Fragt man heute in einer Runde Interessierter nach den prominentesten Science-Fiction-Autoren, dann fallen meist die gleichen Namen. Isaac Asimov ist ziemlich sicher darunter, ebenso sein Kollege Arthur C. Clarke. Robert A. Heinlein ist vielleicht auch mit dabei, ebenso natürlich Ursula K. LeGuin, C.J. Cherryh sowie die unter dem männlichen Pseudonym James Tiptree, Jr. bekannt gewordene Alice B. Sheldon, um den beträchtlichen weiblichen Anteil der zukunftsorientierten literarischen Zunft nicht zu vergessen.

Science-Fiction ist ein ungemein vielfältiges Genre: Dystopien, die eine negativ gefärbte Zukunft der Menschheit oder auch anderer Völker schildern, sind ebenso darunter wie Darstellungen paralleler Welten, in denen die Entwicklung einen anderen Verlauf genommen hat als in unserer eigenen Wirklichkeit, während es an anderer Stelle um hypothetische Kontakte mit außerirdischen Intelligenzen geht, und vieles weitere mehr.

Wildwest im Weltraum

Zu den beliebtesten Sub-Genres innerhalb der Science-Fiction gehört jedoch zweifellos die Space Opera, stets etwas unbeholfen als Weltraum-Oper oder auch gelegentlich Weltraum-Western in Anlehnung an die teilweise Verwandtschaft mit diesem Bereich übersetzt. »Western werden als Pferde-Opern bezeichnet, die morgendlichen Hausfrauen-Schnulzen als Seifen-Opern. Für das billige, mühsame, stinkende, abgenutzte oder auch weltrettende Weltraumgarn schlagen wir die Bezeichnung Weltraum-Oper vor.«, postulierte bereits im Jahr 1941 der amerikanische Science-Fiction- und Kriminalautor Wilson Tucker, einer der Gründerväter des weltweiten Science-Fiction-Fandoms.

Als Space Opera gilt also jener Teilbereich der Science-Fiction, in dem stark handlungsorientierte Erzählungen dominieren, die im interplanetaren oder intergalaktischen Raum spielen und in denen es häufig um Auseinandersetzungen zwischen verschiedenen Sternenreichen geht.

Neben dem Universum des Captain Future, von dem das vorliegende Buch handelt, gehören heutzutage natürlich die Film- und Fernsehwelten von *Star Trek* und *Star Wars* zu den bekanntesten Vertretern der Space Opera. Doch waren es nicht Leute wie Gene Roddenberry oder George Lucas, welche die Space Opera aus der Taufe gehoben haben. Die Geschichte dieses wichtigen Bestandteils der Science-Fiction beginnt früher – viel früher. Tatsächlich war einer ihrer allerersten Vertreter ein Science-Fiction-Autor namens Edmond Hamilton, den *Captain Future*-Fans als den geistigen Vater ihres Helden kennen. Doch auch Hamilton, dessen erste *Captain Future*-Geschichte im Jahr 1940 in den USA erschien, war nicht der eigentliche Erfinder der Space Opera. Und der für die Science-Fiction richtungsweisende Weg des Edmond Hamilton führt unausweichlich über die Geschichte eines anderen bis heute prominenten Autoren des Genres, der nachfolgend kurz vorgestellt werden soll.

E.E. »Doc« Smith und seine Welten

Als Geburtsstunde der Weltraum-Oper nämlich gilt das Erscheinen des zwischen 1915 und 1919 geschriebenen, aber erst 1928 erstmals veröffentlichten Romans *Die Abenteuer der Skylark (The Skylark Of Space)* von Edward Elmer Smith (1890-1965), der in literarischen Kreisen unter dem Kürzel E.E. »Doc« Smith bekannt wurde. Smith war der erste Autor, der über gigantische Maschinen und kilometerlange Raumschiffe schrieb, auf denen und um die herum seine Helden ihre Abenteuer erlebten. Inspiration hatte Smith eventuell durch eine deutsche Heftroman-Serie erfahren, welche zwischen 1908 und 1911 erschien und den Titel *Der Luftpirat und sein lenkbares Luftschiff* trug. Allerdings erlebte die Titelfigur, der »Luftpirat« Kapitän Mors, seine Abenteuer auf der – wenn auch ziemlich utopisch gefärbten – guten alten Erde, und die Romane wirkten wie eine triviale Version der Romane von Jules Verne.

Smith jedenfalls verschrieb sich nach einem gewissen Erfolg seines Romans fortan der Space Opera. Seinem ersten Skylark-Roman folgten drei Fortsetzungen, die in den USA in den Jahren 1930, 1934 und 1965 erschienen, ihren Weg allesamt aber erst nach dem Zweiten Weltkrieg in deutscher Übersetzung in die hiesigen Buchläden fanden.

Ähnliches gilt für Smiths *Lensmen*-Zyklus, der aus 6 zwischen 1934 und 1950 erschienenen Romanen und verschiedenen Kurzgeschichten bestand. Ab 1975 erschien eine vierbändige, eher lose aufeinander aufbauende Fortsetzungs-Romanreihe der Autoren David A. Kyle und William B. Ellern. Smith erzählte darin die Geschichte des seit Jahrmilliarden (!!!) bestehenden Konfliktes zwischen den menschenähnlichen Arisiern und den amöbenhaften unmenschlichen Eddoriern. Die Arisier sind mit gewaltigen psionischen Geisteskräften ausgestattet, mit denen sie den Eroberungsgelüsten ihrer Feinde gegenübertreten. Aus den Nachfahren der Arisier entsteht schließlich die galaktische Polizeieinheit der besagten »Lensmen«, welche die zivilisierte Galaxis gegen die Nachfolger und Anhänger der Eddorier verteidigt.

Anhand dieser stark abgekürzten Handlungsbeschreibung lässt sich bereits unschwer das Auftauchen von Elementen erkennen, die bis heute oftmals Bestandteil des Space Opera-Subgenres sind.

Übrigens wurde auch der *Lensmen*-Zyklus in Form einer Anime-Zeichentrickserie verfilmt: Zwischen 1984 und 1985 kam die 25-teilige Serie *Galactic Patrol Lensmen,* hergestellt vom Studio MK Productions heraus.

Neben dem aus nur einem Roman und unterschiedlichen Kurzgeschichten bestehenden *Vortex Blaster*-Zyklus ((1941-1960) stammte schließlich noch der abenteuerliche *Weltraumzirkus D'Alembert*-Zyklus aus der Feder von E.E.

»Doc« Smith. Die 10 zwischen 1976 und 1985 entstandenen Romane wurden in Zusammenarbeit von Smith und seinem Autorenkollegen Stephen Goldin geschrieben und schilderten die galaktischen Abenteuer einer mit diversen Mutantenkräften ausgestatteten Agententruppe.

Die Romane und Geschichten von E.E. »Doc« Smith besaßen zwar einen ungemein hohen Unterhaltungswert, galten bei ihrer Ersterscheinung jedoch als Trivialliteratur auf Groschenroman-Niveau, womit man ihnen mitunter Unrecht tut – und hin und wieder auch eher nicht.

Das Wunderkind

Und hier nun kommt Edmond Hamilton, der Vater von *Captain Future,* ins Spiel.

Edmond Moore Hamilton kam am 21. Oktober 1904 in der Stadt Youngstown im US-Bundesstaat Ohio zur Welt. Sein Vater Scott war ein bekannter Zeitungs-Karikaturist, während seine Mutter Maude als Lehrerin tätig war. Somit verbrachte der kleine Edmond mit seinen beiden älteren Schwestern seine ersten Lebensjahre in recht betuchten Verhältnissen auf einer kleinen Farm in der Stadt Poland ebenfalls in Ohio. Schon in seiner Kindheit galt der kleine Edmond als überdurchschnittlich begabt und befasste sich mit Themenbereichen, die seinem Alter sprichwörtlich um Lichtjahre voraus waren.

Im Jahr 1911 siedelte die Familie aus beruflichen Gründen seitens der Eltern nach New Castle in Pennsylvania um. Edmond begann nach seiner Schulzeit, die er bereits als 14-jähriges »Wunderkind« mit seinem Highschool-Abschluss beendete, im Jahr 1919 ein Physik-Studium am Westminster College in New Wilmington, Pennsylvania, dass er im Jahr 1921 als gerade einmal 17-jähriger abschloss. Während seiner Zeit in New Wilmington galt Hamilton, der deutlich jünger als seine Mitstudenten war, als introvertierter Sonderling, der bereits Pfeife rauchte und die literarischen Klassiker von Shaw,

O'Neill und Ibsen las. Bereits nach dem ersten Studienjahr begann der junge Edmond, sich zunehmend zu langweilen, da ihm ein großer Teil der Lehrinhalte bereits durch seine Privatstudien bekannt war. Schließlich entdeckte er die Welt der damaligen Phantastik für sich, welche sich in Büchern von Autoren wie Edgar Rice Burroughs, H.G. Wells, George Allan England und Abraham »Abe« Merritt abspielte, der sein erklärter Lieblingsautor wurde. Ab dem Jahr 1922 arbeitete Edmond Hamilton zunächst bei der Eisenbahngesellschaft Pennsylvania Railroad, verlor seine Anstellung jedoch im Jahr 1924. Wie zuvor erwähnt interessierte sich der junge Edmond schon zu dieser Zeit glühend für die zeitgenössische Science-Fiction, die zumindest in ihrer modernen Form damals noch in ihren Kinderschuhen steckte. Inwiefern die damaligen Geschehnisse miteinander verknüpft waren, lässt sich beinahe 100 Jahre später freilich nicht mehr ermitteln, doch eine interessante Frage wäre zweifellos, ob der Verlust von Hamiltons Arbeit mit seiner Faszination für das Utopische zusammenhing und er seinen Job vielleicht deshalb verloren hatte, weil er mit seinen Gedanken bereits mehr in den unendlichen Weiten des Weltraums umherdriftete, als sich voll und ganz seinen beruflichen Aufgaben zu widmen.

Jedenfalls beschloss er nach dem Ende seiner Tätigkeit für die Pennsylvania Railroad, seine Brötchen zukünftig als freiberuflicher Schriftsteller zu verdienen.

Der Weltenretter

Es dauerte allerdings noch volle zwei Jahre, ehe erste Ergebnisse seiner neuen Berufswahl ersichtlich wurden.

In einem Interview, das Hamilton kurz vor seinem Tode im Jahr 1977 gab, äußerte er sich sehr farbig über seine Anfänge als Science-Fiction-Autor. Er sei sehr dankbar dafür, dass er zu einer Zeit in die SF-Szene kam, in der sich noch niemand Gedanken darüber machte, was Qualität und was Schund war. Mit den Sachen, die er in seinen Anfangszeiten schrieb, so Hamilton weiter, könne er heute (also in der ausgehenden

Mitte der 70er Jahre) »keinen Hund mehr hinter dem Ofen hervorlocken«. Die Science-Fiction sei in ihrer Frühzeit eine »esoterische Literatur« gewesen, die von einer anonymen Gruppe von Menschen sowohl geschrieben als auch gelesen wurde. Mittlerweile müssten junge Autoren »gleich richtig anfangen«, wenn sie damit begännen, derartige Geschichten zu schreiben, und hätten es deutlich schwerer als er und die anderen »alten Hasen« von einst, die mit ihrem damaligen Können in der modernen Zeit wohl keine einzige Zeile verkaufen würden. Harte Worte von einem der Begründer der Space Opera – aber auch zutreffende.

Edmond Hamiltons erste veröffentlichte Geschichte trug den Titel *The Monster-God Of Mamurth* und war deutlich inspiriert von den Geschichten seines literarischen Vorbildes, dem Autor Abraham »Abe« Merrit, der gewissermaßen eine frühe Mischung aus Fantasy und Science-Fiction schrieb, ähnlich wie der berühmte spätere Tarzan-Erfinder Edgar Rice Burroughs mit seinen *John Carter*-Geschichten, allerdings längst nicht so erfolgreich. Hamiltons *The Monster-God Of Mamurth* erschien in dem Pulp-Magazin *Weird Tales* und fand hier durchaus eine begeisterte Leserschaft, sodass Edmond Hamilton zu einem regelmäßigen Mitarbeiter der Zeitschrift wurde.

Weird Tales, erstmals 1923 erschienen, war nur eines einer ganzen Reihe von Pulp-Magazinen, die es damals in den USA für einen Penny-Preis zu kaufen gab und die heute als Vorläufer der Heftromane gelten. Enthalten waren nicht nur Science-Fiction-Geschichten, sondern auch solche aus den Bereichen Fantasy und Horror. Später weltberühmte Autoren wie H.P. Lovecraft *(Cthulhu)* und Robert E. Howard *(Conan der Barbar)* veröffentlichten ihre ersten Geschichten in *Weird Tales* und auch anderen Pulp-Magazinen (die es in den USA teilweise bis heute zu kaufen gibt). Der Begriff »Pulp« leitet sich ab von »Wood Pulp«, was »Holzschliff« bedeutet, und bezieht sich auf das billige, stark holzhaltige Papier, das in etwa mit Zeitungspapier zu vergleichen war und auf dem solche Magazine gedruckt wurden. Dadurch waren die »Pulps«, wie man sie abgekürzt nannte, deutlich billiger als die hochwertigen Hardcover-Bücher der damaligen Zeiten und galten zudem wegen ihrer vergleichsweisen einfachen Geschichten als bevorzugter Lesestoff des »kleinen Mannes«. Pulp-Magazine gab es aus den Bereichen »Liebesgeschichten« und »Kriminalstorys« ebenso wie aus verschiedensten anderen Bereichen. Im Gegensatz zu Romanheften jedoch beinhalteten Pulp-Magazine keine einzelnen Geschichten, sondern bestanden aus verschiedenen Short Storys.

Die allermeisten Geschichten von Edmond Hamilton und anderen Autoren, darunter auch der bereits angesprochene E.E. »Doc« Smith, erschienen teilweise erst viele Jahre nach ihrer Erstveröffentlichung in Romanform. Ein damals beliebtes Format bei den Pulp-Magazinen waren Fortsetzungsgeschichten, durch die man den Leser zum Kauf auch der nachfolgenden Magazin-Ausgabe animieren wollte, und insbesondere bei den Werken Edmond Hamiltons ging diese Rechnung auf.

Und so schrieb Edmond Hamilton seinen ersten Science-Fiction-Geschichten-Zyklus, bei dem es sich … nein, (noch) nicht um *Captain Future* handelte, sondern um die leider nicht in deutscher Übersetzung erhältliche Story-Sammlung *Interstellar Patrol,* in der es um eine intergalaktische Polizeieinheit ging und die nach Ansicht nicht weniger Experten in weiten Teilen E.E. »Doc« Smiths späteren *Lensmen*-Zyklus vorwegnahm. Die insgesamt 8 *Interstellar Patrol*-Geschichten entstanden zwischen 1928 und 1934 und wurden erst 1965 in dem Buch *Crashing Suns* in den USA zusammengefasst veröffentlicht.

Auch der überwiegende Teil der Geschichten, die Hamilton in der Folgezeit teilweise unter verschiedenen Pseudonymen, darunter Stuart Merrick und Ethan Drew, schrieb, entstammten dem damals noch neuen Sub-Genre der Space Opera. Dabei vereitelten Hamiltons Helden derartig viele außerirdische Invasionen und Verschwörungen, dass man ihn in den damaligen Fan-Kreisen entsprechender Literatur mit dem Spitznamen »der Weltenretter« adelte.

Eine erste Sammlung von Edmond Hamiltons Kurzgeschichten in Buchform jedenfalls erschien im Jahr 1936 unter dem Titel *The Horror On The Asteroid And Other Tales Of Planetary Horror.* Wie der Titel bereits ahnen lässt, schrieb Hamilton neben Geschichten aus seinem bevorzugten Space Opera-Genre auch zunehmend Grusel-Geschichten, die teilweise bereits im »Space Horror«-Genre angesiedelt waren. Bei diesem handelte es sich um erste Crossovers der beiden Genres. Seit den 50er Jahren fand dieses weitere neue Sub-Genre in Filmen wie der britischen *Quartermass*-Reihe oder *Planet der Vampire* seinen Weg auf die Leinwand und erfuhr 1979 mit Ridley Scotts *Alien – Das unheimliche Wesen aus einer fremden Welt* den endgültigen Durchbruch. Zu Edmond Hamiltons bekanntesten Werken aus dem Horror-Genre gehören die zwischen 1933 und 1936 veröffentlichten Kurzgeschichten um den Mysterien-Jäger Dr. John Dale, die der Autor allerdings unter dem Pseudonym Hugh Davidson verfasste.

Ein neuer kosmischer Held

Die Geburtsstunde von Hamiltons unsterblichem Helden Curtis Newton alias Captain Future schlug im Jahr 1939: Während des allerersten Worldcon (später auch bekannt als World Science-Fiction Convention) in New York kam der Verleger Leo Margulies auf die Idee, eine eigens für Jugendliche konzipierte Science-Fiction-Serie auf den Markt zu bringen. Margulies war bekannt für seine stark quantitativ geprägte Vorgehensweise, und ihm wird das Zitat »We don't want it good – we want it Wednesday!« (»Wir wollen es nicht gut, wir wollen es am Mittwoch!«) zugeschrieben. Diese neue Jugend-SF sollte pro Ausgabe des geplanten neuen Magazins einen kompletten Roman statt einzelner Kurzgeschichten umfassen, womit dieses Konzept dem heutigen Heftroman entsprach. Margulies wandte sich mit seinen Plänen jedenfalls an Hamilton, der daraufhin *Captain Future* entwickelte.

Anfänglich erschienen Hamiltons *Captain Future*-Romane in einem Magazin gleichen Titels, in späteren Jahren jedoch wurden sie im Magazin *Startling Stories* veröffentlicht.

Captain Future And The Space Emperor wurde im Jahr 1940 der allererste Roman mit dem neuen Helden. Erst 29 Jahre später, im Jahr 1969, kam er als Taschenbuch heraus. Bis zum Jahr 1951 erschienen 19 weitere Romane und sieben Kurzgeschichten mit Captain Future und seinem Team, von denen allerdings drei (die Nummern 14, 17 und 20) nicht von Edmond Hamilton selbst geschrieben worden waren.

Obwohl *Captain Future* für gute Verkaufszahlen sorgte, wurden die Romane und Geschichten nicht annähernd so erfolgreich wie die Abenteuer der beiden auch in Zeitungscomics auftretenden Helden-Kollegen *Flash Gordon* (1934 von Alex Raymond erfunden) sowie *Buck Rogers* (1928 von Philip Francis Nowlan erdacht). Sowohl *Flash Gordon* als auch *Buck Rogers* erfuhren jeweils mehrere Verfilmungen in Form der damals populären Kino-Serials (so besehen die Vorläufer heutiger Fernsehserien), in beiden Fällen verkörpert von dem ehemaligen Olympioniken Larry »Buster« Crabbe, und waren auch in Radiohörspielen vertreten. Dies war Hamiltons Held leider nicht vergönnt.

Privates Glück

Während seiner Zeit mit *Captain Future* lernte Edmond Hamilton in den frühen 40er Jahren auch seine spätere Ehefrau kennen: Leigh Douglas Brackett (1915-1978) war so wie er anfänglich Science-Fiction-Autorin gewesen. Unter anderem zusammen mit Ray Bradbury hatte sie seit 1940 Kurzgeschichten für Magazine wie *Astounding* und *Planet Stories* verfasst. Nachdem sie 1944 den Kriminalroman *No Good From A Corpse* geschrieben hatte, wurde der berühmte Filmregisseur Howard Hawks auf sie aufmerksam und engagierte sie, zusammen mit dem Bestseller-Autoren William Faulkner das Drehbuch zum Humphrey-Bogart-Klassiker *Tote schlafen fest* (1946) zu schreiben. Seitdem wurde Leigh Brackett zu einer bekannten Drehbuchautorin, unter anderem für Howard Hawks' Film-Klassiker *Rio Bravo* (1959), *Hatari!* (1962) und *El Dorado* (1966), in denen allesamt John Wayne die Hauptrolle spielte. Gleichzeitig jedoch verfasste sie weiterhin Science-Fiction-Romane, darunter die 6-bändige *Eric John Stark*-Reihe (1949 bis 1976) oder Einzelroman-Klassiker wie *Am Morgen einer anderen Zeit* (1955) und *Alpha Centauri sehen und sterben* (1963). Leigh Bracketts letztes Werk wurde der erste Drehbuch-Entwurf zum zweiten *Star Wars*-Film *Das Imperium schlägt zurück,* welchen George Lucas zwar stark abänderte, bei dem sie aber dennoch als Co-Autorin genannt wird.

Am 31. Dezember 1946 gaben sich der damals 42jährige Hamilton und die 31jährige Leigh Brackett das Ja-Wort und blieben bis zum Tode Hamiltons im Jahr 1977 verheiratet, gemeinsame Kinder hatten die beiden nicht. Nur ein Jahr nach Edmond Hamiltons Tod folgte Leigh Brackett ihrem Ehemann.

Im Zielfernrohr der Kritik

Doch zurück zu *Captain Future.* Obwohl die Romane sich durch die Bank gut verkauften und erwartungsgemäß begeistert von einem insbesondere jungen Publikum aufgenommen wurden, blieb die Bewertung Edmond Hamiltons und seines Werkes in der Kritiker-Szene des Science-Fiction-Genres stets zwiespältig. Während die einen – wie der SF-Schriftsteller und -Herausgeber Sam Moskowitz – in Hamilton »einen der meist unterschätzten (aber nicht ungeschätzten) SF-Autoren« sahen, der sich durch seine vergleichsweise trivialen *Captain Future*-Romane selbst das Wasser abgrub, während Autoren wie Asimov und Heinlein erste echte Klassiker des Genres schrieben, betrachtete Autorenkollege Don D'Ammassa Hamiltons Werk als »... so schlecht, dass seine Arbeiten in keinem anderen Genre hätten veröffentlicht werden können ...«. So nahm er es in seinen Romanen und Geschichten im Gegensatz zu Asimov oder auch Clarke insbesondere mit den wissenschaftlichen Gegebenheiten nicht sonderlich genau und ließ etwa in einem Roman die Marsianer ihren sterbenden Planeten einfach in Erdnähe ziehen, wo er hängenblieb und sich an der Atmosphäre des Nachbarplaneten laben konnte. Für Hamilton stand vorwiegend spannende Unterhaltung und weniger die neuesten wissenschaftlichen Erkenntnisse im Vordergrund, und sein unbestrittener Hang zum Trivialen machte es ihm in späteren Jahren schwer, mit seinen Ausflügen in die »ernsthafte« Science-Fiction ernst genommen zu werden. Obwohl er bis in die 60er Jahre hinein fleißig schrieb, kam der Löwenanteil des Einkommens der Familie Hamilton-Brackett ganz klar von seiner Frau Leigh aus deren Tätigkeit als Drehbuchautorin für Film und Fernsehen.

Neue Welten

Eine zusätzliche Einnahmequelle für Edmond Hamilton wurde ab 1946 seine Mitarbeit bei DC Comics, welche damals in ihre Nachkriegs-Ära, das so genannte »Silver Age«, startete. Bis 1966 schrieb er Geschichten für verschiedene Comics vorwiegend mit den beiden berühmtesten DC- Helden Superman und Batman, welche von verschiedenen Zeichnern der damaligen Zeit umgesetzt wurden. Obwohl Hamilton diese Art von Arbeit sicherlich ebenfalls eine gewisse Freude bereitete, entsprach sie doch nicht seiner eigentlichen lebenslangen Passion, dem Schreiben eigener Storys und Romane. Dennoch ging er ihr 20 Jahre lang nach, was durchaus für einen gewissen Erfolg spricht.

Edmond Hamiltons neben *Captain Future* bekanntestes Werk wurde der *Star Kings*-Zyklus von 1947 bis 1970, der neben zwei Romanen auch verschiedene Kurzgeschichten umfasste. Die beiden Romane wurden unter den Titeln *Herrscher im Weltenraum – 200.000 Jahre später* und *Ihre Heimat sind die Sterne* bzw. *Rückkehr zu den Sternen* von 1952 bis 1981 mehrmals bei verschiedenen Verlagen in deutschen Übersetzungen herausgebracht. *Rückkehr zu den Sternen,* für den Hamilton 1970 eine Reihe zusammenhängender Kurzgeschichten aus dem *Star Kings*-Zyklus zusammenfasste, gilt als Edmond Hamiltons letzte literarische Arbeit.

Nachdem der Magazin-Bereich in den USA seit den frühen 60er Jahren mehr und mehr zu stagnieren begann und sich das Science-Fiction-Genre vorwiegend im noch relativ neuen Taschenbuch-Sektor abspielte, begann auch Hamilton mit dem Schreiben von Romanen, die nicht für eine vorherige Veröffentlichung in den Pulps gedacht waren. Dazu gehört der dreibändige *Starwolf*-Zyklus, bestehend aus den Romanen *Der Sternenwolf (The Weapon From Beyond,* Erstveröffentlichung in den USA 1967, deutsche Übersetzung 1969), *Todesschranke im Allubane (The Closed Worlds,* Erstveröffentlichung in den USA 1968, deutsche Übersetzung 1969) sowie *Die singenden Sonnen (World Of The Starwolves,* Erstveröffentlichung in den USA 1968, deutsche Übersetzung 1969).

Edmond Hamiltons Vermächtnis

Bei alledem erfuhr Hamilton jedoch zeitlebens öffentliche Beachtung: Bereits 1934, noch zu Beginn seiner Karriere, war ihm der damals erstmalig ausgeschriebene Jules Verne Prize verliehen worden, 1964 war er der Ehrengast auf der damaligen WorldCon, und 1967 erhielt er den First Fandom Hall Of Fame Award.

Der Sammelband *The Best Of Edmond Hamilton,* unter dem Titel *Das Beste von Edmond Hamilton* auch in Deutsch erschienen, war das letzte Buch vom Vater Captain Futures und erschien nach seinem Tod am 1. Februar 1977. Zu dieser Zeit hatte der Autor bereits mehrere Jahre nichts mehr geschrieben und zurückgezogen zusammen mit seiner Frau in Lancaster im Bundesstaat Kalifornien gelebt.

Die Anime-Verfilmung der Abenteuer seines bekanntesten Helden Captain Future, welche ab 1978 in Japan realisiert wurde, erlebte er nicht mehr. Auch nicht, dass die Serie zumindest hier in Deutschland einen ausgesprochenen Boom auch auf die Bücher Hamiltons auslöste. Diese wurden damals samt und sonders vom Bastei-Verlag neuveröffentlicht, nachdem sie bereits in den 50er Jahren erstmals auf Deutsch erschienen waren, und bis heute sind diese Ausgaben gesuchte Sammlerobjekte, obwohl aus rechtlichen Gründen die Anime-Figuren aus der Serie nicht auf den Titelbildern erscheinen durften. Seit 2012 gibt es eine gelungene Neuauflage aus dem Golkonda-Verlag. Selbstverständlich hat der Stil der Serie wenig bis gar nichts mit den heute recht antiquiert wirkenden Romanen aus der Nachkriegszeit gemein, doch nichtsdestotrotz animiert die Serie bis heute junge Menschen zu einer Beschäftigung mit der klassischen Science-Fiction.

Bei aller Kritik an Edmond Hamilton bleibt eines bis heute unumstritten: Er gehörte zu den Pionieren eines Genres, das später ikonisch gewordene galaktische Weltenretter wie Captain Kirk vom Raumschiff Enterprise hervorgebracht hat. Und allein dafür gilt Edmond Moore Hamilton, dem »Weltenretter«, unser aller aufrichtiger Dank.

TEIL 1
DIE TV-SERIE

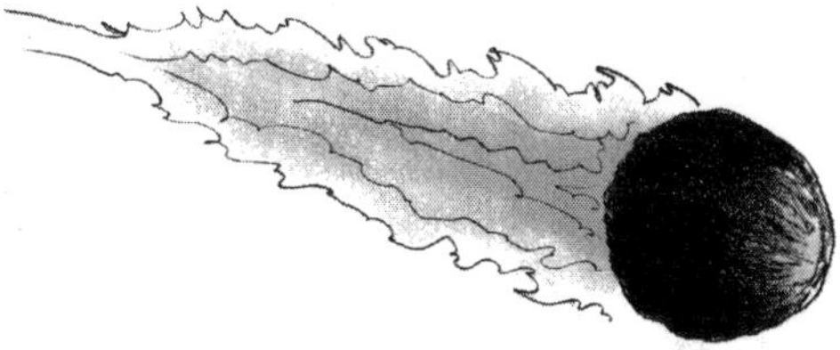

EINFÜHRUNG

Als *Captain Future* nach Deutschland kam

Die TV-Serie zu *Captain Future* (im Original *Kyaputen Fyûchâ*) wurde bekanntermaßen im Jahr 1978 von Tōei Animation, damals noch Tōei Dōga Studios, produziert. Wie seinerzeit in Japan nicht unüblich, war auch diese Anime-Show nicht für kleine Kinder, sondern eher für Zuschauer ab 12 Jahren konzipiert, weshalb sie dort auch einen Sendeplatz im Abendprogramm erhielt. Dieser Tatsache trug man in fast allen Ländern, in die sie erfolgreich verkauft wurde, Rechnung. Man zeigte nämlich alle produzierten 52 Folgen ungekürzt. In Deutschland herrschte bis in die 90er Jahre allerdings eher die verbreitete Fehlansicht vor, dass Zeichentrick in jedem Fall gleichbedeutend mit Kinderunterhaltung sei. Diese Denkweise zog selbstverständlich Konsequenzen nach sich. Tōei hatte von den ursprünglichen 17 + 3 Originalromanen 13 (eigentlich 14, dazu später mehr) ausgewählt und als 4-Teiler zu je ca. 25 Minuten bearbeitet. Als *Captain Future* schließlich ab dem 27. September 1980 in Deutschland startete, waren aus den 4-Teilern 3-Teiler geworden und aus den ursprünglichen 52 Episoden 40. Somit fielen am Ende rund 25 Minuten pro Geschichte der Zensur zum Opfer. Vornehmlich Action-Sequenzen, aber auch ganze Nebenstränge wurden einfach eliminiert. Wir werden in den Besprechungen zu den einzelnen Folgen noch näher darauf eingehen. Lediglich *Das Geheimnis der sieben Steine* (nach dem Roman *Captain Future and the Seven Space Stones)* behielt seine ursprünglichen vier Folgen, obwohl man auch bei dieser Folge hier und da die Schere ansetzte.
Zudem war es in Deutschland nicht unüblich, neben der Synchronisation auch den Score zu verändern, eine Entscheidung, die sich allerdings in diesem Fall äußerst positiv auswirken sollte. Stammte im Original das Titellied vom japanischen Jazz-Musiker Yūji Ōno, verpflichtete man für die deutsche Fassung Christian Bruhn. Bruhn verpasste der Serie einen fu-

turistischen Elektrosound mit Funk- und Popelementen, der nicht unwesentlich zum heutigen Kultstatus des rothaarigen Captains beitrug. Da allerdings der gesamte Ton auf einer Spur lag, musste man auch den Klangteppich neu herstellen. Auch hier drehte man kräftig an den Schrauben des Möglichen. Das Raumschiff der Futuremen, die Comet, klingt beispielsweise satter, Schussgeräusche aus Futures Waffe kräftiger und so weiter.

Die Synchronisation erwies sich ebenfalls als gute Wahl. Mit Hans-Jürgen Dittberner als Future, Friedrich G. Beckhaus als Grag, Jochen Schröder als Professor Simon Wright und Wolfgang Völz (der leider am 2. Mai 2018 verstarb) als Otto fand man ikonische Stimmen, die noch heute unvergesslich im Gedächtnis widerhallen. Sie verliehen der *Captain Future*-Reihe ein besonderes Flair, das alte und neue Fans geradezu magisch in ihren Bann zog und zieht. Leider jedoch brachte die Synchronisation wiederum einige Probleme mit sich, denn man strahlte die einzelnen Geschichten mit ihren Episoden in der Reihenfolge ihrer Fertigstellung aus. Die Japaner hielten sich hingegen weitestgehend an die Romanveröffentlichungen. Diese Vorgehensweise ergab Sinn, da Hamilton sich im Verlauf seiner Romane und Kurzgeschichten des Öfteren auf vorhergegangene Ereignisse seines Future-Kosmos bezieht. Die deutsche Ausstrahlungspolitik führte hingegen nicht nur bisweilen zu leichten Verwirrungen, sondern auch zu weiteren Schnitten.

All dies mag man den damaligen Verantwortlichen beim ZDF aus heutiger Sicht übelnehmen. Man darf jedoch nicht vergessen, in welcher Zeit *Captain Future* in Deutschland das Licht der TV-Welt erblickte. Tatsächlich löste die spätere Ausstrahlung trotz massiver Zensur und Kürzungen noch einige Proteste bei Eltern, Elternverbänden und Lehrern aus. Was in Zeiten von *The Walking Dead* und *The Strain* im TV als völlig normal durchgeht, konnte in den prüden beginnenden 80er Jahren durchaus in einem Skandal münden. Das ZDF hatte diese Erfahrung bereits einige Jahre zuvor mit einer japanischen Show machen müssen. Mit der 1971 im Vorabendprogramm ausgestrahlten Sci-Fi-Realserie *S.R.I. und die unheimlichen Fälle* zeigte man Mut. Skelettköpfe, durch Wände gehende Monster-Männer und Geister entsprachen aber nicht ganz dem Gusto der deutschen Erzieherschaft, weswegen man sich nach massiven Beschwerden auf eine einzige Ausstrahlung der synchronisierten 13 Folgen beschränkte.

Captain Future blieb dieses Schicksal zum Glück erspart, wenn sich das ZDF auch wiederum einiger Briefe von wütenden Moralaposteln erwehren musste. Der Wizard of Science durfte seine Reise im Raumschiff Comet bis zum Ende fortsetzen. Damit sind uns heute alle 13 ins Deutsche übertragene Geschichten erhalten geblieben. Inzwischen gibt es sogar eine Collectors Editon auf BluRay zu erwerben, die sowohl die japanische als auch die deutsche Fassung enthält. Jenen Fans, die die inzwischen horrende Summe nicht aufbringen können oder wollen, steht eine etwas weniger üppig ausgestattete Neuauflage oder die französische Version zur Verfügung. Diese verfügt allerdings leider nur über die französische Tonspur und keinerlei Untertitel. Im Übrigen liegen auf den Standard-DVD- und Blu Ray-Veröffentlichungen die Folgen in der Reihenfolge vor, in der sie in Japan, Frankreich, Spanien und Italien ausgestrahlt wurden. Da jene Reihenfolge, wie oben erwähnt, die sinnvollere ist, folgen wir diesem Beispiel. In Klammern findet der geneigte Leser und Fan allerdings zur Übersicht ebenso die Nummerierung der deutschen Ausstrahlung.

Für die Nerds und Wissbegierigen unter den Lesern fügen wir einigen Folgen die Abschnitte »Funfacts für Nerds« und »Die Schnitte« an. Die Behandlung des Themas Funfacts erstreckt sich dabei auf inhaltliche und wissenschaftliche Themen, aber auch auf Kuriositäten und anderes Bemerkenswertes. Wir erheben explizit keinen Anspruch auf Vollständigkeit. Vielmehr greifen wir Themen auf, die wir als interessant erachten. Dasselbe trifft auf die Schnitte zu. Es würde den Rahmen dieses Buches sprengen, jeden kleinen Schnitt im Detail aufzuführen. Daher beschränken wir uns auf die wichtigsten und, unserer Meinung nach, spannendsten Kürzungen.

Wichtiger als all diese Fakten ist und bleibt aber das persönliche Leben, Erleben und Erinnern der Autoren mit und an eine Kult-TV-Serie, die sich unwiderruflich in unser Gedächtnis eingebrannt hat.

Helden und ihr Universum
Die Figuren und die Welten aus *Captain Future*

Die Namen der Helden und das Universum aus der einstmals von Edmond Hamilton erdachten Welt von *Captain Future* dürften ohne Zweifel zumindest hier in Deutschland einem Großteil der Science-Fiction-Fans mit einem Faible für TV-Serien aus dem Genre ein Begriff sein.

Doch wie bei vielen anderen populären Phantastik-Franchises, sei es nun *Star Trek, Star Wars* oder ein anderes x-beliebiges, haben auch sie ihre eigenen Entstehungsgeschichten nebst allen großen und kleinen Geheimnisse und ganz persönlichen Geschichten und Schicksalen, die vielleicht nicht durch das alleinige Anschauen der Serienepisoden offenbar werden. Aus diesem Grund möchten wir in diesem Kapitel einen Blick auf ihre Backgrounds werfen und damit vielleicht das eine oder andere ergründen, das auch eingefleischte Fans des Futureversums vielleicht noch nicht wussten.

Wer erschuf *Captain Future*?

Edmond Hamilton, ganz klar!, dürfte die Antwort auf diese Frage wie aus der Pistole geschossen lauten, schließlich findet man sie ja nicht zuletzt im entsprechenden Kapitel dieses Buches. Doch ist dies tatsächlich nur ein Teil der Wahrheit, wenngleich Edmond Hamilton natürlich nach wie vor als der eigentliche Schöpfer unseres Helden gelten kann und muss. Die Grundidee jedoch, die Hamilton zur Kreation der beliebten anfänglichen reinen Romanfiguren führte, stammte ursprünglich von Mortimer »Mort« Weisinger (1915-1978), der während der Gründungszeit des Phantastik-Fandoms eine wichtige und angesehene Person war. Weisinger, der sich später schwerpunktmäßig auf Comics verlegte, gilt als der Erfinder von Superheldenfiguren wie Aquaman und Green Arrow und fungierte ferner Jahrzehnte lang als Herausgeber der Comics um den legendären Superman.

Während der World Science Fiction Convention des Jahres 1939 jedoch war Weisinger vorwiegend im literarischen Bereich tätig und war während dieser Zeit einer der Chefs in der von ihm mitbegründeten Firma Solar Sales Services, welche sich als eine der ersten Literaturagenturen für Science-Fiction- und Fantasy-Autoren verstand. Weisinger konzipierte eine Romanfigur, die in einer Fortsetzungsreihe mit dem Titel *Mr. Future, Wizard Of Science (Mr. Future, Hexenmeister der Wissenschaft)* agieren sollte. Dieser Mr. Future sollte ein mit überlegenen körperlichen und auch geistigen Fähigkeiten versehener Super-Mutant sein und einem vielköpfigen Team vorstehen, das neben ihm selbst aus einem von Mr. Future telepathisch kontrollierten Roboter, einer auf Kristallbasis existierenden Lebensform vom Planeten Jupiter und einem alten Mann bestehen sollte, welcher jedes jemals geschriebene Buch gelesen hatte und als eine Art lebende Enzyklopädie fungierte. Weisinger wollte mit dieser Story- beziehungsweise Romanreihe die in den 30er Jahren immer populärer werdenden Superheldengeschichten mit dem Space-Opera-Subgenre der Science-Fiction verknüpfen.

Edmond Hamilton, der eigentliche Schöpfer Captain Futures, stand damals in Weisingers Agentur unter Vertrag und wurde von diesem mit dem Verfassen von Geschichten rund um Mr. Future beauftragt. Hamilton mochte zwar die Grundidee, hielt jedoch einige der vorgegebenen Komponenten schlicht für wenig erfolgsträchtig und baute seine eigenen Entwürfe mit ein. Dies stieß anfänglich auf ziemliche Ablehnung durch Weisinger, der auf seinen Ideen bestand. Nur mit großer Mühe und noch mehr Überzeugungskraft gelang es Hamilton schließlich, Weisinger von zumindest einem Teil seiner eigenen Pläne zu überzeugen und eine Einigung zu erzielen. Anfänglich blieb jedoch der Titel der Titel der neuen Reihe annähernd gleich: Aus *Captain Future, Wizard Of Science* wurde erst später *Captain Future, Man Of Tomorrow.* Wie wir alle wissen, gestaltete Hamilton Weisingers Figuren komplett zu den heute bekannten um.

Die Welten des *Captain Future*

In den Romanen schildert Hamilton, wie die Geschichte der Menschheit im entlegenen Sonnensystem Deneb begann. Die geheimnisvollen Denebianer erforschten das Universum und erschufen dank ihrer unglaublich fortschrittlichen wissenschaftlichen Fähigkeiten unterschiedliche umweltangepasste Lebewesen. Diese sollten die von ihnen entdeckten Planeten und Monde bevölkern, ohne dabei auf technische Hilfsmittel wie beispielsweise die Gravium-Angleicher angewiesen zu sein, welche die Denebianer auf Himmelskörpern mit einer höheren Schwerkraft als der auf ihrer Heimatwelt benötigten. Eine Milliarde Jahre vor unserer Zeitrechnung entdeckt eine denebianische Siedlerflotte unser Sonnensystem, in dem der Asteroidengürtel noch nicht existiert. Nachdem die Planeten des Sonnensystems besiedelt werden, entwickelt sich eine blühende, Raumfahrt betreibende Zivilisation, die Millionen von Jahren bestehen bleibt. Allerdings setzt eine kosmische Katastrophe dem ein Ende und beendet die Möglichkeiten des interstellaren Raumfluges.
100 Millionen Jahre vor unserer Zeit sind nur noch die Bevölkerungen des Mars und des Planeten Katain übriggeblieben, während die Bewohner der restlichen Planeten des Sonnensystems unter steinzeitlichen Bedingungen leben. Der (ebenfalls zu unserem Sonnensystem gehörende) Planet Katain geht wenig später unter, seine Bewohner können zum Stern Sirius flüchten. Aus den Bruchstücken Katains, so erfahren wir, entsteht der (real existierende!) Asteroidengür-

tel in unserem Sonnensystem. Auf dem Mars erlebt die Hochkultur der »Maschinenherren« ihren Aufstieg, von der unbekannt ist, ob sie von der ursprünglichen Marskultur abstammt oder sich eigenständig entwickelt hat. Zu Lebzeiten von Captain Future ist jedoch nichts mehr hierüber bekannt.

Aufmerksame Leser werden zweifellos bemerkt haben, dass dieses aus den frühen 40er Jahren stammende Konzept in einigem den (wissenschaftlich hoch umstrittenen!) Thesen des Schweizer Autors Erich von Däniken ähnelt. Eins ist damit auf jeden Fall bewiesen: Bereits lange Zeit vor Erich von Däniken machten sich Autoren Gedanken darüber, ob unsere gegenwärtige Zivilisation möglicherweise nicht die erste ihrer Art ist.

In der Serie *Captain Future* werden diese »geschichtlichen Hintergründe« freilich nur am Rande erwähnt, wohingegen sie in den ihr zugrunde liegenden Romanen deutlich mehr ausgeschmückt werden.

Eine genaue Angabe der Zeit, in der die Abenteuer von Captain Future spielen (so wie beispielsweise im benachbarten *Star Trek*-Universum des 23. und 24. Jahrhunderts), gibt es übrigens in der Serie nicht, und dies ist bis heute strittig. Erste Entwürfe für die Romane beinhalteten, dass Curtis Newton, der kommende Captain Future, im Jahr 1990 geboren worden sei, was den Handlungszeitraum der Serie etwa in unsere jetzige Gegenwart verlegen würde. Davon jedoch kam man später vollkommen ab und verlegte das Ganze in eine erheblich weiter entfernte Epoche. So ist im Hintergrundmaterial der Zeichentrickserie die Rede vom Jahr 2500, in der Folge *Der Herrscher von Megara* hingegen wird das Jahr 2200 genannt, während der Captain selbst in einer Episode vom 21. Jahrhundert spricht, wobei es sich allerdings eventuell um einen Übersetzungsfehler handeln könnte. In Hamiltons Entwürfen war nach den Änderungen die Rede von einer Welt, die mehrere Jahrhunderte nach dem damaligen 20. angesiedelt ist.

In der Romanreihe gelten die Erde und das besiedelte Sonnensystem als einheitliches System mit einer Zentralregierung, die ihren Sitz auf der Erde in New York hat. Andeutungsweise war die Erde federführend bei der Entstehung dieses Systems und hat eine kulturelle und politische Führungsrolle übernommen. Allerdings gibt es deutliche Unterschiede im Entwicklungsstand der jeweiligen Völker: Die Bewohner der Planeten Jupiter und Pluto etwa betätigen sich vorwiegend als Bauern und Jäger in den Dschungeln und Eiswüsten ihrer Heimatplaneten, doch sind die Posten dort grundsätzlich mit Vertretern aller Völker besetzt. Zu den allesamt menschlichen Abkömmlingen der Denebianer gehören auch recht exotische Spielarten wie die katzenhaften Merkurianer, die vogelmenschenartigen Qualus auf dem Saturn, die Siedler des Mikrokosmos, die übernatürlich begabten »Magier« vom Pluto-Mond Styx, die wasserbewohnenden Seemenschen vom Neptun sowie die einst als ausgestorben betrachteten, ursprünglich auf dem Erdmond beheimateten Lunarier, welche den Jupitermond Ganymed als neues Siedlungsgebiet zugesprochen bekommen. Da alle diese Völker einen gemeinsamen genetischen Ursprung besitzen, sind sie kompatibel miteinander, und es existieren verschiedenste Mischformen. Obwohl der Rassismus in seiner eigentlichen Form in der Zukunftswelt des Jahres 2500 aus der Welt geschafft wurde, gibt es dennoch mehr oder weniger offene Vorbehalte gegen diese »Mischlinge«. Der Mensch, egal aus welcher Zeit, scheint einfach nicht aus seiner Haut heraus zu können – auch im Jahr 2500 nicht.

Auch außerhalb des Sonnensystems gibt es Leben in der Welt von Captain Future: Die extrasolaren Systeme Antares, Fomalhaut, Wega und Sagittarius (wobei Sagittarius, der Schütze, in Wirklichkeit ein Sternbild ist) sind ebenfalls von menschlichen Nachfahren der Denebianer beherrscht, welche die interstellare Raumfahrt beherrschen und mit denen Kontakt besteht, wenngleich sie nicht zum Planetenverband des Sonnensystems gehören.

Doch existieren durchaus auch nichtmenschliche Lebensformen im *Captain Future*-Universum: Dazu gehören die Allus, die einem mehrdimensionalen Universum entstammen und unsere eigene dreidimensionale Wirklichkeit zu erobern trachten; ferner gibt es die telepathisch begabten Pflanzen vom Planetoiden Starfall sowie die Extrasolarier, die keinen Sauerstoff zum Leben benötigen und durch die Captain Future vom Schwingungsantrieb erfährt, den er schließlich in sein Schiff, die Comet, einbringt.

FIGUREN IN CAPTAIN FUTURE

Curtis Newton alias Captain Future

Curtis Newton ist der Sohn des Wissenschaftler-Ehepaares Elaine und Roger Newton von der Erde, die in einen mörderischen Konflikt mit dem Verbrecher Victor Corvo und seinen Handlangern gerieten, welche die Kenntnisse der Newtons für kriminelle Zwecke nutzen wollten. Zusammen mit dem todkranken alten Wissenschaftler Professor Simon Wright flohen die beiden auf den Erdmond, wo sie sich in einer geheimen Raumbasis nahe dem Krater Tycho versteckten. Hier retteten sie dem sterbenden Professor Wright zunächst in unkonventioneller Weise das Leben (hierzu gleich noch einmal mehr) und erschufen dann gemeinsam den Roboter Grag sowie den Bio-Androiden Otho. Kurz nach der Geburt des kleinen Curtis wurde ihr Versteck von Corvo und seinen Schergen entdeckt und Elaine und Roger Newton von ihm ermordet, wobei auch die Bande selbst den Tod durch die Hände von Grag und Otho fand. Grag, Otho und Professor Wright übernahmen daraufhin die Ausbildung des kleinen Curt(is) und vermittelten ihm alle ihre überragenden wissenschaftlichen, technischen und auch Kampfkunst-Fähigkeiten. Als Curtis die Volljährigkeit erreicht hat, beschließt er, sein Leben in den Dienst der Verbrechensbekämpfung auf Seiten der Planetaren Polizei zu stellen und nimmt den Namen Captain Future dafür an. Er entwickelt und konstruiert mit Hilfe seiner Freunde das Raumschiff Comet, dessen Namen daher rührt, dass es im Rahmen einer Tarnvorrichtung das Aussehen eines Kometen annehmen kann. Ferner ist das Schiff mit einem kompakten Labor ausgerüstet und mit Protonenkanonen bewaffnet. Zumindest in den Romanen erhält die Comet erst relativ spät einen Überlicht- und schließlich den schon genannten Schwingungsantrieb, während es in der Serie von Folge 1 an mit einem Ozillationsantrieb ausgestattet ist und mit bis zu 10-facher Lichtgeschwindigkeit durch den Weltraum braust. Als Basis dient Captain Future und seiner Raumschiffcrew nach wie vor die Mondstation, auf der er aufgewachsen ist.

Der ursprüngliche Captain

Wie wir in der Einleitung zu diesem Kapitel bereits anmerkten, war der Zauberer der Wissenschaften nicht immer der, den wir heute kennen und lieben. Wie so oft im Rahmen der Entwicklung einer Romanserie, durchlaufen Rahmenbedingungen, Hintergrundgeschichte und die Figuren einen kreativen Prozess, der irgendwann zu einem brauchbaren Endergebnis führt und Einzug in die jeweilige Serienbibel erhält. Das war bei *Captain Future* sicherlich nicht viel anders als etwa bei *Perry Rhodan.* Es ist daher also kein großes Wunder, dass die Figur des Curtis Newton zunächst eine andere Person war, deren Grundzüge sich allerdings schon herauskristallisiert hatten. Das betraf auch den Background unseres Helden, der zunächst seine Mutter gar nicht verlieren sollte. In der ersten Version der Serienbibel wird die geheime Mondbasis auf dem Mond nicht überfallen, vielmehr dringt ein Spion aus Europa heimlich ein, um sich der Geheimnisse des Wissenschaftsgenies Roger Carter Newton zu bemächtigen. Newton ertappt den Eindringling, der daraufhin erschrocken seine Waffe zückt und schießt. Er verfehlt Roger zwar, trifft aber eine speziell entwickelte Kühlröhre, die explodiert und sowohl Newton als auch den Spion umbringt. Elaine verliert ihr Augenlicht und bringt kurze Zeit später ihren braunhaarigen Sohn Curtis zur Welt, dessen Sinne aber nun, ähnlich wie wir es aus zahlreichen Superheldengeschichten kennen, etwas schärfer sind als bei jedem normalen Kind.

Grag

Bei dem superstarken Roboter Grag handelt es sich um die erste Schöpfung von Curtis Newtons Eltern und Professor Simon Wright, und er wurde ursprünglich als Kampfmaschine erschaffen. In den Romanen wurde er ursprünglich als zwar kräftig, aber nur von mäßiger Intelligenz beschrieben, was in der Serie abgeändert wurde: Hier ist Grag ein ausgesprochener Experte für die wissenschaftliche Seite der Technik. Begleitet wird er oft von seinem Haustier, einem possierlichen kleinen Mondlebewesen mit dem Namen Yiek.

Der ursprüngliche Grag

Was in der TV-Serie wie eine Mischung von Robby aus dem Science-Fiction-Kultklassiker *Alarm im Weltall* mit R2D2 aus *Star Wars* wirkt, war anfangs mehr als künstliches Wesen gedacht, dem man seine mechanische Herkunft nicht auf Anhieb ansieht. Future entwarf den Roboter als eine Art Doppelgänger seiner selbst, den er dank seiner telepathischen Kräfte steuert.

Ot(t)ho

Otho, der nur in der deutschen Version der Zeichentrickserie den Namen Otto trägt, ist ein Bio-Androide, der in der Romanvorlage im Gegensatz zum eher tumb dargestellten Grag dessen intellektuelleren Gegenpart darstellen sollte. In der Zeichentrickserie werden die beiden jedoch als gleichwertig dargestellt. Otho kann seine Körpersubstanz durch die Einreibung mit einer speziellen Flüssigkeit aufweichen und um-modellieren, wodurch er quasi jedes beliebige Erscheinungsbild anzunehmen vermag. Aus den literarischen Vorlagen übernommen wurde jedoch der Umstand, dass Otho und Grag gern wie ein sprichwörtliches altes Ehepaar in gutmütiger Weise miteinander herumzanken (ähnlich wie Mister Spock und Dr. McCoy in *Star Trek)*. Auch Otho hat ein Haustier, das ihn öfter begleitet: Oak kann so wie sein Herrchen unterschiedliche Gestalten annehmen.

Der ursprüngliche Otho

Der beliebte Gummi-Androide Otho sollte eigentlich gar keine künstliche Lebensform, sondern ein Krieger von Ganymed sein, der Mr. Futures berühmten rubinfarbenen Ring bewohnt. Da es auf Ganymed keine Atmosphäre gibt, sind kristalline Lebensformen die einzigen, die auf dem Jupitermond entstehen konnten. Als Future Ganymed einst besuchte, hätten ihn die Bewohner beinahe telepathisch in den Tod getrieben. Nur Otho, der zu Future eine telepathische Verbindung herstellte, ist es zu verdanken, dass Curtis noch lebt. Seitdem begleitet der Kristallin-Krieger seinen Freund und ist ihm mit seiner Stärke, dem Mut und der scharfen Intelligenz ein hilfreicher und treuer Gefährte.

Professor Simon Wright

Nach seinem körperlichen Ende auf der Mondstation ermöglichen Elaine und Roger Newton ihrem Freund und Kollegen die weitere Existenz als »lebendes Gehirn«. Sie entnehmen ihm selbiges und fügen es in einen mit einer Nährflüssigkeit gefüllten Spezialbehälter ein, in dem Wright weiterhin sehen, hören und sprechen kann, was ihm durch spezielle Sensoren ermöglicht wird. Während Professor Wright in den Romanen erst später die Möglichkeit zur Fortbewegung mittels Traktorstrahlen erhält, ist das lebende Gehirn in der Serie bereits seit seinem ersten Auftritt mobil und kann in seinem lebenserhaltenden Gehäuse umherfliegen. Da Professor Wright keine Atemluft benötigt, kann er sich sogar durch den Weltraum bewegen.

Der ursprüngliche Simon Wright

Simon Wright ist vielleicht die Figur, die im Laufe des Konzeptionierungsprozesses die wenigsten Veränderungen durchlaufen hat. Bemerkenswert ist allerdings, dass Wright in den frühen Entwürfen als initiativlos beschrieben wird. Das lebende Gehirn hat zwar jeden wissenschaftlichen Bericht gelesen, der je veröffentlicht wurde, kann aber im Grunde die erlernten Fakten nur dazu verwenden, Fragen ohne jeglichen Interpretationsspielraum vorzutragen.

Joan Landor (Randall)

Joan Landor (die in den Romanen und den anderen Sprachfassungen von *Captain Future* ihren ursprünglichen Nachnamen »Randall« trägt) ist eine Agentin der Planetenpolizei und steht dem Captain beim einen oder anderen Einsatz zur Seite, ohne dabei jedoch das Klischee des hilflosen Dummchens zu erfüllen, das vom Helden aus misslichen Lagen gerettet werden muss. Allerdings ist sie mehr oder weniger offensichtlich in den Helden verliebt. Während Joan in den Romanen als dunkelhaarig geschildert wird, machte man sie für die Zeichentrickserie zur Blondine, was in den Augen der Serienschöpfer wohl mehr dem damaligen Zeitgeist der 70er-Jahre entsprach.

Die ursprüngliche Joan Randall

Joan Randall, die wir besser als Joan Landor kennen, war eigentlich gar nicht als Offizierin der Planetenpolizei vorgesehen, sondern wird in der Erstfassung der Serienbibel als Stratocar-Pilotin und Abenteurerin beschrieben, die zwar auch hier schon unsterblich in Curtis verliebt ist, ihn aber erst heiraten kann, wenn dieser überall im Sonnensystem Frieden geschaffen hat.

Ken Scott

Ken Scott ist ein etwa 13-jähriger Waisenjunge, der Captain Future bewundert und sich aus diesem Grund als blinder Passagier an Bord des Raumschiffs Comet geschlichen hat. Nachdem der Captain und sein Team erfahren haben, dass der Kleine keine Eltern mehr hat, beschließen sie, sich seiner anzunehmen. Ken ist ein entschlossener und mutiger Junge sowie ein kleines wissenschaftliches Genie und begleitet die Crew der Comet bei einigen Einsätzen (in den Romanen taucht er allerdings nur einmal auf). Ansonsten lebt er in der Obhut von Joan Randall.

Ezella Garnie (Ezra Gourney)

Ezella Garnie (der diesen Namen aus unerfindlichen Gründen für die deutsche Fassung erhielt) ist der Leiter der Planetenpolizei und schickt Captain Future und seine Crew sowie Joan Randall auf ihre gefahrvollen Missionen. Er ist ein erfahrener alter Planeten-Polizist, der den Helden immer wieder einmal mit allerlei Rat und Tat zur Seite steht.

Präsident James Cashew (Präsident Carthew)

Präsident Cashew ist der Präsident des Vereinten Sonnensystems und residiert in dessen Hauptquartier in New York City beziehungsweise manchmal anderslautend Washington DC. Er ist verantwortlich für die Sicherheit im Sonnensystem und somit der oberste Vorgesetzte unserer Helden. Im Fall einer Notsituation ermächtigt er Ezella Garnie dazu, die Helden auf die Reise zu schicken.

Vul Kuolun (Ul Qurn)

Vul Kuolun ist der Sohn von Victor Corvo, dem Mörder von Curtis Newtons bzw. Captain Futures Eltern und somit dessen Erzfeind. Er ist ähnlich intelligent wie sein Widersacher und stellt gewissermaßen eine Art schattiges Spiegelbild Captain Futures dar.

Bevölkert von Figuren wie diesen, ist das Universum der Herren Weisinger und Hamilton noch heute interessant genug für Space-Opera-Fans in aller Welt, sodass Captain Future wohl mühelos auch den Weg in die nächsten 40 Jahre bestehen können wird. Bleiben wir gespannt darauf, was die Zukunft diesem Lieblingsuniversum bringen wird!

DIE ERSTE STAFFEL

Episode 01: Der Herrscher von Megara

(Episode Nr. 02 in Deutschland)

Original: Captain Future and the Space Emperor

(Captain Future Magazine, Winter 1940)

Folgen

Die Rückverwandlung (18.10.1980)

Jagd auf den mächtigen Schatten (25.10.1980)

Kampf der Planeten (08.11.1980)

Inhalt

Eines Morgens dringt ein affenähnliches Wesen in die Zentrale der Regierung des Weltalls ein. Es scheint den Präsidenten, Mr. Cashew, anzugreifen. Der Gorillaartige kann ausgeschaltet werden, doch noch kurz vor seinem Tod dringen ihm plötzlich die Worte Herrscher von Megara, Krankheit und Verwandlung über die Lippen. Nach einer näheren Untersuchung stellt sich heraus, dass es sich bei dem Angreifer um den Agenten Sparling handelte, der von Cashew auf den Planeten Megara entsandt worden war. Dort sollte er seltsame Vorgänge untersuchen, die auf ein verbrecherisches Genie hindeuten könnten.

Die offenbar gewordene schreckliche Verwandlung scheint der unumstößliche Beweis für eine Intrige ungeahnten Ausmaßes zu sein. Der Herrscher von Megara verfügt anscheinend über eine in der Galaxis bislang unbekannte Macht, die er skrupellos für seine eigenen Zwecke einsetzt. Verzweifelt wendet sich der Präsident an Captain Future, denn nur der auf dem Mond aufgewachsene Zauberer der Wissenschaften und sein berühmtes Team sind in der Lage, sich dieser furchtbaren Bedrohung zu stellen.

Auf dem Weg zu ihrem Raumschiff Comet begegnet die Crew dem kleinen Ken Scott, der nicht nur ein großer Fan des Captains ist, sondern sich darüber hinaus als recht hartnäckig erweist. Er schleicht sich auf das Schiff. Future stellt den Jungen zur Rede, zeigt sich aber dennoch ob seines Mutes beeindruckt. Ken darf Future, das lebende Gehirn Professor Simon Wright, die Androiden Otto und Grag sowie deren Haustiere Yiek und Oak nach Megara begleiten. Doch schon kurz nach ihrer Ankunft findet das Team heraus, dass der Herrscher von Megara der mächtigste Feind ist, dem man sich je stellen musste. Denn auf der Heimatwelt der amphibienähnlichen Megara-Wesen herrscht das Chaos. Immer mehr Menschen verwandeln sich in Gorillas zurück, und die für die Menschheit überlebenswichtige Uranproduktion steht kurz vor dem Stillstand.

Welche Ziele verfolgt der Herrscher von Megara? Ist er der wiedergekehrte Ahne, wie die Einheimischen glauben? Oder verbirgt sich hinter der Maske nur ein ausgekochter Halunke, der die Macht in der Galaxis an sich reißen will? Und woher stammt die Waffe, die das Leben der Menschen so sehr bedroht und ihre Physiognomie bis ins Groteske zu verändern vermag?

Fazit

Auch wenn es sich mit *Der Herrscher von Megara* nicht um die erste in Deutschland ausgestrahlte Geschichte handelt, bietet diese Story sowohl inhaltlich als auch visuell den perfekten Einstieg in die Zeichentrick-Welt des Captain Future. Es gibt quasi alles, was das junge und junggebliebene Science-Fiction-Herz begehrt: einen strahlenden Helden inklusive Sidekicks, einen fast unbezwingbar erscheinenden Widersacher und eine schöne Frau. Darüber hinaus erleben wir, eingepackt in einen unterhaltsamen Plot, reichlich Action. Faustkämpfe, eine SciFi-Western-Kulisse, spannende Duelle und sogar Dogfights im All verwöhnen das Auge. Die Folge fährt somit in Sachen Unterhaltungswert schwere Geschütze auf.

Der japanische Animationskünstler Tadano Tsushi legte viel Liebe zum Detail in seine Vision der hamilton'schen Zukunft. *Captain Future* ist eben schon im Kern eine waschechte Space Opera, die ihre Anfänge bekanntermaßen in der Horse Opera findet. So verwundert es kaum, dass man bei Tōei diesbezüglich aus dem Vollen schöpfte. Schon Futures erstes Treffen mit seinem Freund, dem Planeten-Polizisten Ezella Garnie (gesprochen von Michael Chevalier) mutet wie eine Szene aus einem 50er-Jahre-Western an. Auch Assoziationen zur berühmten Cantina-Bar-Szene in *Star Wars IV – Eine neue Hoffnung* (1977) sind durchaus nicht ganz von der Hand zu weisen.

All das erzeugt in Verbindung mit der fantastischen deutschen Synchronbearbeitung eine zeitlose Atmosphäre, die sich auch heute noch bedenkenlos sehen lassen kann. Der sphärische Frauengesang des Titelliedes erzeugt bereits im ersten Auftritt des Captains Gänsehaut und brennt sich unvergesslich in die Gehörgänge ein. Selbst beim erneuten Anschauen als Vorbereitung auf dieses Buch stellte sich wieder das wohlige Gefühl ein, hier eine Zeichentrickserie bewundern zu dürfen, die sich von allzu kindlichen Klischees fernhält und sich auch nicht davor scheut, Kinderprogramm-Tabus aufzugreifen. So sterben bereits in *Der Herrscher von Megara* zahlreiche Randfiguren. Diese Tatsache unterstreicht die brutale Gefährlichkeit von Futures Antagonisten. Es ist leicht nachvollziehbar, dass Eltern, die eher an die Biene Maja gewöhnt waren, auf die Barrikaden gingen.

Funfacts für Nerds

Man könnte nun lange auf den Fehlern herumreiten, die vor allem die Synchronisation, aber auch die japanische Modernisierung an sich mit sich brachten. Fans streiten beispielsweise seit Jahrzehnten darüber, ob es notwendig war, die Folge nicht auf dem Jupiter, dem eigentlichen Handlungsort der Geschichte, sondern auf dem siebten Planeten des sechzigsten Sterns im Sternbild Schwan spielen zu lassen. Die Autoren sind nach wie vor der Ansicht, dass die Idee grandios war. Natürlich ist die neue Ortsangabe astronomisch gesehen unsinnig. Noch unsinniger wird das Ganze, wenn man weiß, dass die ursprüngliche erste Episode *Die Zeitmaschine* in Deutschland an zweiter Stelle platziert wurde. Die Geschichte enthält nicht herausgeschnittene Hinweise, die Megara eindeutig als Jupiter entlarven. Dieser beheimatet nämlich den sogenannten Mittagsmond, der in *Der Herrscher von Megara* als Basis für den geplanten Angriff auf die menschlichen Städte herhält und der in Episode 2, *Die Zeitmaschine,* eine nicht unwesentliche Rolle spielt.

Doch solche – und auch die weiteren – Fehler sind durchaus verschmerzbar, wenn auch verständlicherweise zum Teil ärgerlich. Der größte Fauxpas findet sich wahrscheinlich direkt in der ersten Minute der Geschichte: In Folge 1 steigt der Erzähler (Helmut Kraus) mit der Information ein, dass die Geschichte aus dem Jahre 2200 in New York beginne. In Folge 2 wendet sich Future allerdings mit den Worten, dass im 21. Jahrhundert so etwas möglich sei, an Joan Landor (Anita Kupsch).

Während man beim munteren Durcheinanderwürfeln von Begriffen wie Milchstraße und Sonnensystem noch von (zwar peinlicher, aber nachvollziehbarer) Unwissenheit ausgehen kann, wurde hier schlicht und ergreifend geschlampt. Interessant ist eventuell ein Vergleich mit der klassischen *Star Trek*-Serie *Raumschiff Enterprise,* die in der deutschen Synchronfassung damit beginnt, dass man das Jahr 2200 schreibe. Sinnigerweise hatte das ZDF am 13.07.1980 gerade die erste Wiederholung zu Ende geführt, also nur zweieinhalb Monate vor Ausstrahlung der ersten Future-Folge. Zufall? Wer weiß?

Dennoch: die aufgeführten Fehler sind grundsätzlich marginal und fallen nicht wirklich ins Gewicht. Wichtiger ist, dass man sich dank der Verlegung der Story sofort auf eine fremde Welt in den Weiten des Alls versetzt fühlt, was der Fantasie zusätzliche Flügel verleiht.

Die Schnitte

Es würde zu weit führen, alle bekannten Schnitte in diesem Werk aufzuführen. Lediglich einige der Auslassungen, die uns besonders wichtig erscheinen, möchten wir doch zur Diskussion stellen. Als gravierendste Kürzung kann wohl ohne Zweifel die fast vollständige Eliminierung von Captain Futures Vergangenheit aus der Geschichte gewertet werden. Diese unterscheidet sich übrigens gravierend von derjenigen, die im Roman erzählt wird. Der erste Hinweis findet sich bereits in Folge 1, *Die Rückverwandlung.* Nach etwa 10:17 Minuten führt Future mit Ken Scott eine Unterhaltung, in der der Junge offenbart, dass seine Eltern bei einem Unfall gestorben seien. Nach einem kurzen Umschnitt auf Simon, Joan und Future beginnt eine Rückblenden-Sequenz, in der man sieht, wie eine Raumstation explodiert. Nur eine kleine Rakete kann sich auf einen Mond retten, wo der kleine Curtis Newton als Baby von Simon, Grag und Otto geborgen wird.

Folge 2, *Jagd auf den mächtigen Schatten,* offenbart uns ziemlich am Anfang eine etwa dreiminütige, detailliertere Rückblende auf Futures Vergangenheit. Futures Eltern heiraten und gründen im Weltraum eine Raumstation. Simon Wright, Otto und Grag begleiten sie. Hier gewährt uns die Serie einen Einblick in die Fertigstellung der Droiden und der Behausung des lebenden Gehirns. Doch während der Arbeiten wird die einsame Raumstation plötzlich beschossen. Futures Vater kommt um, während sich seine Mutter tödlich verletzt in ein Shuttle rettet. Nachdem sie Otto, Grag und Simon das Versprechen abnimmt, sich um Curtis zu kümmern, stirbt sie. In den folgenden Sequenzen erleben wir, wie die drei künstlichen Wesen den kleinen Menschen zum Zauberer der Wissenschaften erziehen, der mit fast übermenschlicher Kraft und dem größten Wissensschatz in der Galaxis ausgestattet ist.

Abgesehen davon wurde in Folge 3 unter anderem eine große Sequenz entfernt, die die Geschichte um Dr. Zaro, den Entdecker der wissenschaftlichen Hinterlassenschaften der Megara-Wesen thematisiert. Die Szene mündet in den (natürlich ebenfalls gekürzten) Finalkampf zwischen Future und dem Herrscher.

Episode 02: Die Zeitmaschine

(Episode Nr. 01 in Deutschland)

Original: The Lost World of Time

(Captain Future Magazine Herbst 1941)

Folgen

Reise in die Vergangenheit (27.09.1980)

Das Geheimnis des Sterns Koom (04.10.1980)

Fünf Milliarden Jahre zurück (11.10.1980)

Inhalt

Die Captain-Future-Crew trainiert mit dem Raumschiff Comet im Asteroidengürtel des Sonnensystems den Spiral- und V-Flug, als die Sensoren plötzlich ein uraltes Raumschiff entdecken. Noch bevor Professor Wright herausfinden kann, woher das seltsame Schiff stammt, werden die Sensoren gestört, und das Hologramm eines alten Mannes erscheint auf der Brücke. Die Stimme aus einer weit entfernten Vergangenheit gehört einem Wissenschaftler namens Darmoore, der vor 100 Millionen Jahren lebte und dem es gelang, per Superraum-Kommunikationssystem den Schlingen der Zeit zu entfliehen, um zukünftige Raumfahrer um Hilfe für seine sterbende Welt Katain zu bitten. In Futures Zeit ist Katain ein längst zerstörter Planet, der ins Gravitationsfeld des Jupiters geriet und auseinandergerissen wurde. Aus den Trümmern entstand schließlich der Asteroidengürtel. Doch Darmoore lebt in der Vergangenheit einer sterbenden Welt, und nur ein Genie wie Captain Future vermag den Untergang einer ganzen Zivilisation zu verhindern.

Zurück auf dem Mond schmieden Future und seine Crew einen gefährlichen Plan. Mit Hilfe des Zyklotonenrotors will die Crew ihr Raumschiff 100 Millionen Jahre zurück in die Vergangenheit katapultieren, um Darmoore zu finden und zu retten. Der Plan geht auf, doch als die Comet die gewünschte Zeit erreicht, trifft ein Meteor das Schiff und zerstört die Zeitmaschine. Sind Captain Future, Professor Wright, Grag, Otto und die niedlichen Weltraumgeschöpfe Yiek und Oak in einer weit zurückliegenden Zeit auf ewig gefangen, oder wird es ihnen gelingen, die Comet zu reparieren?

Glücklicherweise kann die Future-Crew auf der Erde notlanden und trifft auf freundliche Eingeborene, die einem fremden Gott namens Koom huldigen. Dieser entpuppt sich als ein mehrere Jahrhunderttausende altes Raumschiff einer fremden Welt. Erfreut beginnen Grag und Otto, die dringend zur Reparatur benötigten Metalle zu entnehmen, als ein Kampfkreuzer landet, dessen Besatzung Otto gefangen nimmt. Schnell stellt sich heraus, dass der Zauberer der Wissenschaften und seine Freunde in einen schrecklichen Krieg um Leben und Tod zweier Welten geraten sind, den keine der beiden Parteien gewinnen kann.

Fazit

Der zweite Dreiteiler der Zeichentrickserie bietet eine wundervolle Abenteuergeschichte mit fantastischen Science Fiction-Ideen, schönen Dialogen und teils fantastisch futuristischen Zeichnungen. Bereits die Gestaltung von Captain Futures Basis im Mondkrater Tycho zeigt sich ebenso detailliert wie liebevoll umgesetzt. Egal, ob man einen Blick auf die Landeplattform der unvergesslichen Comet riskiert oder das einfallsreiche Transportsystem, den Supercomputer oder die Reparatur- und Fertigungsroboter bewundert, überall begegnen dem Zuschauer entdeckenswerte Kleinigkeiten. Animeserien arbeiteten in den 70er Jahren noch weitaus öfter mit Standbildern, als dies in heutigen Produktionen der Fall ist. Diese Tatsache wird hier durch die Verwendung ungewöhnlicher und vielseitiger Perspektiven abgemildert, sodass der

Zuschauer selbst dann das Gefühl für die Bewegung nicht verliert, wenn mehrere Standaufnahmen hintereinandergelegt sind. Die geschickte Regieführung verleiht der Serie auch heute noch eine starke Ausdruckskraft, die vor allem auch in *Die Zeitmaschine* zum Tragen kommt. Regisseur Tomoji Katsumata, der auch für *Der Herrscher von Megara* verantwortlich zeichnete, leistete hier technisch hervorragende Arbeit.

Darüber hinaus steckt die Zeitreisegeschichte voller Charme und Esprit und enthält alles, was die Fantasie eines von großen Abenteuern träumenden Kindes anregt. So reist die Crew 100 Millionen Jahre zurück und trifft auf der Erde nicht nur auf Dinosaurier, sondern auch auf Menschen. Otto rettet das hübsche Mädchen Ahara (gesprochen von Claudia Marnitz, die wir auch als Stimme von Serina in *Kampfstern Galactica* kennen) und verliebt sich sogar. Wir erleben Raumschlachten, Intrigen und einen mutigen, jungen, strahlenden Helden, der sich als Julun, Sohn von Darmoore entpuppt (Pierre Peters-Arnolds, die deutsche Stimme von Jeff Goldblum). Schließlich werden die Futuremen am Ende des zweiten Teils als Auswirkung eines Sabotageaktes durch General Jekall (Günther Kieslich) sogar 5 Milliarden Jahre in die Vergangenheit geschleudert und erleben die Entstehung des Sonnensystems mit. Am Ende findet Captain Future eine friedliche Lösung für den Konflikt zwischen den Planeten Mars und Katain, und den Autoren gelingt es sogar, eine nachvollziehbare Verbindung zur ersten Geschichte und zum Planeten Megara zu finden, wow! Schade ist lediglich, dass der TV-Zuschauer diesen Zusammenhang 1980 nicht erkennen konnte. Die Zeitmaschine wurde bekanntermaßen vor *Der Herrscher von Megara* ausgestrahlt. Somit kam es innerhalb der Serienmythologie zu einem herben Bruch, der im Grunde vollkommen unnötig gewesen wäre, wenn sich Dialogregisseur Bernd Liebner ein wenig eingehender mit seinem Stoff befasst hätte. Doch wie oben bereits erwähnt, strahlte man, für deutsche Verhältnisse nicht unüblich, die Folgen in der Reihenfolge aus, in der sie synchronisiert worden waren. Das ging nicht nur Kinderserien so, obwohl diese ohnehin nicht oberste Priorität bei den Verantwortlichen der deutschen Sendeanstalten genossen.

Funfacts für Nerds

Obwohl die Geschichte um die Planeten Katain und Mars zweifelsohne über einen hohen Unterhaltungswert verfügt, ist sie ein ergiebiger Quell für Nerds, die die Suche nach Fehlern lieben. Statt den Zauber zu zerstören, kann es allerdings riesigen Spaß machen, sich auf nerdige Weise mit den jeweiligen Themen zu befassen. Die Beschäftigung damit beweist nur umso mehr, wie viel Fantasie sowohl Edmond Hamilton als auch die japanischen und deutschen Dialogregisseure in diese Kultserie steckten.

Zunächst aber ein großes Lob an das deutsche Team. Erzähler Helmut Krauss erläutert zu Beginn, dass die Geschichte, wie ihr Vorgänger, wieder im Jahr 2200 spielt. Erfreulicherweise erwähnt Otto im Verlauf, dass man erst einige Monate zuvor den Herrscher des Planeten Megara im Sternbild Schwan bekämpft und besiegt habe. Davon abgesehen, dass bereits dieser Satz die deutsche Sendereihenfolge ad absurdum führt, achtete man hier aber auf eine gewisse Kontinuität, eine sehr löbliche Herangehensweise.

Dennoch fällt erneut eine gewisse Unlust der Autoren auf, sich dem Projekt mit einem gewissen Ernst zu widmen. Immer wieder begeht man dieselben Fehler. Ein Sternbild bleibt selbstverständlich weiterhin dazu ungeeignet, die Koordinaten eines bestimmten Sterns im Weltall zu beschreiben. Diese Idee hat sich dermaßen in den Köpfen des damaligen Autorenteams festgebrannt, dass wir ihr noch öfter begegnen werden. Dasselbe trifft auf den leidigen Stern = Planet-Fehler zu, der in dieser Folge potenziert zu Tage tritt. Wenn davon die Rede ist, die Sterne des Sonnensystems zu erforschen, neigt der heutige Zuschauer dazu, einmal tief durchzuatmen.

Richtig interessant wird es allerdings, wenn Krauss davon erzählt, dass vor 100 Millionen Jahren, abgesehen von den bekannten, eine weitere Gruppe von Planeten im Sonnensystem existiert hätte, die hochentwickelte Zivilisationen beherbergten. Kurz zuvor wird allerdings erwähnt, dass der Planet Katain einst der fünfte Planet unserer kosmischen Heimat gewesen sei und sich zwischen Mars und Jupiter befunden hätte. Das macht nach Adam Riese zehn Planeten (damals galt Pluto noch als vollwertiger Planet). Wenn nun Katain zerstört wurde und als Asteroidengürtel eine traurige Existenz führt, wo ist dann der Rest dieser ominösen Gruppe bewohnter Welten geblieben? Vielleicht ist dieser Take aber auch einfach nur missglückt, und gemeint waren die bekannten System-Planeten vom Merkur bis Pluto? Wer weiß?

Ein weiteres inhaltliches Kuriosum ist in Teil 3 zu finden und geht wieder zu Lasten des Erzählers Helmut Krauss. Futures Schiff wird von General Jekall sabotiert und die Zeitmaschine stark beschädigt. Daraufhin verschlägt es die Futuremen fünf Milliarden Jahre in die Vergangenheit. Alles gut soweit. Doch warum werden wir nur wenige Minuten nach der von Roboter-Ratten verursachten Explosion auf der Comet darüber in Kenntnis gesetzt, dass ein furchtbarer Unfall geschehen sei, der die Crew außer Gefecht gesetzt habe?

Astronomisch fragwürdig

Zunächst fällt die Geschichte des Planeten Katain ins Auge, der einst zwischen Mars und Jupiter lag, aber dem Plot zufolge dem Roche-Effekt zum Opfer fiel und zum Asteroidengürtel wurde. Demnach müsste Katain entweder ein natürlicher oder eingefangener Satellit des Jupiters gewesen sein, denn der Roche-Effekt, auch Roche-Grenze genannt, dient der Beurteilung des Zusammenhalts eines Himmelskörpers, der einen anderen umkreist. Einfach ausgedrückt, stehen auf der einen Seite die Gravitationskräfte eines Mondes oder Satelliten und auf der anderen die Anziehungskräfte des größeren Partners, die auf ihn einwirken. Auf der zugewandten Seite wirken diese Gezeitenkräfte am stärksten und zerren am kleineren Himmelskörper. Dies führt zu Spannungen, die, wenn erst eine bestimmte Annäherungsgrenze zwischen Satellit und Mutterplanet überschritten ist, zum Auseinanderbersten des Mondes führen können.

Angenommen, der Roche-Effekt hätte Katain zerstört. In diesem Falle müsste es sich allerdings um eine ziemlich kleine Welt handeln. Im Asteroidengürtel befinden sich zwar hunderttausende Objekte, doch macht ihre Gesamtmasse wesentlich weniger als die des Erdmondes aus. Nimmt man alle Asteroiden zusammen, lässt sich ihre Masse auf etwa 3x1021 kg berechnen, das entspricht ungefähr der Größe des Uranus-Mondes Titania, der auf 3,5x1021 kg kommt. Mit rund 1577 km misst Titanias Durchmesser allerdings gerade einmal die Hälfte unseres Mondes, und dem wird in *Star Trek* im 24. Jahrhundert eine Bewohnerzahl von 50 Millionen zugeschrieben. Die 226 Millionen Bewohner Katains müssen sich bei dem herrschenden Gedränge demnach wohl ständig auf die Füße getreten sein und eine große Unempfindlichkeit gegen mangelnde Privatsphäre entwickelt haben.

Zum Abschluss noch etwas für die wahren Science-Fiction-Nerds. In der Geschichte wird ein Tachiotonen-Antrieb für den ausgehöhlten Mond angenommen, der als Raumschiff umgebaut die Katainer nach Megara bringen soll. Damit beziehen sich die Autoren wahrscheinlich auf jene hypothetischen Teilchen namens Tachyonen, die in diversen Filmen und Büchern gerne als Erklärung für Zeitparadoxa herhalten müssen. Tatsächlich bewegen sich diese bislang noch nicht entdeckten Elementarteilchen mit Überlichtgeschwindigkeit und somit auch in der Zeit zurück, sollten sie denn existieren. Mindestens ebenso spannend ist aber vielleicht, dass auch eine sehr vage Hoffnung auf einen Tachyonen-Antrieb durchaus gerechtfertigt ist. Laut der renommierten Internetseite Wissenschaft.de haben unendlich schnelle sowie masse- und energielose Teilchen wie Tachyonen oder Photonen einen endlichen Impuls, der einen Rückstoß implizieren würde. Zukünftige Ingenieure müssten lediglich eine halb offene Kammer am Ende eines Raumschiffes installieren. Hinzu käme ein Tachyonen-Generator in der Mitte des Raumschiffs sowie eine Möglichkeit, den Ausfluss zu stoppen oder zu initiieren. Na also. Geht doch!

Die Schnitte

Leider fallen in dieser Episode einige der Schnitte besonders stark auf. Dies trifft vor allem auf die Episoden *Reise in die Vergangenheit* und *Das Geheimnis des Sterns Koom* zu, denen jeweils rund elf Minuten fehlen. Beispielsweise sparten sich die deutschen Verantwortlichen Aharas Rettung vollkommen. Allein diese Sequenz macht in Verbindung mit dem näheren Kennenlernen der beiden mehrere Minuten aus. Traurigerweise ließ man auch Ottos verzweifelten Kampf gegen die Marsianer unter den Tisch fallen, der nicht nur spannend inszeniert wurde, sondern auch zum Gesamtverständnis beiträgt. Diese teils drastisch Einschnitte in den Erzählfluss führen zu einem Ungleichgewicht, das man der Folge vor allem im letzten Drittel stark anmerkt.

Folge 2 beginnt gleich mit dem nächsten Fauxpas, denn der Zuschauer erfährt leider nicht, wie Captain Future von Ottos Entführung erfährt, da direkt zu Beginn rund zwei Minuten geschnitten wurden. Weitere sechs Minuten, die dem Verständnis der Geschichte sehr dienlich gewesen wären, wurden aus der Mitte entfernt und vertiefen Darmoores und Jekalls Konflikt. Weitere zwei Minuten befassen sich näher mit Julun, Darmoores Sohn, in den sich Ahara später verliebt und der aufgrund der fehlenden Szenen in der deutschen Fassung leider sehr blass bleibt. Den letzten Teil der Geschichte ließ man zumindest so gut wie unangetastet. Lediglich 14 unwesentliche Sekunden fielen der Schere zum Opfer, was den leidgeprüften Fan dann dank eines runden Abschlusses versöhnt und uns am Ende des Tages immer noch eine der ideenreichsten Geschichten der gesamten Serie beschert.

Episode 03: Der Kampf um die Gravium-Mine

(Episode Nr. 05 in Deutschland)

Original: Captain Future's Challenge

(Captain Future Magazine, Sommer 1940)

Folgen

Der Plan des Wrecker (03.01.1981)

Die Unterwasserfalle (10.01.1981)

Die Seelentransplantation (17.01.1981)

Inhalt

Eine Bedrohung, die die interstellare Raumfahrt zum Erliegen bringen könnte, sucht die Galaxis heim. Eine Gravium-Mine nach der anderen wird von einem ebenso grausamen wie machtgierigen Feind namens Wrecker zerstört. Doch Gravium ist ein unverzichtbarer Bestandteil zum Bau von Schwerkraftgeneratoren. Das Mineral existiert nur auf fünf Planeten. Als die Anlagen auf zwei Welten vollkommen zerstört sind, ruft Präsident Cashew Captain Future zu Hilfe. Er und seine Crew begeben sich zum Sternbild des Schwans, um sich mit den Besitzern der letzten intakten Bergwerke zu treffen. Doch auf dem Weg zurück zu seiner Minenkolonie wird der Tycoon Julius Gunn von Wreckers Bande angegriffen. Die Captain-Future-Crew eilt zur Rettung, doch als sie die Notfallkoordinaten erreichen, finden Future, Simon, Otto und Grag nur die Trümmer eines zerstörten Raumschiffs vor. Im All treibt Gunns Leiche. Noch bevor die Besatzung der Comet ihrer Trauer Ausdruck verleihen kann, erfolgt ein gemeiner Angriff aus dem Hinterhalt. Eine Raumschlacht entbrennt, aus der Future als Sieger hervorgeht.

Von nun an geht es Schlag auf Schlag. Was immer Curtis Newton auch versucht, Wrecker scheint ihm stets einen Schritt voraus zu sein. Zwei weitere Minen werden zerstört. Wird es

Captain Future gelingen, die letzte verbliebene Gravium-Mine zu retten und Wrecker aufzuhalten?

Fazit

Wieder einmal rettet die Future-Crew die Welt, doch selten so fantasievoll ausgeschmückt wie in *Der Kampf um die Gravium-Mine.* Die Geschichte hat alles, was zu einem spannenden und unvergesslichen Space-Opera-Abenteuer mit Westernelementen gehört. Schlägereien, Schießereien, einen grandios in Szene gesetzten Dogfight in einem Asteroidenfeld und natürlich eine schöne Frau, die sich zwar zu wehren weiß, aber am Ende doch vom strahlenden Helden gerettet wird. Wir erforschen fremdartige Vulkan- und Wasserplaneten, lernen die außerirdischen Aquawesen kennen und staunen über die futuristischsten Technologien. Egal ob Hitzeschild, die aus dem seltenen Fantasie-Mineral Gravium bestehenden Schwerkraftkompensatoren oder sogar ein Seelentransplantator. Hier wird mit allem aufgefahren, was das Herz des wahren *Captain Future*-Fans höher schlagen lässt. Diese Zutaten sind munter mit einem für Hamilton typischen Weltenretter-Plot verrührt (nicht umsonst trug der Schriftsteller die beiden Spitznamen Weltenretter und Weltenzerstörer), der uns wieder einmal einen fast übermächtigen Bösewicht als Dessert auf dem Präsentierteller serviert. Besonders gelungen ist der Kniff, den Zauberer der Wissenschaften einer Seelentransplantation zu unterziehen, nach der sich Curtis Newton scheinbar gegen seine Freunde stellt. Doch auch diese Schurkerei wird nicht von Erfolg gekrönt. Der echte Captain Future, nun im Körper eines Aquawesens gefangen, findet nicht nur einen Weg, Wrecker zu besiegen, sondern auch in den Schoß seines eigenen Ichs zurück, grandios!

Die Zeichner von Tōei zeigen sich hier nicht nur als ungewöhnlich einfallsreiche, sondern auch begabte Künstler. Abgesehen von den bekannten Elementen visualisierten die Profis eine riesige Unterwasserstadt, glaubwürdige Aquawesen, Landeinseln auf der Meereswelt Bane, fürchterliche Katastrophen (darin sind japanische Animationskünstler schließlich spätestens seit 1954 nahezu perfekt) und dinosaurierartige Meeresungetüme. Man kann sich eigentlich gar nicht sattsehen, und es ist zu schade, dass auch dieser Geschichte rund 25 Minuten entrissen wurden, die zu sehen der deutsche Zuschauer verdient gehabt hätte.

Nichtsdestotrotz bekam es Bernd Liebner, der natürlich auch hier die Buch- und Dialogregie innehatte, es in diesem Fall hervorragend hin, die Ausfälle nicht zu grobschlächtig zu überspielen. Der Erzählerpart ergänzt die fehlenden Passagen verständlich und nachvollziehbar, so dass man dem Plot trotz der vielen fehlenden Szenen noch sehr gut folgen kann. Das mag auch daran liegen, dass sich die Schnitte recht gleichmäßig über die drei Episoden verteilen und uns, anders als in einigen anderen Mehrteilern, allzu lange und wichtige Ausfälle ersparen.

Nicht unerwähnt bleiben dürfen auch die klug besetzten Nebenrollen. In Lothar Blumenhagen fand man den idealen Bösewicht. Der am 1. Juli 1927 in Leipzig geborene Schauspieler und Sprecher blickt auf eine lange Karriere zurück. Wir kennen seine markante Stimme aus Klassikern wie *Tennisschläger und Kanonen, Kobra übernehmen Sie, Hawaii 5-0* (1968 – 1980) oder *Die Straßen von San Francisco.* Die Stimmen der Minenbesitzer Gunn, Libro, Uban, Culle und Svalo gehören zu Karl Schulz, Otto Czarski Gerd Holtenau, Ingo Osterloh und Gerd Duwner. Weniger beachtet wird, dass Captain Future in Episode drei in ein Aquawesen verwandelt wird und die Dialogregie ihm in diesen Sequenzen sogar eine neue Stimme verpasste.

Dieter B. Gerlach hatte die Ehre, Future eine neue stimmliche Facette zu verleihen. Seine wundervolle Art zu betonen in Kombination mit einer männlichen, warmen, leicht rauchigen Stimme bleibt all jenen im Gedächtnis, die sich für die deutsche Synchronarbeit auch nur ein wenig interessieren. Gerlach leiht seit 2013 unter anderem Lance Henriksen seine Stimme. Doch bereits als junger Mann stand der heute 69-jährige vor dem Mikrofon und brachte es bislang auf mehr als 170 Einsätze.

Funfacts für Nerds

Siehe das entsprechende Unterkapitel in Teil 2 zu: *Die Herausforderung*

Die Schnitte

In der dritten Geschichte der TV-Serie versuchten die Cutter, in den einzelnen Episoden mit ihren Schnitten in etwa die Waage zu halten. Während Teil 1 um rund vier Minuten gekürzt wurde, fügten die Schnitttechniker dafür 95 Sekunden der zweiten Folge an. Dieses Beispiel soll verdeutlichen, wie man arbeitete, um aus vier Teilen drei hinzubekommen. Die Schlussbetrachtung und der Rückblick auf den vorherigen Teil sparte man grundsätzlich aus und gewann so jeweils ca. eine Minute.

Sehr schade ist, dass dem Beginn der Folge *Die Unterwasserfalle,* im Original *Die Falle auf dem Meeresgrund,* ganze 186 Sekunden fehlen – und zwar einige spannende Szenen um Ezella Garnie und Joan Landor. Ezella wird noch einmal als Captain Futures treuer Freund und Berater bestätigt, und Joan wird, ganz ihrer Rolle als Schönheit in Nöten gerecht werdend, von Einheimischen entführt und an die Untergebenen Wreckers ausgeliefert. Die Ehrenrettung der gebeutelten Planetenpolizisten folgt nur einige Minuten später, als sie sich mithilfe einer actiongeladenen Schießerei aus den Fängen ihrer Peiniger befreien kann. Leider wird dies dem deutschen Zuschauer ebenfalls vorenthalten.

Der letzte Teil befasst sich überwiegend mit der Transplantation der Seele Futures in den Körper eines Aquawesens und dem finalen Endkampf gegen Wrecker. Die Streichungen fallen hier besonders gravierend aus. Für die damaligen Verantwortlichen zu brutal war wohl die Ermordung durch einige Wrecker-Schergen mit ekligem Vampirseetang, der sich auf die Körper ihrer Opfer legt und ihnen das Leben regelrecht aussaugt. Selbst Joan Landor und Ken Scott schließen ob einer solch fürcherlichen Attacke seitens Wreckers angewidert die Augen.

Der finale Fight gegen den machtgierigen Minenbesitzer ist im Original unglaublich spannend in Szene gesetzt. Mit einer U-Boot-Flotte greift Future die Meermenschen an, die sich verzweifelt zur Wehr setzen. Explosionen erschüttern den Meeresgrund. Mensch und Amphibienmenschen sind in ein heilloses Durcheinander an Nahkämpfen verwickelt, und zu allem Überfluss muss Future auch noch Ken Scott aus der Gewalt seiner Widersacher befreien. Schade, dass dieser tolle Höhepunkt niemals mit den fantastischen deutschen Synchronsprechern und der wundervollen Musik von Christian Bruhn umgesetzt wurde.

Episode 04: Auf der Suche nach der Quelle der Materie

(Episode Nr. 04 in Deutschland)

Original: Quest Beyond the Stars

(Captain Future Magazine, Winter 1942)

Folgen

Luft- und Wasserknappheit auf dem Planeten Laguna (13.12.1980)

Gefangen auf dem grünen Planeten Kol (20.12.1980)

Die Rettung der Quelle (27.12.1980)

Inhalt

Auf dem Planeten Laguna herrscht Luft- und Wasserknappheit. Die Ressourcen sind aufgebraucht, und auch künstlich können die lebensnotwendigen Güter nicht mehr produziert werden. Daher wurde die Weltraumpolizei unter der Leitung von Ezella Garnie ausgesandt, um die sterbende Welt zu evakuieren. Als am Abflugterminal Tumulte ausbrechen, die fast zur Zerstörung eines der Rettungsraumschiffe führen, schaltet sich Captain Future ins Geschehen ein und verspricht, einen Weg zu finden, Laguna zu retten.

Professor Simon Wright und Curtis Newton finden in ihren Archiven Berichte über eine ominöse Quelle der Materie, die aus dem Nichts jede gewünschte Materie in jedweder Form und Kombination erschaffen kann, also auch Luft und Wasser. Die Spur führt in den Archer-Nebel, viele Lichtjahre von der Erde entfernt. Um eine so gefahrvolle Reise überhaupt möglich werden zu lassen, entscheiden die Futuremen, ihren neuartigen Oszillationsantrieb zu testen, der Flüge mit vielfacher Lichtgeschwindigkeit überhaupt erst ermöglicht. Das Experiment gelingt, doch kaum hat die Comet ihr Ziel erreicht, gerät sie in einen starken Materiesog, der das Schiff fast zerstört. Nur mit Mühe gelingt es Grag und Future, das Schiff auf einem grünen Planeten notzulanden, der sich als die Welt Kol herausstellt. Doch Lulstan, der Herrscher von Kol, denkt gar nicht daran, der Future-Crew zu helfen. Sein Ziel ist es, die Quelle der Materie den Menschen des Planeten Sulun zu entreißen, die die Quelle seit vielen Generationen beschützen. Denn wer die die Macht über die Materie hat, wird zum Beherrscher des Universums. Wird es Captain Future, Simon Wright, Otto und Grag gelingen, Lulstan aufzuhalten und König Quorok von Sulun davon zu überzeugen, dass sie nichts Böses im Schilde führen?

Fazit

Die Geschichte kommt zunächst schwer in Gang und beginnt etwas zäh, dies ändert sich aber mit zunehmender Spieldauer. Sowohl die Schilderung der Luft- und Wasserknappheit auf Laguna als auch der Aufstand und dessen Folgen fallen etwas unspektakulär aus. Auch die Beinahe-Katastrophe, in die die Comet im Archer-Nebel schlittert, wurde auf visueller Ebene so schlicht gestaltet, dass es dem ein oder anderen Zuschauer heute vielleicht schwerfallen könnte, am Ball zu bleiben. Das liegt allerdings mehr an den massiven Schnitten, auf die wir im entsprechenden Abschnitt noch näher zu sprechen kommen, als am Plot selbst. Die interessantesten Minuten spielen sich noch auf einer Eiswelt ab, auf der die Future-Crew ihre neuen Freunde Bell von der Wega, Taunus von Fomalhaut,

Irok von Sagittarius und Sukuru und Horu kennenlernen. Die Abenteurer helfen Future im Kampf gegen insektoid aussehende Metallroboter, die eine verblüffende Ähnlichkeit zu jenen aufweisen, die dem Fan alter Science-Fiction-Filme aus dem Klassiker *Metaluna 4 antwortet nicht* sehr bekannt vorkommen dürften. Spannend ist übrigens auch die Verwendung des Namens Sagittarius, der kurz zuvor im Kinofilm *Kampfstern Galactica,* der am 26. Oktober 1978 in den deutschen Kinos anlief, als Bezeichnung für eine der 12 Kolonien bekannt wurde.

Nachdem Teil 1 also eher mau ist, belohnen Episode 2 und 3 nicht nur mit tollen Planetenansichten und fantasievollen Raumschiffen, sondern auch mit den vielleicht längsten Actionsequenzen der Serie überhaupt. Den Anfang macht die Flucht Captain Futures und seiner Freunde von Kol und wird ungewöhnlicherweise zunächst vom lebenden Gehirn Professor Wright auf der Planetenoberfläche geführt. Mit der Comet stiftet er Verwirrung und zerstört die planetare Luftüberwachung. Erst nach gelungener Flucht übernehmen der Wizard of Science und Grag, der Roboter, das Steuer der Comet, um sich einer scheinbar erdrückenden Übermacht erfolgreich zu erwehren. Kaum ist dieser Kampf ausgefochten und der Planet Sulun erreicht, steht auch schon ein weiterer Raumkampf an, der sich über gut die Hälfte des dritten Teils erstreckt - und das, obwohl in der deutschen Fassung einiges gekürzt wurde. Die Raumflotten von Kol und Sulun treffen aufeinander, und ein brutales Gefecht entbrennt, in dem zahlreiche Kampfkreuzer und sogar eine ganze Raumstation zerstört werden. Die Schlacht ist fantastisch inszeniert und braucht sich hinter den großen Science-Fiction-Serien und -Filmen jener Tage nicht wirklich verstecken. Schließlich ist es nur Futures Einsatz zu verdanken, dass König Quorok und seine Tochter, Prinzessin Syria, als Sieger hervorgehen. Nach dem Gemetzel nimmt die Geschichte schließlich ein gutes Ende, und Captain Future gelingt es, nicht nur die Quelle der Materie zu retten, sondern auch dem Planeten Laguna die Pläne für eine entsprechende Maschine mitzubringen.

Die hübsche Prinzessin Syria bleibt allein – und nach Curtis Newton schmachtend - zurück.

Wir befassen uns später noch ein wenig mit dem Frauenbild in Captain Future; an dieser Stelle sei jedoch darauf hingewiesen, dass sich dieses seit der Entstehung des zugrunde liegenden Romans zwar nicht massiv, aber dennoch bereits gewandelt hatte. Eine Planetenpolizistin wie Joan Landor, die auch noch einen starken männlichen Verbrecher mit einem Judogriff aufs Kreuz legt, hätte es 1942 in dieser Form in der US-amerikanischen Pulp-Literatur sicherlich nicht gegeben. Für das Jahr 1978, in dem die Zeichentrickserie entstand, wurde Joan Landor also schon als recht starke Frau beschrieben, obwohl wir später noch sehen werden, dass die Autoren trotz allem noch recht oft in ihre alten Ansichten über die Geschlechterrollen zurückfielen.

Für die Nebenrollen wurden einige bekannte Stimmen unter Vertrag genommen, obwohl sich die Sprecherqualität in dieser Folge ungewöhnlich schwankend präsentiert. Für Geeks besonders wissenswert dürfte die Besetzung des Wega-Menschen Bell sein, der von Herbert Weißbach gesprochen wurde. Abgesehen von Auftritten in *Geschichten aus der Gruft* oder im Mystery-Thriller *Angel Heart* mit Mickey Rourke in der Hauptrolle sprach Weißbach nämlich auch den Sire Anton in *Kampfstern Galactica.* Als Vul Kuolun tritt Joachim Kerzel in Erscheinung, der unter anderem als Sprecher für Anthony Hopkins und Dustin Hoffmann bekannt ist. Auch die Rollen von Quorok und Lulstan sind mit Heinz Theo Branding und Hermann Ebeling hervorragend besetzt. Ortwin Speer und Ingolf Gorges als Sukuru und Horo liefern allerdings eine eher mittelmäßige Performance, was für die Serie eher ungewöhnlich ist.

Funfacts für Nerds

Bereits im einleitenden Erzählerpart von Teil 1, *Luft- und Wasserknappheit auf dem Planeten Laguna*, begegnen dem aufmerksamen Betrachter die altbekannten Fehler der wild gemixten und falschen Begrifflichkeiten in einer 30-sekündigen Sequenz so massiv, dass man den armen Helmut Krauss, der diesen Text sprach, fast nur bedauern kann. Die Bezeichnung unserer Heimatgalaxie, die Milchstraße, wird als Synonym für Galaxie an sich verwendet. Liebner lässt diese dann auch noch um eine Sonne kreisen und spricht direkt im nächsten Satz von vielen Sternen, auf denen jeweils andere Lebensbedingungen herrschen würden.

Die Quelle der Materie wird im Großen und Ganzen so belassen, wie Edmond Hamilton sie einst erdachte. In den 40er Jahren waren Elektrizität und Atomkraft die großen Federn, mit denen das Triebwerk des Fortschritts angetrieben wurde. Die Idee, mit Elektrizität könne jedwede Form von Materie erzeugt werden, ist physikalisch gesehen zwar unsinnig, doch darauf kommt es in diesem Fall gar nicht an. Quellen des Ursprungs waren bei Edmond Hamilton offenbar überaus beliebt. So finden wir in seinen Geschichten die Quelle des Universums, die Quelle der Jugend oder eben die hier beschriebene der Materie. Die Geschichten, die sich hieraus stricken lassen, sind wahrhaft epischer Natur und bilden den passenden Rahmen für die Helden des Retters und Zerstörers der Welten. Denn stets sind es Futures Gegner, die diese machtvollen Orte vor ihm entdecken und die es dann zu bekämpfen oder zu überzeugen gilt, dass das Ziel ihrer Träume nur ins Chaos führen kann.

Was den Dreiteiler *Auf der Suche nach der Quelle der Materie* anbelangt, gaben die Zeichner dem Ziel der Quest, auf der sich Future und seine Freunde befinden, mehr oder weniger das Aussehen einer Dyson-Sphäre, dessen Struktur erstmals im Jahr 1960 von dem Physiker Freeman Dyson in der Zeitschrift Science vorgestellt worden war. So ein Gebilde kann zwar keine Materie aus dem Nichts erschaffen, ist dafür aber in der Lage, die Energie eines ganzen Sterns zu absorbieren oder umzuleiten. Eine Zivilisation, die etwas Derartiges vollbringen könnte, würde nach der Kardaschow-Skala eine Typ II Zivilisation darstellen. Zum Vergleich: eine Typ-I-Zivilisation wäre in der Lage, die gesamte Energie ihres Heimatplaneten zu nutzen. Nach dieser Sichtweise käme die Menschheit in die Nähe einer Typ-0,5-Zivilisation, wenn eine solche denn in der Skala existieren würde.

Die Schnitte

Während Teil 2 und 3 mit insgesamt knapp neun Minuten relativ geringe Kürzungen erdulden mussten, trifft es Folge 1 besonders hart. Das heißt, im Grunde darf man so eigentlich nicht rechnen, da bekanntermaßen vier Folgen auf drei gekürzt und zusammengeschnitten wurden. So fehlen von Folge 1 rund sechseinhalb Minuten, während fast 9 Minuten der 2. Folge der Schere zum Opfer fielen. Darunter befinden sich fast alle Ezella-Garnie-Szenen, der Einbau des Oszillationsantriebs durch Future und Wright sowie der Anflug auf den Eisplaneten, auf dem die Futuremen ihre neuen Weggefährten kennenlernen werden. Die Enträtselung des Geheimnisses des Eisplaneten schlägt allein mit etwa sechs Minuten zu Buche und blieb den deutschen Fans ebenfalls vorenthalten.

In Teil 3 begegnet uns ein Kontinuitätsfehler, der ebenfalls auf die undurchdachten Schnitte zurückzuführen ist und deshalb nicht in der Fehlerdiskussion, sondern hier Erwähnung finden soll. Während der Flucht von Kol wird auf Otto geschossen. Der grünhäutige Taunus eilt herbei, um den Androiden zu retten, und wird dabei getötet. Alles gut soweit. Wenige Augenblicke später spricht aber Sakuro vom Planeten Athena davon, Rache für seine getöteten Freunde üben zu wollen. Warum wird hier der Plural verwendet? Die Antwort erschließt sich, wenn man die französische Fassung oder die der Collectors Edition kennt. Denn auch Horu fällt während der Flucht und wird in einer etwas über dreiminütigen Sequenz, der sich eine Beratung zwischen Prinzessin Syria und Future anschließt, ehrenvoll im All bestattet.

Episode 05: Der Zauberer vom Mars

(Episode Nr. 07 in Deutschland)

Original: The Magician of Mars

(Captain Future Magazine, Sommer 1941)

Folgen

Vul Kuoluns Herausforderung (14.02.1981)

Flug in die fünfte Dimension (21.02.1981)

Der unsichtbare Planet (28.02.1981)

Inhalt

Als fünf Schwerverbrecher dem Gefängnisplaneten Kelbes entfliehen, horcht Captain Future schockiert auf. Der Boss der Flüchtigen ist niemand Geringeres als Vul Kuolun, der Sohn des Mannes, der Futures Eltern einst aus Habgier heimtückisch ermordet hat. Als Präsident Cashew einige Tage später die Nachricht erreicht, dass auf einem Forschungsplaneten der Prototyp eines Raumschiffs mit einem experimentellen Antrieb gestohlen wurde, ist daher schnell klar, wer hinter dem gerissenen Diebstahl steckt. Denn mit dem entwendeten Schiff können sich Kuolun und seine Gefährten, darunter die ebenso schöne wie gefährliche Nurara, unerkannt und unaufhaltsam durch die fünfte Dimension bewegen. Das Ziel vor Augen, die Macht im gesamten Universum an sich zu reißen, macht sich die Bande auf, um das seltene Mineral Radium zu organisieren, das für den Antrieb ihres Raumschiffes so dringend benötigt wird. Doch die Future-Crew hat bereits die Verfolgung aufgenommen, nicht ahnend, dass sich der junge Ken Scott an Bord geschlichen hat. Diese Tatsache wird ungeahnte Folgen haben, die Captain Future in tödliche Gefahr bringen, aus der er sich nur mühsam wieder befreien kann. Doch schon steht den Freunden die nächste Katastrophe bevor, denn Kuolun und seine Komplizen haben es auf einen Schatz im All abgesehen, der alle Träume des Verbrecher-Genies wahr werden lassen könnte. Ein ums andere Mal gelingt es Vul Kuolun, Future ein Schnippchen zu schlagen, und schließlich bringt er auf einem unsichtbaren Planeten in der fünften Dimension ein hochgefährliches Artefakt in seine Gewalt. Nun bleibt den Verteidigern des Weltalls nur eine Möglichkeit: die offene Konfrontation.

Fazit

Der Zauberer vom Mars ist eine großartige Abenteuergeschichte um Captain Future und seinen Erzfeind, Vul Kuolun, die nicht nur stringent und ohne große Ausreißer erzählt wird, sondern ausnahmsweise auch gut geschnitten ist (dazu mehr im entsprechenden Unterkapitel). Mit Kuolun und seiner Gefährtin Nurara haben Hamilton und die Zeichner der Toei Studios zwei Widersacher geschaffen, die nicht nur brandgefährlich sind, sondern auch herrlich unsympathisch rüberkommen. Es ist überaus unterhaltsam, mitzuverfolgen, wie es den Verbrechern immer wieder gelingt, Future ein Schnippchen zu schlagen und ihm dank des gestohlenen Fünf-Dimensionen-Raumschiffes immer einen Schritt voraus zu sein. Zunächst wird einem armen Raumschiff-Captain eine Fernsteuerung ins Gehirn implantiert, dann ein Zyklotonen-Antrieb geraubt, der für den Betrieb in Riesenraumschiffen konstruiert wurde. Als nächstes überfällt die Bande einen Frachtraumer und erbeutet Teile, die zu einem Nuklear-Triebwerk gehören, und zu guter Letzt stiehlt der Bösewicht auch noch ein mächtiges Artefakt. Man fiebert und leidet regelrecht mit den Helden mit, das ist schon tolle TV-Unterhaltung für Junge und Junggebliebene.

Nach seinen Auftritten in *Der Herrscher von Megara* und *Der Kampf um die Gravium-Mine* taucht auch der verwegene Junge Ken Scott wieder auf, dem es nicht nur erneut gelingt, sich an Bord der Comet zu schmuggeln, sondern auch noch den Fängen Vul Kuoluns entkommt. Wenn man bedenkt, für welche Zielgruppe die Zeichentrickserie einst geschaffen wurde, ist es schon ein kleiner Geniestreich, einer in den Romanen unbedeutenden Nebenfigur so viel Raum zu geben. Schön ist auch die Idee, dass die Autoren und Zeichner Curtis Newton eine tiefe, väterliche Zuneigung zu Ken angedichtet haben, die die Figur weniger unnahbar und zugänglicher macht.

Dass der Hauptteil der Geschichte dann auch noch in der fünften Dimension, einer Art Parallelraum, angesiedelt ist, macht das Abenteuer fast perfekt. Hier tobt sich das Toei-Team dann so richtig aus. Die Geschichte um die Bewohner des Planeten, die ihre Existenz einem ominösen Artefakt verdanken, dass skrupellos vom bösen Vul Kuolun gestohlen wird, ist hervorragend gezeichnet und überaus fantasievoll umgesetzt. Selbst an die Visualisierung der Unsichtbarkeit wurde angemessen gedacht. Am Ende entkommt der Mörder von Captain Futures Vater und beschert uns die Hoffnung, dass wir hier nicht den letzten Zusammenstoß der beiden ewigen Kontrahenten erlebt haben. Früher oder später muss es zu einem Showdown kommen.

Funfacts für Nerds

Die in Deutschland als siebte Folge ausgestrahlte Geschichte *Der Zauberer vom Mars* gestaltet sich, im Gegensatz zu manch anderer Umsetzung der Future-Romane, als erstaunlich fehlerarm. Nun gut, die Suche nach einem Verbrecher über das gesamte Universum auszudehnen, wie in Folge 1 *(Kuoluns Herausforderung)* gesagt wird, könnte sich ohne eine Technologie wie den Slipstreamantrieb aus der Kult-Serie *Andromeda* vielleicht doch etwas schwierig gestalten. Der Kosmos ist immerhin rund 13,8 Milliarden Jahre alt und erstreckt sich von der Erde aus betrachtet in einem Radius von mehr als 40 Milliarden Lichtjahren. Zur Erinnerung: in Kilometern ausgedrückt beträgt ein Lichtjahr rund 9,5 Billionen Kilometer. Egal, wohin wir also im wahrhaft unendlichen All blicken, wir kommen auf 9,5 Billionen x 40 Milliarden Kilometer. In jede Richtung! Eine Stecknadel in einem Heuhaufen zu finden, der so groß wie die Erde ist, dürfte sich demnach wesentlich einfacher gestalten, als nach einer fünfköpfigen Verbrecherbande im gesamten Weltall zu fahnden. Hier haben es die Autoren sicherlich ein wenig zu gut gemeint.

Dazu kommt noch, dass die Futuremen die bösen Buben und die fiese Dame nicht nur innerhalb der bekannten vier Dimensionen, also der Raumzeit suchen, sondern ebenfalls die fünfte Dimension durchkämmen müssen. Was meinen die Autoren aber nun mit »fünfter Dimension«? In der oben genannten Folge wird die Physik der fünften Dimension folgendermaßen erklärt: Bekanntermaßen können zwei Objekte nicht gleichzeitig denselben Raum für sich beanspruchen. Natürlich können zwei Raumschiffe im selben Hangar stehen, nur eben nicht zur selben Zeit. Insofern sind die ersten drei Dimension von der vierten, der Zeitdimension, getrennt. Wenn man aber diese Einschränkung der Physik umgehen will, muss sich eines der beiden Raumschiffe in einen Parallelraum begeben, der von den uns bekannten vier Dimensionen der Raumzeit vollkommen getrennt existiert. Auf diese Weise würden sich die beiden Vehikel gleichzeitig am selben Ort befinden, ohne sich in die Quere zu kommen. Genial, oder?

Nun sind Parallel- oder besser Hyperräume in der Mathematik und Physik nicht unbekannt. Bereits der umstrittene Physiker Burkhard Heim (1925 – 2001) postulierte einen bis zu 12-dimensionalen Raum. Allerdings hat er seine Theorien nie fachgerecht publiziert und spielt daher heute im Wissenschaftsbetrieb keine Rolle. Dennoch wagten sich die beiden Physiker Walter Dröscher und Jochem Häuser an Heims Nachlass und stellten ihre Ergebnisse ab 2003 unter anderem auf den Joint Propulsion Conferences der AIAA (American Institute of Aeronautics and Astronautics) vor. Das Spannende daran ist: Auf Basis ihrer Theorien lässt sich rein hypothetisch ein Raumschiffantrieb denken, der ein Schiff tatsächlich in eine höhere Dimension befördern könnte. Eine Reise zum Mond ließe sich so in nur acht Minuten bewerkstelligen. Ein von Science-Fiction-Fans gefeierter, berühmter US-amerikanischer Physiker, der sich bereits 1994 für die Existenz höherer Dimensionen ausgesprochen hat, ist der Stringtheorie-Experte Michio Kaku. In seinen populärwissenschaftlichen Werken *Im Hyperraum: eine Reise durch Zeittunnel und Paralleluniversen* (1994), besser bekannt als *Hyperspace oder Die Physik der unsichtbaren Dimensionen,* machte er die Öffentlichkeit mit seinen spannenden Theorien und Gedankenexperimenten vertraut. Trotz zahlreicher fachwissenschaftlicher Arbeiten zum Thema mehrdimensionale Räume gehört auch Kaku zu den umstrittenen Persönlichkeiten seiner Zunft, was seiner Beliebtheit unter Fans, Autoren und Lesern allerdings keinen Abbruch tut.

Die Schnitte

Wenn wir über die Schnitte reden, müssen wir stets bedenken, dass das ZDF-Team, abgesehen von einer Ausnahme, angehalten war, aus eigentlich vier Folgen pro Geschichte drei zu machen. Die unwichtigen von den wichtigen Ereignissen zu trennen und somit zum Kern der eigentlichen Story vorzudringen, gestaltete sich von daher sicherlich oft genug recht schwierig. Welche Szenen schneidet man heraus, obwohl sie einem eigentlich gefallen, und welche übernimmt man? Im Fall von *Der Zauberer vom Mars* ist das Endergebnis insgesamt durchaus gelungen, obwohl einige interessante Passagen gestrichen wurden. Zu Beginn der ersten Folge fehlen direkt über acht Minuten. Während in der deutschen Endfassung nur über Vul Kuoluns Flucht vom Gefängnisplaneten Kelbes berichtet wird, zeigt die Ur-Fassung die Flucht in allen Details, angefangen von der harten Arbeit bis hin zu einem Gefangenenaufstand und der mit Waffengewalt durchgesetzten Flucht der Bande. Obwohl der Herausschnitt durchaus verständlich ist, weil sich dieser Teil der Geschichte letztlich als unwichtig für das Verständnis erweist, bleibt es doch schade. Die dem Zuschauer geklauten 517 Sekunden sind nämlich ebenso actionreich wie spannend. Der zweite Teil ist mit insgesamt nur acht Sekunden so gut wie gar nicht gekürzt, was die oben erwähnte Homogenität durchaus erklären könnte. Lediglich eine kleine, nichtssagende Szene wurde entfernt. In *Der Unsichtbare Planet* geht es dann richtig zu Sache. Mit 801 Sekunden, die etwa zu gleichen Teilen auf die Folgen 3 und 4 verteilt sind, langten die deutschen Schnittexperten kräftig zu. Wieder einmal mussten zahlreiche Szenen mit Joan Landor dem gefürchteten Sendefenster weichen, wie übrigens in vielen der dreizehn gesendeten Geschichten. Sei es, dass man die Figur für vernachlässigbar hielt oder die zarten Liebesbande zwischen Future und Landor reduzieren wollte, insgesamt fielen auffällig viele Szenen mit der blonden Planetenpolizisten der sprichwörtlichen Schere zum Opfer.

Besonders bedauerlich ist, dass die gesamte Geschichte des unsichtbaren Planeten, die vom verschollenen geglaubten Professor vorgetragen wird, ausgespart wurde. Gerade diese über sechs Minuten lange Sequenz ist jedoch für das tiefere Verständnis des gestohlenen Artefakts interessant, wenn die Geschichte insgesamt auch ohne auskommt. Schade eigentlich, doch immerhin stehen uns inzwischen diverse Blu-Ray-Veröffentlichungen zur Verfügung, um die Filme, zwar auf Japanisch mit Untertiteln, aber doch in voller Länge genießen zu dürfen.

Episode 06: Das Geheimnis der sieben Steine

(Episode Nr. 03 in Deutschland)

Original: Captain Future and the Seven Space Stones

(Captain Future Magazine, Winter 1941)

Folgen

Der Weltraumzirkus und die geheimen Steine (15.11.1980)

Unter Zirkuskünstlern (22.11.1980)

Ein falscher Captain stirbt (29.11.1980)

Das Abenteuer im Mikrokosmos (06.12.1980)

Inhalt

Nachdem Vul Kuolun Captain Future nach dem Kampf in der fünften Dimension entkommen ist (vgl. Episode 4: *Der Zauberer vom Mars),* verdingen sich der teuflische Verbrecher und seine Bande nun als Zirkusartisten. Doch der Schein trügt. Anstatt ehrlich geworden zu sein, arbeitet Kuolun bereits an einem neuen Plan, die Herrschaft über das gesamte Universum an sich zu reißen. Sieben Weltraumsteine mit einem mächtigen Geheimnis, die vor 200000 Jahren von einem brillanten Wissenschaftler hergestellt worden waren, sind über das Weltall verstreut und könnten die Träume des Verbrechers endlich wahr werden lassen. Um sein Ziel zu erreichen, schreckt Vul Kuolun auch vor Mord nicht zurück. Skrupellos erschießt er den Kurator des Museums für Weltraumartefakte in New York und reißt den sogenannten »Geheimen Stein« an sich. Als die Futuremen eines Abends den Weltraumzirkus besuchen, durchschaut Ken Scott jedoch Kuoluns Tarnung und weckt Captain Futures Misstrauen. Als wieder ein brutaler Überfall auf ein Museum der Erde stattfindet, ist Curtis Newton vor Ort, um das Schlimmste abzuwenden. Dennoch gelingt es nicht, den Raub eines weiteren der sieben Steine zu verhindern. Nun beginnt eine atemlose Hetzjagd durch das gesamte Universum, die Captain Future und seine Freunde zunächst auf den Planeten Uras und dann auf den 10 Millionen Lichtjahre entfernten Planeten Keruso führt, auf dem die Steine einst hergestellt wurden. Doch egal was Future auch unternimmt, immer sind ihm Vul Kuolun und seine Kumpanen Nurara, Big Ear und Chamäleon einen Schritt voraus, bis sie schließlich alle sieben Steine in den Händen halten. Wird es Captain Future noch gelingen, seinen Widersacher dingfest zu machen, oder ist das Weltall auf ewig verloren?

Fazit

Seltsamerweise handelt es sich um den einzigen der verfilmten Vierteiler, der so gut wie überhaupt nicht gekürzt und daher auch in vier Teilen gesendet wurde (mehr dazu im entsprechenden Unterkapitel). An sich wäre diese Tatsache erfreulich, wenn es sich nicht gerade um eine der langweiligsten Episoden der gesamten Reihe handeln würde. Im Gegensatz etwa zur Geschichte *Der Zauberer vom Mars,* aus der spannende und actionreiche Elemente kurzerhand eliminiert wurden, zieht sich dieser Vierteiler wie Kaugummi in die Länge und hätte an der ein oder anderen Stelle durchaus einen Schnitt vertragen können, um den zähflüssigen Plot ein wenig voranzutreiben. Die Undercover-Arbeit der Futuremen im Weltraumzirkus hätte, um ein prominentes Beispiel zu nennen, gut und gerne um die Hälfte reduziert werden können, ohne der Geschichte wirklich wichtige Inhalte zu nehmen. Erst in der dritten Episode zieht das Tempo merklich an und führt schließlich zu einem Finale, das durch viele fantasievolle Ideen und ein schönes Ende glänzt.

Bemerkenswert ist außerdem, dass die Geschichte, im Gegensatz zu anderen, stellenweise sehr banal und lieblos gezeichnet zu sein scheint. Der oben bereits erwähnte Aufenthalt im Weltraumzirkus, der uns immerhin fast über zwei Episoden hinweg begleitet, fällt beispielsweise durch besonders detailarme Hintergründe und zahlreiche nur leicht animierte Standbilder auf. Captain Future nur in Fell und Schnürstiefeln mit einer Peitsche in der Hand bekleidet zu sehen, hat uns darüber hinaus schon als Kind nicht sonderlich begeistert und wirkt rückblickend umso kitschiger. Auch im vierten Teil, vor allem beim Endkampf zwischen Vul Kuolun und Captain Future, wurde der für Animeserien nicht unübliche Kniff des animierten Standbildes angewendet, wenn auch wesentlich passender, da die Einstellungen hier gut gewählt sind.

Last but not least fällt vor allem diese Folge durch einige auffällige Inkonsistenzen auf. Ist der Twist um die vermeintliche Ermordung unseres Captains noch wundervoll inklusive Beerdigung und Sprengung des hierfür gewählten Asteroiden umgesetzt, fehlt kurz darauf einfach etwas. Wir erinnern uns. Future ergreift einen Helm und katapultiert sich aus der Luftschleuse von Vul Kuoluns Raumschiff. Mit einem Lächeln auf dem Gesicht treibt er durch das All. Die nächste Szene, in der wir Future erleben, zeigt ihn schließlich im weißen Smoking und Rüschenhemd in bester James-Bond-Manier am Radium-Roulette-Tisch beim Versuch, die letzten beiden Steine zu gewinnen. Wer das Original nicht kennt, könnte hier tatsächlich einen etwas unglücklich gesetzten Schnitt vermuten, da wir nicht einmal miterleben dürfen, wie Future die Comet in den Weiten des Alls findet. Doch weit gefehlt. Wie eingangs angemerkt, ist die Folge so gut wie überhaupt nicht geschnitten. Die entsprechende Szene existiert also gar nicht erst. Das ist relativ unverständlich, da die restlichen Verfilmungen in ihrer Gesamtheit homogener wirken.

Funfacts für Nerds

Obwohl *Die sieben Weltraumsteine* zu den weniger unterhaltsamen Geschichten im Captain-Future-Universum zählt, erweist sich gerade hier die Fehlerdiskussion für Nerds und Geeks als besonders ergiebig. Das liegt zum einem an den bereits erwähnten Inkonsistenzen als auch daran, dass sich sowohl die japanische als auch die deutsche Dialogregie hier einige witzige künstlerische Freiheiten herausgenommen hat. Rein inhaltlich fällt direkt auf, dass Ken Scott während des Besuchs im Weltraumzirkus an die Vorgängerfolge *Der Zauberer vom Mars* anknüpft, als er fragt, ob es sich bei Vul Kuolun um jenen Verbrecher handelt, mit dem die Future-Crew bereits auf dem unsichtbaren Planeten gekämpft habe. Solche Querverbindungen sind grundsätzlich eine tolle Sache, da sie das geschaffene Serienuniversum stimmiger und in sich glaubwürdiger gestalten. Dumm ist dann allerdings, wenn der ausstrahlende Sender auf derartige Details nicht den geringsten Wert legt und die ursprüngliche Sendereihenfolge nicht einhält. Genau dies ist hier geschehen, denn in Deutschland wurde der Vierteiler nach *Der Herrscher von Megara* ausgestrahlt, den man wiederum mit *Die Zeitmaschine* vertauscht hatte. Verwirrend, oder? Hier wird nun ein Ereignis erwähnt, das für die deutschen Future-Fans noch gar nicht stattgefunden haben konnte. Ursprünglich vorgesehen als Nummer 3 der Sendereihenfolge war nämlich

Sternenstraße zum Ruhm, die in Deutschland nie ausgestrahlt wurde und als Special auf den einschlägigen DVD- und Bluray-Boxen zu finden ist. In Japan und allen anderen Ländern wurde die Serie übrigens in der korrekten Reihenfolge gezeigt.

Wissenschaftliche Funfacts

Kommen wir nun dazu, was wir oben als künstlerische Freiheit bezeichnet haben. In Episode 2 wird ziemlich zu Beginn erwähnt, dass sich der Planet Keruso (oder Ceruso) 10 Millionen Lichtjahre vom 3. Planeten des Sternbildes Alpha Zentaurus (eigentlich Zentaur, oder ist der Stern Alpha Centauri gemeint?) entfernt befindet. Wow! Das ist mal eine Ansage. Vergleichen wir einmal. Unsere Galaxie misst ungefähr 100000 Lichtjahre im Durchmesser. Die U.S.S. Voyager aus der gleichnamigen Star-Trek TV-Serie bringt es auf Warp 9,975, was bereits unglaublich schnell ist. Legen wir die in der Star-Trek-Enzyklopädie (Deutsche Ausgabe von 1995) veröffentlichte Warpskala zugrunde, benötigt ein Raumschiff mit einer Endgeschwindigkeit von Warp 9,99 nämlich immer noch ca. 13 Jahre, um unsere Galaxie von einem Ende zum anderen zu durchqueren. Für 2 Millionen Lichtjahre würde das Schiff mit derselben Geschwindigkeit satte 253 Jahre benötigen. Selbst wenn wir einen Warpfaktor von 9,9999 voraussetzen, wäre die Comet immer noch 10 Jahre unterwegs, um nur ein Fünftel der hier erwähnten 10 Millionen Lichtjahre zurückzulegen. Na dann gute Reise!

Im dritten Teil erwähnt Professor Simon Wright ein recht interessantes Detail, das zwar nicht unbedingt ein wissenschaftlicher Fehler ist, aber dennoch nicht unerwähnt bleiben soll. Als die Futuremen die Leiche des vermeintlichen Captains im All entdecken, merkt der Professor trauernd an, dass man Zellen, die den absoluten Nullpunkt erreicht hätten, nicht wiederbeleben könne. Wie wir hier erfahren, ist die Wissenschaft im Captain-Future-Universum also so weit fortgeschritten, dass man – zumindest unter gewissen Voraussetzungen – Tote wieder lebendig machen kann. Das klingt nun verdächtig nach dem berühmten Frankenstein-Thema, das wiederum auf den mittelalterlichen Golem-Geschichten beruht. Grundsätzlich gehören Unsterblichkeit, extreme Langlebigkeit oder das Wiederbeleben von verstorbenen Individuen zu den wissenschaftlichen Fiktionen, die Science-Fiction-Fans klaglos als gegeben hinnehmen. Die Simon Wright in den Mund gelegte Aussage birgt aber erstaunlicherweise einen wahren Kern, denn die Temperatur eines Körpers wird durch die Bewegungsenergie seiner Atome (bzw. Moleküle) hervorgerufen. Die Temperatur ist umso höher, je schneller sich die Teilchen bewegen, und umgekehrt. Der absolute Nullpunkt ist nun dann erreicht, wenn die Bewegungsenergie gleich der Nullpunktenergie ist. Was ist aber nun die Nullpunktenergie? Kurz und knapp: die Nullpunktenergie eines Systems ist gleich der Energie am absoluten Temperaturnullpunkt (-273,15°C). Wer nun denkt, dass der Professor recht damit hatte, dass nun alle Bewegungen im wahrsten Sinne des Wortes eingefroren sind, wird bei der Erkenntnis überrascht aufhorchen, dass dies so nicht ganz stimmt. Es bleibt ein quantenphysikalischer Rest an Bewegung, der überhaupt erst die Nullpunktenergie ausmacht. Direkt nachweisbar ist dieses Phänomen mittels thermischer Messungen zwar nicht, indirekt aber sehr wohl. Das trifft zwar nicht ganz genau das, was das lebende Gehirn meinte, könnte aber die Basis für diesen Teil des Dialogs zwischen ihm und den restlichen Crewmen bilden.

Aber was hat dies nun mit der Wiedererweckung von Verstorbenen zu tun? Im Grunde genommen nichts, denn bereits nach wenigen Minuten ohne Sauerstoff beginnen die Nervenzellen in unseren Gehirnen abzusterben. Dies schreitet schnell voran, bis die entscheidenden Hirnfunktionen irreversibel geschädigt sind und den Ärzten keine andere Wahl bleibt, als den Hirntod eines Individuums festzustellen. Der Leichnam unseres Captains hätte also gar nicht erst den absoluten Nullpunkt erreichen müssen (was faktisch auch gar nicht möglich wäre), um wirklich tot zu sein. Die Zeit, die der Leichnam im All schwebte, bis er von den Sensoren der Comet entdeckt wurde, hätte vollkommen genügt.

Und nun wird es spannend. Denn ist tot wirklich immer tot? Nein! Das sagen zumindest Zvonimir Vrselja von der Yale School of Medicine in New Haven und seine Kollegen. Im April 2019 berichtete die renommierte Webseite Wissenschaft.de über ein ebenso spannendes wie erschreckendes – fast schon gruseliges – Experiment des Wissenschaftlerteams. 32 Gehirne von sechs bis acht Monate alten Schweinen, die von einem Schlachthof stammten, wurden in einer speziell entwickelten Perfusionsmaschine namens BrainEx behandelt. Sechs Stunden lang wurden die Gehirne in dem neuartigen System bei Körpertemperatur mit einer komplizierten Mischung aus Nährstoffen und künstlichem Blut versorgt. Das Ergebnis war verblüffend. Obwohl man erst vier Stunden nach dem Tod der Tiere mit der Behandlung begann, gelang es, einige Organaktivtäten wiederherzustellen. So normalisierten sich etwa der Sauerstoffhaushalt und die Energiebalance. Außerdem wurde der Zelltod der Nervenzellen verlangsamt, und sogar einige Neuronen zeigten Anzeichen von Aktivität. Hinweise auf höhere Funktionen konnten allerdings nicht nachgewiesen werden, womit es keine Hinweise auf ein Restbewusstsein der Tiere gibt. Ganz schön beängstigend, wie nah die Science-Fiction bisweilen der Realität kommen kann, finden Sie nicht?

Die Schnitte

Wie bereits mehrfach erwähnt, handelt es sich um die einzige Geschichte, die fast nicht gekürzt wurde. Nichtsdestotrotz fielen in den vier Folgen insgesamt rund 2 Minuten und 20 Sekunden Filmmaterial der Schere zum Opfer. Im ersten Teil fehlt ein Blick auf den Rücken des ermordeten Wissenschaftlers, in dem ein riesiges, qualmendes Loch prangt. Ein Blick auf das futuristische Hauptquartier der Planetenpolizei, der mit japanischen Untertiteln unterlegt ist, wurde ebenfalls herausgeschnitten. Last but not least schnitten die deutschen Experten den üblichen Erzählerpart heraus, der das Ende jeder Episode begleitet. Abgesehen davon entfernte man im zweiten Teil nur eine unwesentliche Szene, in der Otto von

Vul Kuolun bedroht wird. Dem dritten Teil entnahm man unverständlicherweise zwei interessantere Sequenzen, während wesentlich spannungsärmere Szenen belassen wurden. Im Wesentlichen handelt es sich um eine Folterszene, in der Kuolun Future einen Elektroschock versetzt, und jene der vermeintlichen Ermordung des Captains. In Teil vier trennte man sich von einem kurzen Rückblick sowie fünf Sekunden des Endkampfes zwischen unserem Helden und seinem Erzfeind im Mikrokosmos. Die Schnitte sind also sehr erträglich und zumindest teilweise offenbar darauf zurückzuführen, dass die deutschen Programmwächter und Moralapostel das herausgeschnittene Material als zu brutal bewerteten.

Episode 07: Der schwarze Planet

(Episode Nr. 06 Deutschland)

Original: Calling Captain Future

(Captain Future Magazine, Frühling 1940)

Folgen

Sonnensystem in Gefahr (24.01.1981)

Abenteuer in der Eiswüste (31.01.1981)

Eine Fata Morgana verschwindet (07.02.1981)

Inhalt

Eine neue, schreckliche Bedrohung sucht das Sonnensystem heim. Während des Anfluges eines Raumtransporters auf die Erde überlagert plötzlich ein Funksignal alle offenen Frequenzen. Der mysteriöse und unirdisch aussehende Dr. Zaro warnt die Bewohner der neun Welten vor einem riesigen schwarzen Planeten, der sich aus den Tiefen des Weltraums schält und unaufhaltsam auf die Erde zuzurasen scheint. Nur er könne die Menschheit vor ihrer Auslöschung bewahren, sofern man ihm die Gewalt über die Sonnensystem-Regierung anvertrauen würde. Zunächst glauben nur wenige Menschen den Verlautbarungen des undurchsichtigen Propheten des Chaos. Als jedoch einige Tage später eine weitere Meldung, dass die bekanntesten Wissenschaftler aller Planeten die Flucht ergriffen hätten, das Vertrauen der Bürger erschüttert, breitet sich Panik aus. Präsident Cashew sieht nur eine Möglichkeit. Er sendet eine Nachricht zum Mondkrater Tycho, in dem der Zauberer der Wissenschaften, Captain Future, Herr über eine geheime Basis ist. Zusammen mit seinen Gefährten Grag, Otto und dem lebenden Gehirn Professor Simon Wright macht sich Curtis Newton auf die Suche. Es gilt zu ergründen, ob die Warnungen des Dr. Zaro der Wahrheit entsprechen oder ob ein machtgierigeres Verbrechergehirn bösartige Intrigen spinnt, um die Macht über das System zu erlangen. Was die Future-Crew schließlich herausfindet, könnte sich als die fürchterlichste Bedrohung herausstellen, die das Sonnensystem je ereilt hat.

Fazit

Man sieht der Geschichte die starken Kürzungen gerade im ersten und zweiten Teil sehr stark an. Wichtige Subplots, wie Joan Landors Gefangennahme und ihre anschließende Befreiung, wurden derart verstümmelt, dass sich dem Zuschauer der Kontext der übriggebliebenen Szenen kaum noch erschließt. Auch die Geschehnisse auf dem Gefängnisplaneten Kelvin, die insgesamt fast sechs Minuten umfassen und für das Gesamtverständnis nicht unwichtig sind, finden nur in einem Nebensatz Erwähnung. So hinterlässt *Der schwarze Planet* aus heutiger Sicht einen leicht verstümmelten Eindruck.

Nichtsdestotrotz bleibt die Story, die aufgrund der fantastischen Zeichnungen und geschickt gewählten Sprecher für tolle Unterhaltung sorgt, sehr spannend. Die oben beschriebenen Mankos werden durch den Erzählerpart und Helmut Krauss‘ Stimme insgesamt recht gut abgemildert, auch wenn hier sicherlich nur Flickwerk betrieben wurde. Im Vergleich mit *Der Herrscher von Megara* – und noch mehr mit dem literarischen Vorbild – fehlt ein wenig der Abenteuergeist, der Hamiltons Romane auszeichnet. Dafür sorgt die erwähnte Straffung für einen stärkeren Actionanteil, der nicht nur Kinder an den Bildschirm zu fesseln vermag, klasse!

Klasse gelang auch wieder die weitere Besetzung. Der Antagonist, Dr. Zaro, ist mit Herbert Stass bestens bedient. Stass, der zwischen 1947 und seinem Tod im Jahre 1999 ein sehr gefragter Schauspieler war, lieh seine Stimme unter anderem Schauspiellegenden wie Humphrey Bogart oder Tony Curtis und legt in die Rolle des Zaro genau die richtige Mischung aus Härte und Kühle, die ihn als brutalen Möchtegern-Despoten charakterisieren. Das sorgt für Spannung und Atmosphäre und regt die Fantasie auch heute an.

Funfacts für Nerds

Auch in dieser Folge erweist sich erneut, oh Wunder, dass die deutsche Dialogregie unter Bernd Liebner sich nicht wirklich Gedanken um Authentizität und wissenschaftliche Korrektheit machte. Wieder einmal findet das Sternbild Schwan als eine Art Koordinate Verwendung. Der Planet Charon, eigentlich ein Pluto-Mond, ist Teil eines Sterns, der sich einst aus dem Sonnensystem gelöst haben soll. Tatsächlich vermutet man, dass unsere Sonne vor Milliarden Jahren Teil eines Doppelsternsystems war. Betrachten wir allerdings den bekannten Entstehungsprozess von Sonnensystemen im Universum, ist es eher unwahrscheinlich, dass so eine Sonne ein vollständiges System mit vier erdähnlichen Planeten ausbilden könnte.

Wissenschaftliche Funfacts

Auch der Titel *Der schwarze Planet* entspringt eher der Fantasiebegabung der deutschen Autoren. Sicherlich ging es hier darum, einen spannend klingenden Terminus zu schaffen, was ohne Zweifel hervorragend gelang. Die Bedrohung des Dr. Zaro hat bei näherem Hinsehen allerdings einen realen

Hintergrund, zumindest beinahe. Bereits 1990 konnte der erste Exoplanet vom polnischen Astronomen Aleksander Wolszczan bestätigt werden. Seitdem haben Technologie und Wissenschaft rasante Fortschritte zu verzeichnen. Mitte April 2018 listete das NASA Exoplanet Archive nicht weniger als 3944 bestätigte Planeten außerhalb unseres Sonnensystems. Und jetzt wird es spannend.

Immer wieder werden nämlich auch interstellare Wanderer entdeckt. Deren Bestimmung fällt indes aufgrund der üblichen Messmethoden noch sehr schwer und bezieht sich bislang auf jupitergroße, ungebundene Objekte. Der Durchmesser des Jupiter beträgt ungefähr das elffache der Erde, unser schwarzer Planet im Zeichentrick das zwölfeinhalbfache. Das passt erstaunlich gut zusammen. Allerdings weiß man seit 2018, dass auch wesentlich kleinere interstellare Wanderer bisweilen unser Sonnensystem durchqueren. Wer erinnert sich nicht an die äußerst spannende Geschichte über 'Oumuamua, ein durch den Weltraum fliegendes, zigarrenförmiges Objekt? Der mysteriöse Himmelskörper wurde am 19.10.2017 entdeckt. Es existiert zwar kein Detailfoto. Alle bisherigen Messungen lassen aber darauf schließen, dass 'Oumuamua nicht aus unserem Sonnensystem stammt und, was noch merkwürdiger ist, eine bislang ungeklärte Zusatzbeschleunigung aufweist. Darüber hinaus wurde spekuliert, ob der Asteroid nicht aufgrund seiner sonnensegelförmigen Beschaffenheit sogar eine außerirdische Sonde sein könnte. Wie man also sieht, lagen die deutschen Autoren gar nicht so falsch, als sie aus dem dunklen Stern, wie es in der deutschen Romanfassung heißt, einen Planeten machten.

Die Schnitte

Diese Episode weist einige Besonderheiten auf, denn von den insgesamt 1641 Sekunden, um die der Vierteiler gekürzt wurde, fallen allein schon 1170 auf Folge 1 bzw. die ursprünglichen ersten beiden Teile. Das bedeutet im Klartext, dass fast der gesamte zweite Teil der Original-Fassung schlicht und ergreifend wegrationalisiert wurde. Es würde an dieser Stelle viel zu weit führen, alle Schnitte auflisten zu wollen. Einige Fragen stellen sich allerdings. Warum fügte man bei Minute 0:02:24 in der deutschen Version eine 9-sekündige Kamerafahrt vom Monitor zu Präsident Cashew ein? Und warum wurden witzige und figurvertiefende Sequenzen wie die um einen kleinen, von Otto gebauten Roboter, der Grag kurzerhand Papa nennt, geschnitten? In der anschließenden Folge *Abenteuer in der Eiswüste,* die im Original die Nummer 3 einnimmt, ging man wesentlich sparsamer mit der Schere um. Grundlegend fehlt nur die übliche Rückbetrachtung auf den vorherigen Teil. Ansonsten wurde nur eine 23-sekündige Sequenz entfernt, die zunächst eine Totale des Pluto zeigt und dann einen abschließenden Blick auf die Eiswüste der Welt preisgibt.

In *Eine Fata Morgana verschwindet* wurde ein aufschlussreicher und sehr spannender Nebenstrang, der im Hörspiel wunderbar erzählt wird, vollständig eliminiert. Future besucht das Eisgefängnis auf dem Planeten Kelvin (im Roman eigentlich auf den Pluto-Trabanten Kerberos gelegen) und bringt dort in Erfahrung, dass der Gefängnisdirektor nicht nur zahlreiche Schwerverbrecher entkommen ließ, sondern offenbar auch Fluchthilfe leistete. Die verbrecherischen Subjekte gehören inzwischen allesamt zu Dr. Zaros Söldnerarmee, so dass der Man of Tomorrow keine andere Option sieht, als den korrupten Beamten zu melden und ablösen zu lassen. Daraufhin öffnet dieser wutentbrannt die Gefängniszellen und entfesselt eine Meuterei mit dem Ziel, Curtis Newton zu töten. Selbstredend misslingt der Plan, und der kriminelle Gefängnisleiter wird seiner gerechten Strafe zugeführt. Für den Hauptplot mag diese über 330 Sekunden lange Sequenz vielleicht nicht entscheidend sind, doch trägt sie zum Gesamtverständnis bei und zeigt dem Leser/Hörer, wie weit der Einfluss des Dr. Zaro reicht.

Episode 08: Mitgefangen im Weltall

(Episode Nr. 08 in Deutschland)

Original: The Face of the Deep

(Captain Future Magazine Winter 1943)

Folgen

Ein Raumschiff wird gekapert (07.03.1981)

Flucht aus der Milchstraße (14.03.1981)

Wer wagt, gewinnt (21.03.1981)

Inhalt

Als ein Gefangenentransport mit brandgefährlichen Häftlingen von der Erde zum Gefängnisplaneten Kelbes überführt werden soll, ist ausgerechnet Joan Landor mit an Bord. Captain Future, der sich um Joan sorgt, versucht, ihr diese gefährliche Mission auszureden. Doch alle guten Argumente nützen nichts. Gemeinsam mit Ezella Garnie und Landor startet das Raumschiff, nicht jedoch, ohne dass sich der Captain noch im letzten Moment zur Mitreise entschließt. Auf der Brücke erwarten ihn bereits seine Freunde, das lebende Gehirn Simon Wright, der Androide Otto, der Roboter Grag und Ezella Garnie, die Futures Schritt bereits vorausgeahnt hatten.

Zunächst scheint die Reise ohne besondere Vorkommnisse zu verlaufen, doch viele der Gefangenen haben noch eine Rechnung mit den Futuremen offen und drohen mit Vergeltung. Vor allem der ehemalige Pirat Kim Evan, den Curtis einst verhaftete und an die Justiz überführte, schwingt sich zum Chef der Gefängnisschiffinsassen empor und wird zum Rädelsführer. Immer wieder überprüfen Future und Garnie die Zellen und unterziehen die Gefangenen einer Leibesvisitation, finden jedoch keine Waffen oder Werkzeuge. Was könnte Kim nur vorhaben? Die Crew des Gefangenentransporters Balkan wird es bald erfahren, denn der alte Pirat hat ein Ass im Ärmel. Dank eines Tricks gelingt den Kumpanen der Ausbruch. Eine Revolte bricht aus, die auf dem Schiff erst zu Chaos und Tod und dann auch noch zum Absturz auf einen unbekannten Planeten führt. Zunächst gelingt es Kim und Future, Gefangene und Wächter zu einer friedlichen Kooperation zu bewegen. Man sorgt für Feuer, baut ein Lager und organisiert Nahrung und Waffen. Während einer Exkursion stellt sich jedoch heraus, dass die neue unfreiwillige Heimat der Gestrandeten eine Todesfalle ist. Der Planet ist dem Untergang geweiht und wird innerhalb von zwei Monaten auseinanderbrechen.

Wenn alle überleben wollen, haben sie nur eine Wahl. Sie müssen sich zusammenraufen und gemeinsam ein Raumschiff bauen – und das innerhalb von nur acht Wochen. Doch ist so etwas überhaupt möglich? Und wenn ja: Wird Captain Future es schaffen, Verbrecher und Wächter auf das gemeinsame Ziel einzuschwören? Oder sind sie zum Tode verdammt, weil die Konflikte erneut aufflammen?

Fazit

Der achte Teil der Captain-Future-Reihe bildete in Deutschland zugleich das Ende der ersten Staffel. Fast neun Monate mussten die Fans auf die Fortsetzung warten, bis es am 03.12.1981 schließlich mit *Die Elektromenschen* weiterging. Sowohl das Bangen als auch die Vorfreude waren riesengroß, denn *Mitgefangen im Weltall* ist mit seinem Mix aus Space Opera, Western und Robinsonade eine überaus gut gelungene Folge. Alle Elemente, die man von so einer Geschichte erwartet, sind vorhanden. Wir haben den Sheriff, der Hilfe vom strahlenden Helden annimmt, eine brandgefährliche Gefängnisrevolte, die von einem ebenso schurkischen wie klugen Desperado mit Ehre angeführt wird, die typischen Robinson-Crusoe-Elemente, die in diesem Fall nur auf einen untergehenden Planeten verlegt sind, und die zarten Liebesbande zwischen Curtis und Joan, die als Hauptmotivation für Futures Mitreise dienen.

Es hätte schon mit dem Teufel zugehen müssen, wenn die Autoren und Zeichner bei Toei hieraus nicht etwas wahrhaft Fantastisches gezaubert hätten.

An dieser Stelle möchten wir nun doch noch einmal auf das Thema Frauenbild in Captain Future zu sprechen kommen. Für Future gehört Joan eindeutig dem »schwachen Geschlecht« an, obwohl die Tatsache, dass sie eine hochdekorierte Weltraumpolizistin ist, immer wieder in der Serie betont wird. Aus heutiger Sicht muss man sich dann und wann einfach ein leichtes Kopfschütteln verkneifen, wenn der Held der Galaxie der Offizierin offenbart, dass sie als junges Mädchen wohl kaum das geeignete Personal für diese oder jene Mission sei. Allerdings mutet diese Aussage im Vergleich zu einer aus Folge 6, *Das Geheimnis der sieben Steine,* noch eher harmlos an. Als Joan Landor überrumpelt und von hinten niedergeschlagen wird, quittiert Curtis Newton dies mit den Worten, dass er nichts anderes erwartet habe, da Joan eben eine Frau sei. Dass irgendein Mitglied der mutigen Future-Crew eigentlich in fast jeder Folge mindestens einmal aufs Kreuz gelegt wird, übersehen wir an dieser Stelle einmal mit skeptischem Blick auf das Selbstverständnis der Männerwelt der 70er und frühen 80er Jahre. Dafür erinnern wir uns mit einem Augenzwinkern an die legendäre *Der 7. Sinn*-Folge über das Thema *Frauen am Steuer,* die man heute noch auf YouTube abrufen kann.

Abgesehen davon gehört die spannende Geschichte um einen missglückten Gefangenentransport, der in einer heldenhaften Leistung aller Gestrandeten mündet, zum Besten, was *Captain Future* zu bieten hat. Die Autoren bemühen sich, den roten Faden der Future-Welt aufrechtzuerhalten, und entsenden das Gefängnisschiff Balkan zum Planeten Kelbes, den wir bereits aus vorherigen Geschichten kennen.

Die Balkan ist zudem für eine Zeichentrickserie sehr detailliert ausgearbeitet. Das Brückendesign und die Astrometrie wirken noch heute zeitlos modern, und die Autoren und Zeichner ließen es sich sogar nicht nehmen, uns einen animierten Plan des umgebauten Passagierraumschiffs zu präsentieren, toll. Kim Evan, der sympathische Bösewicht mit Ehre, hat einige Tricks auf Lager, die vor allem den ersten Teil nie langweilig werden lassen. Der Spannungsbogen steigt mit der Tatsache, dass man als Zuschauer genau spürt, dass Evan Future etwas voraus zu haben scheint. Doch was? Nicht nur, dass der gewitzte Pirat die Schiffspläne genau kennt, sein Hemd ist auch noch mit einer speziellen Tinktur getränkt, die sich in Verbindung mit Wasser und Salz in eine starke Säure verwandelt. Dies alles wird uns dann auch noch in einer Rückblende dargeboten, nachdem das Chaos bereits ausgebrochen ist, eine starke Idee!

Teil 2 geht ebenso spannend weiter, wie Teil 1 aufhört. Die Gefangenen haben den größten Teil der Wachleute gegen Evans Befehl getötet und die Gewalt über das Schiff erlangt. Der zum Piloten beförderte »Knacki« macht seine Sache allerdings nicht sonderlich gut. Trotz Futures Eingreifen stürzt die Balkan auf einen dem Untergang geweihten Planeten ab. An dieser Stelle beginnt der Teil, den man in der Literatur gemeinhin nach Daniel Defoes Abenteuerroman als Robinsonade bezeichnet. Der folgende Handlungsbogen ist sowohl mit klassischen Elementen als auch guten Ideen gespickt. So entdecken wir auf der seltsamen Welt eine auf Silizium basierende Lebensform aus Milliarden von kleinen Organismen, die sich nach Belieben zu jedweder Form zusammensetzen kann. Ähnliche Ideen begegnen uns in der Sciene-Fiction häufiger, beispielsweise in Stanislav Lems Klassiker *Der Unbesiegbare* oder in den frühen 2000er Jahren in Form der gefährlichen Replikatoren in *Stargate Kommando SG 1* und *Stargate Atlantis*.

Ganz wundervoll ist auch die Idee, die ehemaligen Gefangen und überlebenden Polizisten zusammenarbeiten zu lassen, um ihrer gemeinsamen Todesfalle zu entkommen. Wird uns doch hier vor Augen geführt, dass Ehrlichkeit, Ehre, Zusammenhalt und Vertrauen mehr zählen als linkisches Verhalten und Egoismus. Schließlich endet diese Geschichte dann auch noch mit einem heldenhaften Opfer durch den jungen Schiffsoffizier McPherson – ganz im Sinne des vulkanischen Prinzips aus *Star Trek,* dass das Wohl Vieler schwerer wiegt als das eines Einzelnen. Wenn all diese Zutaten eine Geschichte nicht sehenswert machen, welche dann?

An dieser Stelle sollen auch die großartig besetzten Nebenrollen nicht vergessen werden, die in dieser Folge besonders hervorstechen. Der leider viel zu früh verstorbene Hubert Suschka (1925 – 1986), den Krimiklassiker-Fans als Kriminalhauptmeister Kurt Diekmann aus *Sonderdezernat K1* kennen und lieben, spricht den ehrenhaften Gauner Kim Evans so eindrucksvoll, dass die Stimme unvergessen im Ohr nachhallt. Mit Knut Reschke als Boraburu, Harald Dietl (als Grabo), der auch den Prolog in *Star Trek – Das nächste Jahrhundert* spricht, und Arne Elsholtz (Rolfinger), den man unter anderem als Stammsprecher für Tom Hanks, Bill Murray und Kevin Kline kennt, sind schon einige der bekannten deutschen Synchronstimmen versammelt. Frank Glaubrecht (u. a. die deutsche Stimme von Pierce Brosnan), der als McPherson in Erscheinung tritt, dient sozusagen als Garnitur und Sahnehäubchen.

Funfacts für Nerds

Das altbekannte Entfernungsproblem

In *Mitgefangen im Weltall* schlagen wir uns wieder einmal mit dem altbekannten Entfernungsproblem der Autoren herum. Diesmal stapeln die Schreiber allerdings eher viel zu tief als zu hoch. Der Absturz der Balkan führt uns auf den 3. Stern im Nebel Mazzeran, der sich 120000 Lichtjahre vom Sonnensystem entfernt befindet. Wir hörten bereits, dass der Durchmesser unserer Milchstraße ca. 100000 Lichtjahre beträgt, was bedeutet, dass sich der Nebel Mazzeran wahrscheinlich knapp außerhalb befinden muss. Dies könnte allerdings ein Problem werden, da sich der nächste Stern in der Andromeda-Galaxie befinden müsste, unserem nächsten interstellarem

Nachbarn. Andromeda liegt mit 2,5 Millionen Lichtjahren aber erheblich weiter von unser Heimat-Galaxie entfernt.

Interessant ist auch die Information, dass der Einflussbereich der Planetenpolizei etwa 300 Millionen »Kosmo-Meilen« beträgt. Das führt zu der nerd-geekigen Überlegung, was genau eine Kosmo-Meile eigentlich sein könnte. Und nun halten Sie sich fest, wir jonglieren ein wenig mit großen Zahlen.

Um dem geneigten Leser noch einmal eine Vorstellung von den Entfernungen im All zu vermitteln, werfen wir einen Blick auf unser heimisches Sonnensystem. Wenn man die entferntesten Objekte mit einbezieht, kann man den Durchmesser mehr oder weniger auf 1,6 Lichtjahre beziffern. Das macht 15,2 Billionen Kilometer. Ein Parsec, ein astronomisches Längenmaß, das in Science-Fiction-Geschichten gerne Verwendung findet, entspricht etwa 3,26 Lichtjahren oder rund 30 Billionen Kilometern. Kosmo-Meilen können also nicht identisch mit Parsec sein, denn multipliziert man die 3,26 Lichtjahre für ein Parsec mit den genannten 300 Millionen nach der Annahme 1 Kosmo-Meile = 1 Parsec, betrüge der Einflussbereich der Planetenpolizei stolze 960 Millionen Lichtjahre. Verdammte Mathematik!

Eine gute astronomische Maßeinheit könnte hier vielleicht die Lichtstunde darstellen. Setzt man die bekannten 300 Millionen Kosmo-Meilen in Bezug zu den 1,1 Milliarden Kilometern dieser Entfernungsangabe, kommen wir nach einigem Probieren darauf, dass eine Kosmo-Meile in etwa drei Lichtstunden betragen könnte, denn bei den errechneten 104210 Lichtjahren läge der 120000 Lichtjahre entfernte Mazzeran-Nebel tatsächlich relativ knapp außerhalb des weltraumpolizeilichen Dunstkreises. Das passt zwar nicht genau, kommt aber dicht heran.

Roche, yeah!

Abgesehen von den schwindelerregenden Entfernungen des Alls kommt hier die Sprache auf ein Detail, das bereits in

Folge 2, *Die Zeitmaschine,* Erwähnung findet, nämlich dem sogenannten Roche-Effekt oder der Roche-Grenze. Damit wird anschaulich das Auseinanderbrechen von Monden und anderen Satelliten erklärt, die ihrem wesentlich größeren Mutterplaneten zu nah kommen. Genau das passiert in der Geschichte, und an dieser Stelle muss man die Zeichner der Captain-Future-Serie loben. Die Zeichnungen und Animationen zu diesem Thema sind tatsächlich aller Ehren wert und vermitteln einen guten Eindruck davon, was der Roche-Effekt aussagt. Kompliment!

Kalzium und Kupfer?

Einen abschließenden Blick auf den *Captain Future*-Serien-Kanon, genauer gesagt den Zyklotronenantrieb, zu werfen, lohnt sich ebenfalls. In der Geschichte wird erwähnt, dass nicht nur Kupfer, sondern auch Kalzium ein ausschlaggebender Treibstoffbestandteil dieses futuristischen Antriebs ist, der mit Leichtigkeit die Lichtgeschwindigkeit zu überschreiten scheint. Warum ausgerechnet Kupfer eine so große Rolle im Future-Universum spielt, kann nicht mit Sicherheit beantwortet werden. Wir gehen davon aus, dass sich diese Idee auf die hervorragende Leitfähigkeit des Kupfers von elektrischem Strom und Wärme bezieht. Dasselbe trifft auf Kalzium zu. Warum aber auf dem Planeten kein Kalzium vorkommt, bleibt ein Rätsel. Dr. Simon Wright bezeichnet die Welt ausdrücklich als erdähnlichen Gesteinsplaneten. Insofern dürfen wir davon ausgehen, dass es dort auch Kalzium gibt, denn dieses kommt in zahlreichen häufig vorkommenden Mineralen und Gesteinen vor. Immerhin erklären die Autoren das Fehlen dieses chemischen Elements damit, dass der Planet im System Y87 nur siliziumbasierte Lebensformen beherbergt. Doch auch dies klingt bei der gezeigten üppigen Vegetation etwas unwahrscheinlich. Insofern erscheint McPhersons Opferbereitschaft ein wenig übereilt, denn die 1000 bis 1500 Gramm Kalzium, die im menschlichen Körper vorkommen, sollten sich eigentlich finden lassen. Natürlich ist die Heldentat des jungen Offiziers trotzdem episch. Außerdem wird auf diese Weise noch die Informationen an den Zuschauer getragen, wieviel Kalzium so ein Zyklotronenantrieb denn nun ungefähr benötigt, und derartige Details erfreuen das Nerd-Herz doch ungemein.

Die Schnitte

Wie bei fast alle anderen Geschichten der Zeichentrickserie, kürzten die Schnittprofis auch in diesem Fall rund 25 Minuten. Dennoch wirkt die achte Folge erstaunlich stimmig. atsächlich bemerkt man gar nicht, dass hier überhaupt irgendetwas geschnitten wurde. *Mitgefangen im Weltall* weist eine kleine Besonderheit auf, denn anstatt aus vier Episoden drei zusammenzustückeln, wurde in diesem Fall die dritte Episode mit ihren rund 23 ½ Minuten einfach komplett weggelassen. Da die Geschehnisse zwar hochinteressant und spannend, aber für den eigentlichen Verlauf der Geschichte nicht wirklich relevant sind, fällt das Fehlen nicht nur kaum auf, sondern ausnahmsweise gewinnt die Folge sogar an Tempo und Dramatik. Für echte Fans ist es natürlich dennoch bedauerlich, nicht miterleben zu dürfen, wie der Konflikt zwischen einigen Gefangenen und Captain Future immer mehr eskaliert und ein Teil der Bande sich sogar an Joan heranmacht.

Zudem verpasst man auch, wie das rettende Raumschiff, das quasi aus dem Nichts entstehen soll, immer mehr Gestalt annimmt, bis schließlich der erste erfolgreiche Triebwerktest von den Überlebenden applaudierend quittiert wird.

Den dritten großen Block der verschollenen dritten Episode bilden die interessanten Hintergrundinformationen zum Robinson-Planeten. Der Teil erzählt mehr über eine hochentwickelte Zivilisation, die einst die Welt bewohnte, offenbar aber vor Äonen einem schwarzen Loch zum Opfer fiel. Die Nähe des gefräßigen Phänomens veränderte auch die Lebensbedingungen drastisch und führte zu den siliziumbasierten Lebensformen, die Captain Future passenderweise Kubika tauft. Zum ersten Mal wird übrigens auch erwähnt, dass ein riesiges intelligentes kaktusartiges Wesen nicht nur die Kubika steuert, sondern seine telepathischen Kräfte auch gegen seine vermeintlichen Besatzer einsetzen kann.

Der Vollständigkeit halber darf nicht unerwähnt bleiben, dass der ersten Episode, *Ein Raumschiff wird gekapert,* rund eine halbe Minute entnommen wurde, die den Verantwortlichen beim ZDF offensichtlich zu brutal war. Immerhin sterben in sechs kurzen Szenen ganze neun Personen. Das erschien für eine vorgebliche Kinderserie wohl etwas zu dick aufgetragen. Die wenigen Sekunden, die dem Rückblick und Ausblick der zweiten Folge, *Flucht aus der Milchstraße,* fehlen, sind absolut vernachlässigbar, während man aus der eigentlichen Episode 4, die nun zur 3 geworden ist, etwa 40 Sekunden der Schlusssequenz entfernt hat, in der McPhersons Opfer noch einmal hervorgehoben wird. Der gute Mann hätte diese letzte Ehrung wahrlich auch im deutschen Fernsehen verdient.

ZWISCHENSPIEL

Im Gespräch mit Sven Plate über Captain Future, Ken Scott und Wesley Crusher

Herr Plate, Sie sprachen in der Zeichentrickserie Captain Future die Figur des Jungen Ken Scott. Wie kamen Sie zu dieser Rolle? Wie lief der Castingprozess ab?

Plate: Das ist so lange her, dass ich mich kaum daran erinnere, wer der Dialogregisseur war. Ich meine, das war im Jahr 1979 bei der Arena Synchron. Zu dieser Zeit gab es noch keine Castings in dem Sinne, wie es heute üblich ist. Ich war schon eine Weile als Sprecher tätig, und soweit ich mich erinnere, schlug man mir die Rolle vor. Das war in den 70er Jahren durchaus üblich so. Es gab ja noch kein Fernsehen in dem Umfang wie heute, so dass auch die Sprecherriege relativ überschaubar war. Damals war das ein Job von vielen für mich. Ich kam nachmittags nach der Schule für ein oder zwei Stunden ins Studio, um meine Takes einzusprechen.

Die anderen Hauptrollen, allen voran Hans-Jürgen Dittberner, Wolfgang Völz und Friedrich G. Beckhaus, waren wesentlich älter als Sie. War es nicht ein eigenartiges Gefühl, mit Kollegen zusammenzuarbeiten, die ihre Großeltern hätten sein können?

Plate: Nein, das war für mich völlig normal. Heute befindet man sich in der Regel allein im Synchronstudio, um eine Rolle einzusprechen. In den 70ern arbeitete man noch öfter direkt miteinander und sprach seine Takes. Daher kannten wir uns, und für mich war es völlig normal, mit älteren Sprechern gemeinsam vor dem Mikrofon zu stehen.

Hätten Sie sich träumen lassen, dass Captain Future in Deutschland einmal Kultstatus erlangen würde?

Plate: Um ehrlich zu sein, nein. Im Synchronstudio sieht man nur seine Takes, aber nicht die ganze Serie. Die sah ich dann erst im Fernsehen. *Captain Future* war anders als alle anderen Zeichentrickserien, die bis dato gesendet worden waren. Es gab ja noch keine Streamingdienste, und als Kind musste man sich mit *Biene Maja* und ähnlichen Produktionen zufriedengeben. *Captain Future* wirkte da schon wesentlich erwachsener. Die Zeichnungen unterschieden sich in ihrer Art signifikant von anderen Kinderserien. Hinzu kam die spacige Musik von Christian Bruhn, die ja für Deutschland vollständig neu eingespielt worden war. Ich erinnere mich noch gut daran, dass in der Schule viel über *Captain Future* gesprochen wurde. Und vor einigen Tagen habe ich zufällig entdeckt, dass die Serie wieder im Fernsehen läuft. Das ist schon toll.

Es war in den einzelnen Folgen nicht unüblich, dass auch Menschen starben. Haben Sie mitbekommen, dass es aufgrund der Gewaltdarstellungen in der Serie böse Protestbriefe von Lehrern und Eltern gab?

Plate: Mir war natürlich bewusst, dass *Captain Future* auf seine Art revolutionär war. Doch davon höre ich tatsächlich zum ersten Mal. Wie bereits erwähnt, war *Captain Future* für mich damals ein Job von vielen, und ich wurde bislang nicht sehr häufig auf meine Rolle als Ken Scott angesprochen. Daher habe ich mich im Nachhinein auch nicht so sehr mit dieser Zeit befasst. Meine Sprecherrolle als Wesley Crusher in *Star Trek: The Next Generation* hinterließ da wesentlich größere Spuren. Ich bin auch heute noch die deutsche Stimme von Wil Wheaton und synchronisiere ihn beispielsweise in *The Big Bang Theory.* Die letzten Folgen befinden sich im Juni 2019 noch in der Nachbearbeitung, und Wheaton wird wieder dabei sein. Daher ist mir *Star Trek* da näher.

Möchten Sie uns etwas über ihre damaligen Gagen erzählen? Was zahlte man 1979 einem jugendlichen Synchronsprecher?

Plate: Ich glaube, im Verhältnis gesehen, haben sich die Honorare zur heutigen Zeit gar nicht mal so sehr verändert. Man wurde auch damals schon pro Take bezahlt. Hinzu kam eine

Grundgage, natürlich in D-Mark und nicht in Euro. Kinder bekamen übrigens die Hälfte dessen, was erwachsene Sprecher erhielten.

Da haben Sie im Laufe Ihrer Jugend sicherlich für Ihren späteren Start ins Leben einiges gespart?

Plate (lacht): Eher weniger. Ich bin schon als Kind viel und gerne gereist. Man kann sich das heute vielleicht so nicht mehr vorstellen. Aber ich hatte sehr liberale Eltern, die mich schon früh auch allein verreisen ließen. So war ich etwa mit 13 oder 14 Jahren allein in Großbritannien unterwegs und habe in meiner Jugend die Welt kennengelernt. Ich habe also einen Teil meiner Honorare lieber in sowas investiert und möchte diese Erlebnisse nicht missen. Ich bin dankbar, dass ich diese Möglichkeiten hatte.

Sie übernehmen Sprecherrollen für Film und Fernsehen, aber auch bei Hörspielen. Was gefällt Ihnen besser, und wo liegen die Unterschiede?

Plate: Als Hörspielsprecher kann ich oft freier agieren. Die Rollen im Film sind bereits stark vorgegeben. Man versucht sich eher an das Bild anzupassen. Allerdings kommt es auch ein wenig auf den Dialogregisseur an, welchen Interpretationsspielraum man als Sprecher hat. In einem Hörspiel sind die Rollen natürlich in gewisser Weise auch vorgegeben, aber unsere Aufgabe ist es hier, die Bilder im Kopf des Hörers zu erzeugen. Hinzu kommt, dass man in Hörspielen noch oft gemeinsam miteinander arbeitet, vor allem übrigens bei den Öffentlich-Rechtlichen. Dort geht die Arbeit sogar soweit, dass Szenen, die beispielsweise in einer Küche spielen, auch mit allen beteiligten Protagonisten in einer Küche aufgenommen werden. Ich erinnere mich, dass einmal eine Szene nachts um 12 Uhr spielte. Meine Figur sollte ein Loch ausgraben, also gingen wir nach draußen, und ich grub nachts ein Loch während des Dialogs, und das wurde dann so aufgenommen. Ein andermal lag ich in einem Bett, weil die entsprechende Szene eben so angelegt war. Die Regisseure waren der Ansicht, dass Hörspiele so organischer klingen würden, und ich kann dem nur zustimmen.

Mit so prominenten Rollen im Science-Fiction-Genre sind Sie doch sicherlich schon öfter zu Messen und Conventions eingeladen worden?

Plate: Merkwürdigerweise nicht. Als Dialogautor und -regisseur oder als Hörspiel- und Synchronsprecher bin ich ab und zu auf Messen wie der HÖRMICH zu sehen, so etwa 2017. Aber auf einer Science-Fiction und Comic-Convention war ich bislang leider noch nicht zu Gast. Allerdings bin ich sehr neugierig und würde mich freuen, so etwas einmal zu erleben. Aber ich denke, das ist auch modeabhängig. Zum Beispiel werde ich in letzter Zeit ziemlich oft auf meine Sprecherrolle im Kult-Klassiker *Kramer gegen Kramer* mit Dustin Hoffmann und Meryl Streep in den Hauptrollen angesprochen. Ich habe keine Ahnung, woran das liegt, möglicherweise an der Tatsache, dass der Film dieses Jahr sein 40-jähriges Jubiläum feiert. Dasselbe trifft auf *Captain Future* zu. 2020 jährt sich die deutsche Erstausstrahlung ebenfalls zum 40. Mal, und hier sind wir nun.

Vielen Dank, dass Sie uns an Ihren Erinnerungen teilhaben ließen.

Plate: Sehr gerne, vielen Dank auch an Sie.

STAFFEL 2

Episode 09: Die Rolle seines Lebens

(Episode Nr. 13 in Deutschland)

Original: Magic Moon

(Captain Future Magazine Winter 1944)

Folgen

Schauspieler gesucht (11.03.1982)

Film oder Diamanten (18.03.1982)

Letzter Drehort: Magischer Mond (25.03.1982)

Inhalt

Als über den Televisor die Nachricht flimmert, dass Captain Future gesucht wird, staunt Curtis Newton zunächst nicht schlecht. Warum entzündet Präsident Cashew nicht das übliche Signallicht am Nordpol, sondern ruft ihn auf so ungewöhnliche Weise? Noch bevor die Futuremen über die Frage näher nachdenken können, beantwortet sich diese von selbst. Ein Filmteam möchte einen Actionfilm an Originalschauplätzen über den Captain drehen und sucht einen Schauspieler, der ihm möglichst ähnlich sieht. Doch nach einem Gespräch mit Ezella Garnie stellt sich heraus, dass der harmlose Schein trügt. Finanzier der Verfilmung ist niemand Geringeres als der Multimillionär John Walden. Der skrupellose Geschäftsmann hat nur eines im Sinn: noch mehr Geld und noch mehr Macht zu erlangen. Und dafür schreckt er auch vor brutalen Mitteln nicht zurück, denn die letzte Etappe der Filmcrew soll der magische Mond sein, auf dem der Zauberer der Wissenschaften einst den Magiern des Volks der Stagäer half, sich von einem fürchterlichen Feind zu befreien.

Also fasst Future einen verrückten Plan. Er gibt sich als sein tölpelhafter Doppelgänger aus, der zwar die Rolle seines Lebens spielen wird, aber sonst nicht viel Heldenhaftes an sich hat. Auch Grag, Otto und Simon Wright gelingt es, in ihre eigenen Rollen zu schlüpfen. Als die Dreharbeiten zum Film »Captain Future – Held des Weltalls« schließlich beginnen, stellt sich die Arbeit als noch gefährlicher heraus als gedacht. Denn auf dem Magischen Mond wurde ein riesiges Diamantenvorkommen entdeckt, das sich Walden unbedingt unter den Nagel reißen will. Um sein Ziel zu erreichen, verfolgt der Industriemagnat einen brutalen Plan, der auch vor der Ermordung Unschuldiger nicht haltmacht.

Fazit

Eigentlich hätte sich keine andere Folge so gut als Wiedereinstieg in die zweite Staffel geeignet wie diese. Nicht nur alle unsere Helden, samt Ezella Garnie, Joan Landor und Ken Scott, sind mit von der Partie, auch erleben wir einen kurzen Rückblick auf einige der schönsten Future-Geschichten. So begeben wir uns gemeinsam mit Future und dem Filmteam erneut auf den Planeten Megara und erleben ein Abenteuer an den Lavaströmen, die nach einer Konjunktion der heimischen Monde ausbrechen und beinahe das gesamte Filmteam töten. Anschließend zieht es die Protagonisten zur Unterwasserwelt Waimu und dann zum magischen Mond, der bereits aus der achten Folge, *Der schwarze Planet,* bekannt ist. Wo einige Monate zuvor noch der niederträchtige Dr. Zaro sein Unwesen getrieben hatte, siedeln nun immer mehr Minenarbeiter, die nichts anderes lieber täten, als die Einheimischen von ihrer Heimatwelt zu vertreiben. Nicht zum ersten Mal charakterisieren Edmond Hamilton und die Autoren der Zeichentrickserie die Menschheit als eine rücksichtslose und gierige Spezies, die ohne ihre wenigen Helden der Barbarei anheimfallen würde. Nur einem reinen Geist wie Captain Future kann es gelingen, die Machenschaften des Industriegiganten John Walden, der so wundervoll fies von Kurt Waitzmann gesprochen wird, zu verhindern. Herrlich!

Leider entschieden sich die ZDF-Verantwortlichen einmal mehr gegen die innere Logik der japanischen Ausstrahlungspolitik und stattdessen für eine Sendung in der Reihenfolge, in der synchronisiert wurde. So kam es, dass anstelle dieser wundervollen Folge *Die Elektromenschen* gesendet wurde, die im nächsten Kapitel näher beleuchtet wird.

Aber zurück zu *Die Rolle seines Lebens.* Abgesehen von einem starken Actionpart und der oben genannten klugen Charakterisierung der Menschheit punktet die Folge mit einem erfrischenden Humor, der sonst in der Serie etwas dezenter vertreten ist. Ist Captain Future sonst der typische, selten lächelnde, einsame Westernheld, der mit seinen wenigen Begleitern rastlos umherzieht, um Recht und Gesetz zu dienen, nimmt er sich hier einmal selbst auf die Schippe. Selbstverständlich veranstaltet er die Possen nur, um seine Tarnung aufrechtzuerhalten, dennoch erschließt sich dem Zuschauer der Captain einmal von einer anderen Seite. Den Höhepunkt heben sich die Serienmacher gekonnt bis zum Schluss auf. Als der Film schließlich doch im Kino seine Premiere feiert, lässt der Ansager frei von der Leber weg verlauten, wie schlecht der Hauptdarsteller doch als Captain Future war. Tja, so amateurhaft kann man sich selbst spielen, nicht wahr, Mister Newton?

Die Autoren des vorliegenden Buches werden nicht müde, die oftmals geradezu brillante Leistung der Sprecher zu würdigen, die, im Gegensatz zu den deutschen Drehbuchautoren, ihre Aufgabe sehr ernst genommen zu haben scheinen. Die Leistung Kurt Waitzmanns als Bösewicht wurde bereits gewürdigt. Der am 21. Mai 1985 im Alter von 80 Jahren verstorbene Schauspieler und Sprecher war in seiner langen Karriere in über 300 Rollen zu hören, darunter als James Mason, Peter Cushing oder Murray Hamilton. Als Kuriri, dessen Platz später der formgewandelte Otto einnimmt, hören wir Andreas Mannkopff, der bis zu seinem Tod im Jahr 2015 unter anderem der Stammsprecher für Wallace Shawn *(Eureka – Die geheime Stadt)* war. Als besonderes Highlight für Synchronfans dürfte sich die deutsche Stimme des Fieslings Su Wirro vom Stern Sigma herausstellen. Wer plötzlich meint, den großen Roger Moore zu vernehmen, irrt sich nicht. Niemand Geringeres als Lothar Blumhagen übernimmt diesen leider viel zu kurzen Part. Blumhagen gehört mit seinen über 90 Jahren zu den großen Stimmen der Sprecherriege. Zwar hatte er nie die Ehre, dem berühmtesten Agenten aller Zeiten, 007 James Bond, seine Stimme zu leihen (Niels Clausnitzer fungierte hier als Stammsprecher), dennoch kennen wir ihn aus *Auf dem Highway ist die Hölle los.* Abgesehen davon sprach Blumhagen Christopher Lee, Christopher Plummer (nicht in *Star Trek VI: Das unentdeckte Land)* und Tony Curtis, um nur einige zu nennen. Es ist ein wundervoller Spaß, Blumhagen, der einige Arroganz in die Figur des Su Wirro legt, in dieser Rolle erleben zu dürfen.

Funfacts für Nerds

Die ersten beiden Episoden erweisen sich für dieses Funfacts-Kapitel als erfreulich – oder je nach Standpunkt unerfreulich – unergiebig. Wie üblich würfelt Gott zwar nicht, wie bereits der geniale Albert Einstein feststellte, die deutschen Drehbuchautoren anscheinend aber sehr wohl, und zwar wieder einmal mit den Begrifflichkeiten. Wir ersparen es uns, erneut die Stern-versus-Planet-Diskussion aufflammen zu lassen, und nehmen zähneknirschend hin, was sowieso nicht zu ändern ist. Eine Kleinigkeit wäre allerdings dennoch anzumerken. Der magische Mond der Stagäer wird als metallloser Planet beschrieben. Dass ein bewohnbarer Planet wie der magische Mond überhaupt kein Metall beherbergt, erscheint sehr unwahrscheinlich. Dennoch gibt es sogar in unserem Sonnensystem Welten, die sich als (relativ) metallarm bezeichnen lassen. Hierbei handelt es sich um Jupiter, Saturn, Uranus und Neptun, also die Gasriesen. Doch selbst diese Giganten kommen nicht ganz ohne Metall aus. Neptun beispielsweise verfügt bei einem Durchmesser von insgesamt 50000 Kilometern höchstwahrscheinlich über einen ungefähr erdgroßen Kern, der aus Gestein und Metall besteht.

Die unendlichen Weiten des Weltalls bieten zudem Wunder, die unvorstellbar erscheinen mögen. So titelte Spiegel Online am 02. August 2018 mit Bezug auf einen Artikel im berühmten The Astronomical Journal, dass ein Forscherteam um den Astronomen David Sing von der John-Hopkins-Universität in Baltimore mit dem Hubble-Weltraumteleskop einen Riesenplaneten entdeckt hat, der geradezu Metall spuckt. Die 900 Lichtjahre entfernt liegende Welt hat ungefähr ein Drittel mehr Masse als Jupiter. Der Planet ist seinem Muttergestirn so nah, dass er in die Länge gezogen wird, was ihm den Spitznamen »American Football« einbrachte. Außerdem wird seine Atmosphäre auf mehr als 2500 Grad Celsius aufgeheizt. Dadurch schleudert WASP-121b, so der romantische Name des Weltraumgiganten, Magnesium- und Eisengas ins All.

Die dritte Episode *Letzter Drehort: Magischer Mond* bietet dann wieder reichhaltig von dem, was Star-Trek-Fans gerne liebevoll als Technobabble beschreiben. Da ist fantasievoll von Sporen die Rede, die Metalle in Minuten zersetzen können und eine Art lebendigen Rost bilden. »Sonderson'sche Flüssigkeitszellen« helfen dabei, diesen Rost zu neutralisieren, und Kohlenstoff dient als Wärmeleiter. Zu guter Letzt baut Professor Wright noch ein »Helioskop«, das die Kommunikation mit der im All parkenden Comet mittels Reflexion des Sonnenlichts ermöglicht.

Einige dieser spannenden Ideen stellen sich bei näherer Betrachtung als gar nicht so dumm heraus. Nicht selten beispielsweise werden Kristalle oder Diamanten in der Science-Fiction als Antriebsquelle für Raumschiffe verwendet. Dass Diamanten als starke elektrische Halbleiter dienen, ist anscheinend auch vielen Autoren und Schriftstellern bekannt.

Besonders interessant erscheint aber die vom Zauberer der Wissenschaften erwähnte Spore, die innerhalb von Sekunden Metall in Roststaub zerlegt. So etwas mag es vielleicht in dieser Form nicht geben. Ganz so weit hergeholt ist die Idee aber auch nicht. Tatsächlich existieren Pflanzen, die einen unbändigen Hunger auf Schwermetall zu haben scheinen. Phytosanierung und Phytomining heißen die Zauberworte. Mit Phytosanierung meint man gemeinhin die Sanierung verunreinigter Böden oder auch des Grundwassers unter Zuhilfenahme von Pflanzen. Die Professorin für Pflanzenphysiologie Ute Krämer erforscht an der Ruhr-Universität Bochum beispielsweise eine bestimmte Art Schaumkresse, die in der Lage ist, Schwermetalle wie etwa Nickel aus dem Boden zu ziehen und in ihren Blättern zu speichern. Auch Zink und Cadmium, die als krebserregend gelten, entzieht das Pflänzchen dem kontaminierten Boden und könnte in Zukunft dazu beitragen, derartige Landstriche in fruchtbares Land zurückzuverwandeln. Und nicht nur das! Die Wissenschaftler Alan Baker aus Großbritannien und Rufus Chaney aus den USA entwickelten unlängst ein Verfahren namens Phytomining (übersetzt etwa: pflanzlicher Erzabbau), mit dem sich die Pflanzen im wahrsten Sinne des Wortes versilbern lassen. Sie züchteten eine besondere Sorte jener »Biostaubsauger«, die sich leicht verbrennen lassen. In der Pflanzenasche findet man das zurückgebliebene hochwertige Erz, das sich dann, frisch recycelt sozusagen, verkaufen lässt. Klingt nach Science-Fiction, könnte man denken. Manchmal ist die Realität aber sogar spannender als jeder Roman.

Die Schnitte

Insgesamt wirkt auch die neunte Geschichte aus dem *Captain Future*-Universum trotz ihrer Schnitte zunächst erstaunlich homogen. Ein Grund dafür könnte sein, dass der ersten Folge gerade einmal zwei unwichtige Sekunden fehlen. Im zweiten Teil geht es dann allerdings richtig zur Sache. Im Grunde wurde der gesamte Anflug und Aufenthalt auf dem Planeten Waimu entfernt, was bereits sieben Minuten ausmacht. Insgesamt kürzten die Deutschen hier mehr als 11 Minuten, womit die restlichen 13 ¾ Minuten auf die eigentliche dritte Episode anzurechnen wären. 18 weitere Sekunden entfallen auf actionlastige Szenen, die den Verantwortlichen beim ZDF offenkundig zu hart für eine vorgebliche Kindersendung vorkamen. Dem eigentlichen vierten Teil klaute man noch einmal rund 12 Minuten, wobei allein schon über fünf Minuten auf das gesamte Finale entfallen, was das Ende der deutschen Version etwas holprig erscheinen lässt. Hinzu gesellen sich einige relativ brutale Szenen wie die, in der Su Wirro Waldon von hinten eine Axt in den Schädel rammt. Das ist möglicherweise schade für uns Erwachsene, vielleicht aber ganz gut für das Kind in uns, das sich noch immer mit einer gewissen Naivität und Harmlosigkeit an *Captain Future* erinnern möchte. Wer mag, kann die Geschichten heute schließlich ohne Weiteres in ungekürzter Fassung erleben.

Episode 10: Die Elektromenschen

(Episode Nr. 09 in Deutschland)

Original: The Comet Kings

(Captain Future Magazine Sommer 1942)

Folgen

Raumschiffe verschwunden! (03.12.1981)

Überraschungen beim Elektrolichtfest (10.12.1981)

Alulus, ein Wesen aus der vierten Dimension (17.12.1981)

Inhalt

Als nach 75 Jahren der Halleysche Komet durch das System Richtung Sonne jagt, geschehen seltsame Dinge. Immer mehr Raumschiffe verschwinden spurlos. Als dann auch noch ein Schiff der Planetenpolizei ohne jeden Hinweis von der Bildfläche verschwindet, treten die Futuremen auf den Plan. Denn auf dem Polizeiraumkreuzer befanden sich Ezella Garnie und Joan Landor, die von Präsident Cashew beauftragt worden waren, die unerklärlichen Vorfälle zu untersuchen. Captain Future ist außer sich vor Sorge um Joan und fliegt sofort mit der Comet zum Uranus, wo der erste Frachter verschwand. Doch alle Scans bleiben erfolglos, und so tappen Future und seine Kameraden weiter im Dunkeln. Als er gemeinsam mit Professor Wright noch einmal die astrometrischen Daten studiert, fällt beiden plötzlich auf, dass es doch eine Spur gibt. Das Verschwinden der Raumschiffe mehrt sich nicht nur mit zunehmender Verweildauer des Halleyschen Kometen im System, sie scheinen auch in einer geheimnisvollen Verbindung zu seiner Flugbahn zu stehen. Denn je näher sich der mysteriöse wandernde Himmelskörper der Sonne nähert, desto schneller reihen sich die Nachrichten verschollener Crews aneinander. Captain Future, Simon Wright, Grag, Otto, Yiek und Oak folgen der heißen Spur und machen schließlich eine Entdeckung, die nicht nur das endgültige Ende für das Sonnensystem, sondern für das gesamte Universum bedeuten könnte. Was der uralte Unheilsbote hinter seinem hellen Schweif aus einer undurchdringlich erscheinenden Gaswolke verbirgt, könnte sich zu einer der gefährlichsten Missionen entwickeln, denen sich die Future-Crew je stellen musste.

Fazit

Wie bereits im vorherigen Kapitel angemerkt, wählte das ZDF *Die Elektromenschen,* um den Staffelstab nach der quälend langen neunmonatigen Pause wieder aufzunehmen. *Die Rolle seines Lebens* wäre aus den bereits genannten Gründen sicherlich die bessere Wahl gewesen, doch muss man ehrlicherweise zugestehen, dass die letztlich erste Folge der zweiten Staffel an Spannung, Action, und fantasievollen Einfällen kaum zu überbieten ist. Insofern darf man resümieren, dass die Serie mit einem Hammerschlag fortgesetzt wurde, der die Fans sofort wieder an die Bildschirme zu fesseln vermochte. Nicht nur, dass mit dem periodischen Auftauchen des Halleyschen Kometen 22 Raumschiffe verschwinden, auch Ezella Garnie und Joan werden vermisst. Welch größere Motivation könnte es für den rothaarigen Helden, den Man of Tomorrow, geben, als seinen alten Freund und seine große Liebe retten zu wollen?

Bei so einer Prämisse ist ein im wahrsten Sinne des Wortes spannungsgeladener Plot beinahe schon eine Selbstverständlichkeit. Vor allem aber gelang es dem japanischen Kreativteam, die zwar fantastischen, aber vielleicht doch etwas angestaubten Ideen Edmond Hamiltons in die Moderne der 70er und frühen 80er Jahre zu übertragen. Der Elektroplanet strotzt geradezu vor futuristischen Maschinen, Apparaturen und befremdlichen Wesen. Die Vermutung, dass sich die Zeichenabteilung bei Toei erneut die eine oder andere Anregung bei *Doctor Who, Star Wars* und einigen weiteren Science-Fiction-Klassikern holten, erscheint beim Anschauen der Episode nicht weit hergeholt. So wirken die Elektromenschen beispielsweise wie eine gelungene – und wesentlich menschlichere – Variante der aus der britischen Kultserie bekannten Cybermen, die vielleicht auch das Vorbild für die Borg in *Star Trek: The Next Generation* gestellt haben könnten. Andere Designs, wie der oft zu sehende Straßengleiter, lassen an die entsprechenden Szenen in *Krieg der Sterne* denken, und so fort. Das alles wird mit einem Stil gemixt, den man mit Fug und Recht als typisch japanisch bezeichnen kann und der Fans des japanischen Sci-Fi-Kinos bereits aus Filmen wie *Gorath – Ufos zerstören die Erde* von 1962 bekannt ist. Recht interessante stilistische Parallelen gibt es nebenbei erwähnt übrigens auch zum kurz nach Captain Future entstandenen Realfilm *Bye Bye Jupiter (Sayonara Jiupitā)*, der mit Raumschiffdesigns und Uniformen aufwartet, die direkt der Animé-Serie entsprungen sein könnten. Insgesamt achtete man hervorragend darauf, das westliche Publikum, für das man im Grunde produziert hatte, nicht zu überfordern. Das kommt in dieser Folge besonders gut zum Tragen.

Die Geschichte selbst zeigt sich von Anfang an von ihrer hochspannenden Seite. Versuchen die Futuremen zunächst erfolglos herauszufinden, wer oder was für die hohe Zahl verschwundener Raumschiffe im Sonnensystem verantwortlich zeichnet, wird diese Frage bereits in der ersten Episode beantwortet. Die Art und Weise ist dabei recht überraschend und führt sogar zur Gefangennahme der Future-Crew. Bereits am Ende der ersten Folge wissen wir das Geheimnis des Schweifsterns gelüftet und lernen die Elektromenschen kennen. Die Idee, dass es sich hierbei, wie bei den Borg oder Cybermen, nicht um eine homogene biologische Spezies handelt, sondern vielmehr Gefangene transformiert werden, erschien den Autoren bereits im Kindesalter ziemlich gruselig und verfehlt auch heute ihre Wirkung nicht vollends. Interessant zu erwähnen wäre vielleicht noch, dass *Die Elektromenschen* zu den wenigen Geschichten im Future-Kosmos gehört, die mit einem kleinen Twist aufwarten. Denn nicht die halbkybernetischen Bewohner sind die eigentlichen Drahtzieher hinter den Entführungen, sondern fremde Wesen aus einer anderen Dimension. Dass der Bösewicht einer Geschichte sich am Ende als Laufbursche und Marionette eines wesentlich mächtigeren Verbrechers herausstellt, ist bei Hamilton eher selten und bildet eine unterhaltsame Ausnahme zu den sonstigen Weltenretter-Szenarien.

Wie für alle anderen deutschen Vertonungen der Serie wurden auch für diese Folge einige der markantesten und bekanntesten Stimmen in den Nebenrollen besetzt, die die deutsche Synchronwelt jener Tage zu bieten hatte. Das Dimensionswesen Alulus wurde von Harry Wüstenhagen gesprochen, der in seiner langen Karriere nicht nur als Sprecher, sondern auch als Schauspieler in einigen der schaurig-schönen Edgar-Wallace-Filme zu sehen war. Als Sprecher kennen wir ihn als deutsche Stimme von George Hamilton, Dick van Dyke oder Pierre Richard. *Star Wars*-Fans dürften besonders aufhorchen, wenn sie die Stimme des Königsberaters Kueldel vernehmen. Wer glaubt, plötzlich ein Vibrieren der Macht zu spüren, irrt sich nicht. Die deutsche Stimme von Obi Wan Kenobi aus *Star Wars IV – Eine neue Hoffnung* und *Star Wars V – Das Imperium schlägt zurück* ist und bleibt schließlich unverkennbar die des Wilhelm Borchert, der unter anderem auch Burt Lancaster, Henry Fonda, Richard Burton und Charlton Heston seine Stimme lieh.

Funfacts für Nerds

Kontinuitätsprobleme

Auch die Begutachtung der Funfacts dieser Folge bringt einige interessante Details ans Tageslicht. Zunächst fällt auf, dass endlich einmal eine *Captain Future*-Geschichte dort spielt, wo der Erfinder sie ursprünglich angesiedelt hat, nämlich in unserem Sonnensystem. Im direkten Vergleich lässt sich sagen, dass unsere kosmische Heimat durchaus genug Wunder und endlose Weiten zu bieten hat, um eine spannende Story zu erzählen. Schade, dass man sich zumeist auf Millionen Lichtjahre entfernte Planeten oder sogar fremde Galaxien festlegte. Ein möglicher kleiner Kontinuitätsfehler soll an dieser Stelle aber trotzdem nicht unerwähnt bleiben. Zu Beginn des ersten Teils checken Future und Wright die astronomischen Daten. Die Kamera schwenkt auf das Radar und verweilt dort so lange, dass die Autoren Zeit genug fanden, die verschwundenen Schiffe (repräsentiert durch Punkte auf dem Radarschirm) zu zählen. Nach mehrfachem Anschauen der Szene betrug das Ergebnis dreizehn. Im zweiten Teil wird allerdings erstmalig die tatsächliche Anzahl der vermissten Frachter und Kreuzer erwähnt, nämlich zweiundzwanzig. Wie kommt es zu dieser Diskrepanz? Es mag möglich sein, dass der Radarschirm der Astrometrie nicht vollständig gezeigt wird. Eine andere Lösung des Problems könnte die Vermutung bieten, dass zwischen der genannten Szene und dem Beginn der zweiten Episode zusätzlich zu den dreizehn noch neun weitere Schiffe entführt wurden. In der Übersetzung kann eigentlich kein Fehler vorliegen. Die japanischen Zeichen für dreizehn und zweiundzwanzig sind so unterschiedlich, dass ein Flüchtigkeitsfehler ausgeschlossen werden kann.

Ein weiteres interessantes und nerdiges Detail betrifft Alulus und seine Wesen aus einer anderen Dimension. Dank seiner übermenschlichen psychischen Kräfte erkennt Captain Future, dass Alulus körperlos ist. Er projiziert lediglich seine menschliche Gestalt mittels Telepathie in die Köpfe seiner

Sklaven und Kontrahenten. Future schließt daraus, dass der Fremde aus einer anderen Dimension stammen muss. Soweit die gute alte Science Fiction-Logik, die uns in vielen Romanen und Kurzgeschichten begegnet. Allerdings betont der Zauberer der Wissenschaften kurz darauf, dass seine Gegner aus der vierten Dimension kommen, was durchaus ein wenig merkwürdig erscheinen mag. Bereits in Folge 2, *Die Zeitmaschine,* wird nämlich physikalisch korrekt erklärt, dass die vierte Dimension nichts anderes als die Zeit ist. Die drei Raumdimensionen Länge, Breite und Höhe bilden gemeinsam mit der Zeit die Raumzeit. Es könnte natürlich sein, dass die Außerirdischen aus der Vergangenheit oder Zukunft in die Gegenwart gereist sind. Doch Alulus' Erläuterung, dass man die Energie des Universums absaugen möchte, um die eigene Dimension zu retten, legt nahe, dass er einer Parallelwelt in den Tiefen des Multiversums entfleucht ist. Denn wer klaut schließlich den Strom seines eigenen Hauses?

Wissenschaftliche Funfacts

Der Halleysche Komet, oder 1p/Halley, wie er so romantisch im astronomischen Fachchinesisch heißt, spielt in *Die Elektromenschen* eine zentrale Rolle. Ohne seine periodische Wiederkehr ca. alle 75 Jahre und die Tatsache seiner mehr als zweitausend Jahre währenden berühmt-berüchtigten Darstellung in diversen Schriften würde die Geschichte überhaupt nicht funktionieren. Allein schon der Name elektrisiert schließlich den interessierten Teenager und Altfan.

Die ersten Aufzeichnungen des rastlosen Himmelskörpers finden sich bereits 240 vor Christus in China, und nicht wenige Menschen glauben, dass der Komet Halley identisch mit dem Weihnachtsstern aus der Bibel sein könnte. So ganz unwahrscheinlich ist die Theorie nicht, denn im Jahr 12 v. Chr. passierte der einsame Wanderer die Erde in gerade einmal 0.16 astronomischen Einheiten (eine astronomische Einheit entspricht der Entfernung zwischen Erde und Sonne) und war 56 Tage lang zu sehen, wie antike Quellen aus Rom und China nahelegen. Jesus soll wiederum um 7

v. Chr. herum geboren sein, plus/minus ein paar Jahre, was durchaus nah dran ist.

Im Captain-Future-Dreiteiler wird der leuchtende Schweif des Kometen aufgrund seiner überaus starken elektrischen Ladung als todbringend und undurchdringlich bezeichnet. Future erwähnt weiter, Halley käme von außerhalb des Sonnensystems. Außerdem wäre der Schweif so riesig, dass sich in seinem Inneren ein ganzer Planet verbergen könne. Natürlich fußt keine der drei Behauptungen wirklich auf wissenschaftlichen Fakten; als vermeintlichen Unheilbringer kennt man den Halleyschen Kometen allerdings bereits seit der Antike. Im oben erwähnten Jahr 12 vor Christus machte man den etwa 15 Kilometer langen Himmelskörper für den Tod von General Agrippa verantwortlich. 218 soll er gar eine Revolte gegen den römischen Herrscher Macrinus ausgelöst haben. Der Kaiser hatte 217 seinen Vorgänger Caracalla von den Severern beseitigt, nur um ein Jahr später dann doch von einem Mitglied dieser Familie getötet zu werden. Als 1066 Harold II. in der Schlacht bei Hastings fiel, wurde die Schuld ebenfalls auf den unschuldigen Eis-, Gas- und Staubbrocken geschoben, und das, obwohl er am 14. Oktober 1066, dem Todestag des letzten angelsächsische Königs, bereits seit drei Monaten nicht mehr zu sehen war. So ist das mit Boten des Unheils. Sie kommen immer zu früh oder zu spät. Noch 1910, also mitten im eigentlich aufgeklärten Zeitalter der Industrialisierung, brach eine weltweite Massenpanik um den leidgeprüften Wanderer aus. Einige Jahre zuvor hatte der britische Astronom William Huggins entdeckt, dass sich in Kometenschweifen Spektrallinien für Kohlenstoffverbindungen nachweisen ließen. Neben anderen wurde auch Cyan entdeckt, das in Verbindung mit Kalium das zu Recht gefürchtete, hochtoxische Zyankali ergibt. Mit 0,16 astronomischen Einheiten kam P1/Halley der Erde nah genug, dass man befürchtete, unser Heimatplanet könne in seinen Schweif geraten und die Menschheit sozusagen mit einem astronomischen Augenzwinkern auslöschen. Übrigens starb Huggins im selben Jahr; ein Verschwörungstheoretiker, wer da Böses denkt.

Tatsächlich kennt man heute die Zusammensetzung des Halleyschen Schweifs ziemlich genau. Am 14. März 1986 passierte die Raumsonde Giotto in nur 596 Kilometer Abstand den Kometen und konnte bahnbrechende Ergebnisse in der Kometenforschung vorweisen. So konnte Giotto unter anderem messen, dass von der sonnenzugewandten Seite Material in Form von Jets ins All geschleudert wird, das zu 80 Prozent aus Wasser besteht. Weitere 10 Prozent entfallen auf Kohlenmonoxid. In wesentlich kleineren Mengen wurden Methan und Ammoniak, aber in Spuren auch Cyan entdeckt. Einatmen möchte man dieses Gemisch sicherlich nicht.

Auch die im ersten Teil, *Raumschiffe verschwunden!,* genannte periodische Rückkehr nach 75 Jahren ist, wie wir gesehen haben, durchaus korrekt. Im Mittel zieht Halley alle 75,3 Jahre an der Erde vorbei, wobei es, je nach gravitativer Beeinflussung durch den Jupiter, auch mal bis zu 79 Jahre werden können. Falsch ist allerdings wohl die Erklärung des Erzählers, dass der Himmelskörper unser Sonnensystem verlässt. Soweit wir wissen, bewegt sich seine Umlaufbahn zwischen den Bahnen der Planeten Merkur und Venus bis zur Neptunbahn.

Die Schnitte

Für die zehnte verfilmte Geschichte aus dem *Captain Future*-Universum entschied man sich schnitttechnisch für eine interessante Variante, die aber insgesamt doch zu einem stimmigen Gesamtergebnis führte. Die ersten sechs Minuten fehlen quasi so gut wie komplett, was sehr ungewöhnlich ist. Bei der näheren Prüfung der entsprechenden Szenen stellt sich heraus, dass die Eingangssequenzen zwar das eigentliche Thema der Geschichte auf dramatische Weise erläutern, nicht aber zwingend zum Verständnis nötig sind. Die restlichen rund eineinhalb Minuten gehören schon zum zweiten der ursprünglichen vier Teile. Die geschnittenen Parts entfallen auf eine spannende Actionszene, die einen Kampf zwischen den Futuremen und den Elektromenschen zeigt.

Episode 2, *Überraschungen beim Elektrolichtfest,* ist im Großen und Ganzen ein Zusammenschnitt der ursprünglichen Teile 2 und 3 des japanischen Originals, die auf der Uncut-Blu-Ray mit *Der Herrscher des Kometen* (Nr. 38) und *Die wahre Gestalt des Alulus* (Nr. 39) betitelt sind. Nebenbei erwähnt, übersetzt Universum Film den Titel des gesamten Vierteilers übrigens mit *Das Komplott des Kometenkönigs.* Die knapp dreizehn weggekürzten Minuten verteilen sich dabei je zur Hälfte auf einen Teil, wobei die ersten 3 ¾ Minuten einige Szenen im Gefängnis sowie die arg verstümmelte Flucht der Helden zeigen. Der Rest würde eigentlich in die Episode *Alulus, ein Wesen aus der vierten Dimension* gehören, die nach deutscher Zählung den Abschluss der Geschichte um den Halleyschen Kometen bildet. Der hier zu sehende Kampf gegen König Solix, der auf dem Lichterfest seinen Anfang nahm, wurde um einige Szenen gekürzt. Insgesamt entnahm man dem Finale, das im Original den vierten Teil namens *Die Welt der Albträume* bildet, etwas mehr als zwei Minuten.

Episode 11: Das gefährliche Lebenselixier

(Episode Nr. 10 in Deutschland)

Original: The Triumph of Captain Future

(Captain Future Magazine Herbst 1940)

Folgen

Die Maschinenstadt (07.01.1982)

Ein Verdächtiger verschwindet (14.01.1982)

Die Quelle des ewigen Frühlings (21.01.1982)

Inhalt

Eine gefährliche Droge namens Saft der ewigen Jugend verbreitet sich unaufhaltsam in der Galaxie. Für horrende Preise von dem geheimnisvollen Mr. Immortality angeboten, verjüngt die Droge einen alten Menschen zwar innerhalb von Minuten auf wunderbare Weise, tötet ihn aber auch genauso schnell, sobald der Körper nicht mehr mit dem Stoff versorgt wird. Höchst besorgt alarmiert Präsident Cashew Captain Future. Die Untersuchung eines an der Droge verstorbenen Mannes führt die Futuremen auf die richtige Fährte. Auf dem Planeten Keros erzählt man sich die Legende von einer Quelle des ewigen Frühlings, die jedes Lebewesen, die aus ihr trinkt, unsterblich machen soll. Bewacht wird die sagenumwobene Quelle von einem Volk von Vogelmenschen, die jeden töten, der sich ihr nähert. Doch wie gelangte Immortality dann an das Lebenselixier, und wer verbirgt sich hinter der furchterregenden Maske? Diese Fragen lassen sich nur auf Keros beantworten. Auf dem Planeten angekommen, stößt Future schnell auf die ersten Verdächtigen, von denen sich vor allem der Anthropologe Dr. Gibbo und der Historiker Keen sehr auffällig verhalten. Als beide fliehen, ist Captain Future überzeugt: einer von beiden muss Mr. Immortality sein. Doch dann findet man zunächst Keen und dann Gibbo tot auf. Hat sich Future geirrt, oder steckt doch mehr hinter der Geschichte, als auf den ersten Blick ersichtlich ist?

Fazit

Wie in den meisten anderen Geschichten Edmond Hamiltons kämpft der Wizard of Science auch in diesem Abenteuer gegen einen machtgierigen Gangster, der es auf nicht weniger als die Herrschaft über das bekannte Universum abgesehen hat. Und obwohl sich gewisse Parallelen zu *Auf der Suche nach der Quelle der Materie* aufdrängen, gelang es sowohl Hamilton als auch den japanischen und deutschen Drehbuchautoren, hier etwas vollkommen Eigenes zu erschaffen. Der Plot baut auf antiken und mittelalterlichen Quellen um einen Jungbrunnen auf, über die in einem späteren Kapitel noch Näheres zu erfahren ist. Die alten Mythen werden hier allerdings durch einige interessante Details aufgepeppt. Zum einen gibt es diesen ominösen Jungbrunnen in der Geschichte tatsächlich, und er wurde sogar von einem verbrecherischen

Wissenschaftler gefunden. Der Fiesling gibt den Drogendealer und verkauft kleine Fläschchen seines Fundes überall in der Galaxie, um mit dem Gewinn dereinst die Macht über das Universum an sich reißen zu können. Zum anderen zahlt jeder, der das Lebenselixier zu sich nimmt, einen hohen Preis für den Wunsch nach ewiger Jugend. Nicht nur, dass die geheimnisvolle, radioaktive Substanz sofort süchtig macht. Sie verjüngt den Körper zwar äußerlich, hat aber auch zur Folge, dass bei Nichteinnahme ein rasend schneller Alterungsprozess einsetzt, der zu einem qualvollen Tod innerhalb weniger Minuten führt. Eine Geschichte mit so einer Prämisse, die darüber hinaus noch in der Welt des Captain Future angesiedelt ist, kann eigentlich nur unterhaltsam sein. Und genau das ist sie auch. Die Erzählung bleibt trotz der deutschen Schnittführung flüssig und flott und zieht denn jungen wie auch junggebliebenen Zuschauer schnell in den Bann. Die vielen Space-Opera-Elemente, mit denen die Zeichner hier wahrlich nicht geizten, trägt einen weiteren großen Anteil daran, dass man sich in die Weiten der Galaxie versetzt fühlt und mit Captain Future gemeinsam das Rätsel um das gefährliche Lebenselixier lüften möchte. Abgesehen von Raumflügen und Landungen der Comet in fremdartigen Landschaften bietet die Folge auch wieder nach typischem Anime-Muster gezeichnete futuristische Städte, die mit einer großen Portion Western-Flair gewürzt sind.

Die Geschehnisse in einer Bar auf dem Planeten Keros erinnern angenehm an die berühmten Cantina-Szenen aus *Star Wars IV: Eine neue Hoffnung,* sodass wir erneut ohne Probleme davon ausgehen dürfen, dass hier eine der Inspirationsquellen der Toei-Mitarbeiter gelegen haben dürfte. Doch auch andere bekannte SciFi-Heldenepen haben offensichtlich beim Entwurf der Zeichnungen Pate gestanden. So weisen die Vogelmenschen und ihr König Yul eine geradezu frappierende Ähnlichkeit zu König Vultan von den Falkenmenschen aus den originalen *Flash Gordon*-Comics auf. Allein schon wegen dieser offensichtlichen Reminiszenzen macht es Spaß, einmal genauer hinzuschauen.

Davon abgesehen leisten auch die Sprecher der Nebenrollen wieder hervorragende Arbeit. Futures Antagonist gibt etwa der 1945 geborene Karl Schulz, den Fans der gepflegten Action-Klamotte *Das A-Team* noch als deutsche Stimme von Mr. T. in bester Erinnerung haben. Alle bekannten Rollen des Schauspielers und Synchronsprechers aufzuführen, würde fast ein eigenes Buch füllen. Erwähnt sei allerdings noch, dass Star-Wars-Fans sich über ein Wiederhören mit Lok Durd, Senator Orn Free Taa oder General Whorm Loathsom aus *Star Wars: The Clone Wars* freuen können. Der 1985 im Alter von 80 Jahren verstorbene Kurt Waitzmann sprach übrigens den sympathischen Vogelmenschen-König Yul. Waitzmann ist den älteren Krimifans vor allem durch seine Auftritte in nicht weniger als sieben Edgar-Wallace-Filmen bekannt, allen voran die Kultfilme *Der Hexer* und *Neues vom Hexer*.

Funfacts für Nerds

In der Story

Auch die zehnte (oder im Original: elfte) Episode der kultigen TV-Serie hat ihre kleinen, nerdigen Momente, deren Entdeckung bei den Autoren dieses Buches für einigen Spaß sorgte. Schön ist vor allem, dass erneut eine gewisse Kontinuität gewahrt bleibt. Der Planet Megara gehörte wohl zu den Favoriten der Autoren, weshalb er zusammen mit Ios erneut Erwähnung findet. Derartige kleine Details sorgen für eine gewisse Dichte innerhalb des Future-Kosmos und verstärken den Eindruck, dass wir hier eine in sich stimmige, wohlkonstruierte Welt erleben. Kleine Ungereimtheiten gehören allerdings nach wie vor zum Alltag, die sich nicht alle unbedingt mit der deutschen Schnittfassung erklären lassen. So stirbt etwa ein Helfershelfer des Verbrechergenies Mr. Immortality während eines Überfalls auf Captain Future im ersten Teil. Der Tote liegt zu Futures Füßen und wird von diesem nach möglichen Hinweisen auf den Aufenthaltsort der Jungbrunnen-Bande durchsucht. Seltsamerweise scheint aber eben jene zwielichtige Gestalt im zweiten Teil auf wundersame Weise von den Toten erweckt worden zu sein, denn er steht putzmunter neben seinen Kumpanen, um sich von seinem Boss gehörig die Meinung geigen zu lassen. Wunder über Wunder!

Wissenschaftliche Funfacts

In *Die Maschinenstadt,* dem ersten Teil der Geschichte um das gefährliche Lebenselixier, gerät die Future-Crew in ein Handgemenge mit einem Verbrecher-Trio. Die Angreifer haben kaum eine Chance, den harten und geschickten Schlägen Futures, Ottos und Grags auszuweichen, also beschließen sie zu fliehen. Plötzlich wird es dunkel im Raum. Als es wieder hell wird, sind die Gangster geflohen. Was ist geschehen? Während des Manövers ruft Future, jemand hätte eine Verdunklungsbombe geworfen, die das Licht eines beliebigen Raumes vollständig absorbieren könne. Aber geht so etwas überhaupt? Kann Licht tatsächlich vollständig absorbiert werden? Die Antwort lautet: nicht vollständig, aber fast. Wenn man an das Nichtvorhandensein von Licht denkt, fällt dem interessierten Leser zumeist Schwarz ein. Doch was ist Schwarz eigentlich? Diese Frage lässt sich relativ leicht beantworten. Die Empfindung, dass etwas schwarz ist, entsteht dann, wenn die Netzhaut keine Lichtwellen oder nur solche mit geringer Intensität empfängt. Ohne Lichtwellen keine bunten Farben. So einfach ist das. Wirklich? Nein, denn es ist eine Tatsache, dass schwarze Farbe ca. 15% des Lichts reflektiert, das auf sie trifft. Das klingt zwar nicht nach viel, stellt jedoch Futures Aussage vor ein Problem. Was könnte aber nun noch dunkler sein als Schwarz – und noch interessanter – was für ein Material könnte sich in der Verdunklungsbombe befinden? Schwarze Farbe kann es nicht sein, denn die absorbiert, wie wir gesehen haben, nur einen Teil des Lichts. Nun hat ein Team des Center for Materials Research der Norfolk State University um den findigen Experten E. E. Narimanov bereits im Jahre 2011 ein Metamaterial entwickelt, das nicht zwanzig oder fünfzig, sondern bis zu 99% des auftreffenden Lichts absorbiert und somit dunkler als Schwarz ist. Sie haben richtig gelesen, dunkler als Schwarz! Um das zu erreichen, umhüllte das Forscherteam Nanodrähte aus Silber mit einer Membran aus Aluminiumoxid. Aus dieser Kombination entstand zunächst eine glatte Fläche, die es bereits auf eine Absorptionsfähigkeit von 80% brachte. Um den Effekt zu verstärken, rauten sie die Fläche auf, so dass Erhebungen und Vertiefungen entstanden, die die Photonen regelrecht in das Material hineinsaugten, so Narimanov. Mit diesem Kniff erreichte das Team nun das genannte, geradezu unglaubliche Ergebnis. Der Verbundwerkstoff erziele einzigartige Reaktionen auf elektromagnetische Felder, die mit konventionellen Materialien nicht erreichbar wären, heißt es in dem entsprechenden Artikel weiter. Und nun wird es richtig spannend, denn schon im nächsten Satz führen die Wissenschaftler mögliche Anwendungen auf, darunter auch eine Unsichtbarkeits-Tarnvorrichtung; die Romulaner und Klingonen aus *Star Trek* lassen schön grüßen. Für die Geschichte heißt das also, dass eine lichtabsorbierende Granate nicht vollkommen undenkbar erscheint.

Schnitte

Wie oben bereits angedeutet, ist die deutsche Schnittfassung dieser Folge im Großen und Ganzen recht gut gelungen. Ein Grund dafür ist, dass die erste Episode weitestgehend ungekürzt blieb. Lediglich knapp fünf Minuten wurden entfernt und durch Szenen der zweiten von ursprünglich vier Episoden ersetzt. Davon befassen sich mehr als drei Minuten damit, dem Zuschauer die Gefährlichkeit der Jungbrunnen-Droge vor Augen zu führen. So sieht man, wie sich ein Megara-Wesen unmittelbar nach der Einnahme des Mittels wie von Zauberhand zu verjüngen scheint, während nur eine Minute später ein Mensch innerhalb von Sekunden rapide altert und stirbt. Diese Szenen, so wie auch die restlichen Schnitte von Episode eins, sind für den Verlauf der Geschichte durchaus entbehrlich, so dass sich das Eingreifen der deutschen Moralwächter hier nicht weiter störend auswirkt.

Auch an Teil zwei wurde nur relativ wenig herumgeschnippelt. Ein Besuch in einer Bibliothek, in dessen Verlauf Future mehr über das Lebenselixier erfährt, mündet in einen Kampf gegen einige furchterregende Bestien. Damit fehlen rund fünf Minuten und das gesamte Ende des Kapitels.

Teil drei hat es besonders hart erwischt. Von 25 Minuten fielen über 17 Minuten der Schere zum Opfer. In diesen dramatischen Minuten hätte der deutsche Zuschauer nicht nur den Ausgang des oben beschriebenen Kampfes gesehen (der allerdings ohnehin komplett gestrichen wurde), sondern auch vertiefende Einblicke in die Entführung von Otto und Joan Landor sowie deren Rettung erhalten. Auch Ezella Garnies Auftritt wurde zum Leidwesen der Fans wieder einmal stark gekürzt. Wer in der deutschen Redaktion wohl darauf kam, dass die Figur so unwichtig sei, dass man sie eigentlich auch fast komplett aus der Serie schreiben könnte?

In Episode vier (in der deutschen Version Teil drei) fehlen einige starke Actionsequenzen, deren Verlust überaus schade ist. Denn diese betreffen den finalen Kampf zwischen Future und den Handlangern Mr. Immortalitys und setzen die von den Autoren so geschätzten Vogelmenschen weiter in Szene.

Episode 12: Planet in Gefahr

(Episode Nr. 11 in Deutschland)

Original: Planets in Peril

(Captain Future Magazine Herbst 1942)

Folgen

Hilferuf vom Planeten Tarust (28.01.1982)

Die Suche nach Grag (04.02.1982)

Der legendäre Held Fatul (11.02.1982)

Inhalt

Der Wissenschaftler Dr. Crine hat eine Maschine erfunden, die die Kontaktaufnahme mit Menschen einer anderen Dimension ermöglicht. Die ersten Besucher, Geldek und Shiri, berichten jedoch Fürchterliches. Ein gefährlicher Gegner, den man »die Eismenschen« nennt, greift die Heimatwelt der beiden Gesandten unablässig an und trachtet danach, sie zu zerstören. So ruft Crine Captain Future und seine Freunde zur Hilfe. Als der Zauberer der Wissenschaften, Professor Wright, Grag, Otto und Joan Landor auf dem Mars eintreffen, um Geldek und Shiri kennenzulernen, erwartet sie jedoch eine Überraschung. Die beiden jungen Leute fallen vor Captain Future auf die Knie und nennen ihn Fatul, den Retter. Denn auf dem Planeten Tarust existiert eine Statue eines längst entschwundenen Helden, der die Menschheit einst vor dem Untergang rettete. Bevor er in die Weiten des Universums entschwand, versprach er, dereinst wiederzukehren, wenn er gebraucht würde. Fatul sieht Future zum Verwechseln ähnlich, und so bitten die Fremden ihn, sie in ihr Paralleluniversum zu begleiten, um dort die Rolle des legendären Fatul einzunehmen. Denn nur so kann das Volk der Tarustianer geeint werden, um gegen den schrecklichen Feind zu bestehen. Future stimmt zu, und so erweitern er, Wright und Dr. Crine die Maschine, um die Future-Crew auf eine ungewisse Reise in eine fremde Dimension zu entsenden.

Auf Tarust angekommen, sieht sich Captain Future jedoch zunächst ganz anderen Problemen gegenüber. Senator Fostel, ein mächtiges Mitglied des Parlaments, möchte lieber kapitulieren, als seine Heimat dem Untergang zu weihen. Wird es Curtis Newton gelingen, die Rolle des Retters Fatul einzunehmen, um das Volk von Tarust hinter sich zu vereinen? Bevor er jedoch eine Antwort auf diese drängende Frage erhält, greifen die Eismenschen an.

Fazit

Planet in Gefahr ist nach Episode 10, *Die Elektromenschen,* der zweite Dreiteiler, der innerhalb der TV-Serie mit einem starken Twist aufwartet. Am Ende des Films stellt sich nämlich heraus, dass die Dimensionssprungmaschine in Wirklichkeit nichts anderes als eine Zeitmaschine ist, die Future und seine Crew 2 Milliarden Jahre in die Zukunft versetzt hat. Der Planet Tarust ist die Erde, die kulturell und wissenschaftlich bereits dem Untergang geweiht ist, und Fatul ist niemand anders als Captain Future, der immer noch als strahlender Held der Menschheit verehrt wird. Diese wunderbare Idee stellt die Bedeutung von Curtis Newton nicht nur für sein Jahrhundert, sondern die Zukunft der Menschheit an sich noch einmal gesondert heraus. Zudem wird Future einmal mehr seinem Ruf als Weltenretter gerecht. Leider enttäuscht aber vor allem der zweite Teil stellenweise und weist manche unnötige Länge und Ungereimtheit auf. Teil 1 überrascht noch mit der oben erwähnten fantastischen Idee der Dimensions-/Zeitmaschine und bietet zudem einen spannenden Angriff auf die Hauptstadt der Tarustianer. Als Zugabe werden dem Zuschauer Einzelheiten über die ebenso überlegenen wie erschreckenden Fähigkeiten der Eismenschen offenbart. Die zweite Folge widmet sich hingegen überwiegend der Befreiung des gefangenen Grag, die wiederum in der Suche nach einem geheimnisvollen Buch mündet, das die Schwachstellen der cyborgartigen Eismenschen beinhalten soll. Warum Future Lakuku letztlich vertraut, wie es wirklich zur Gefangennahme der Futuremen im tarustianischen Parlament kommt und was es mit der so spannenden Seelentrennung auf sich hat, bleibt leider vollkommen im Dunkeln.

Die Schuld daran trägt allerdings weniger das Drehbuch oder die deutsche Übersetzung, sondern vielmehr die unsägliche deutsche Schnittfassung und die damit einhergehende Zensur. Wir werden darauf im entsprechenden Kapitel noch einmal näher eingehen. An dieser Stelle soll nur erwähnt werden, dass hier ganz offensichtlich am falschen Ende gestrichen wurde. Aufgrund der wortwörtlichen Einschnitte in den Stoff verliert die Geschichte hier auf jeden Fall einiges an Drive. Leider bleibt auch das tiefere Verständnis für wichtige Situationen aufgrund fehlender Hintergrundinformationen fast vollständig auf der Strecke. Die eigentlich homogene Erzählstruktur wird aufgebrochen und der Plot zerstückelt, was zur Folge hat, dass vor allem der Mittelteil wenig inspiriert wirkt.

Das ändert sich zum Glück in der finalen Episode wieder, die mit einem rasanten Erzähltempo und zahlreichen Actioneinlagen glänzt. Selbstverständlich darf auch der Kampf mit einem waschechten Kaijū, einer typisch japanischen »seltsamen Bestie«, wie die deutsche Übersetzung lautet, nicht fehlen. Die entdeckte Wunderwaffe gegen die einst künstlich erschaffenen Eismenschen ist etwas banal und beendet den Großangriff auf Tarust leider ein wenig zu abrupt. Doch der eingangs bereits erwähnte Twist entschädigt dafür umso mehr.

Wie gewohnt glänzten die für die Nebenrollen engagierten Synchronschauspieler in ihrem Job wieder und sorgten erst dafür, dass die Geschichte auch heute noch, trotz ihrer Schwächen, so lebendig wirkt. Der marsianische Wissenschaftler Dr. Crine wurde von Toni Herbert gesprochen, der bis zu seinem Tod im Jahr 1990 in nicht weniger als 738 Sprechrollen zu hören war. Seine Stimme war ebenso markant wie wandelbar, weshalb man ihn allein in der Krimiserie *Die Straßen von San Francisco* siebzehnmal einsetzte. Joachim Tennstedt durfte sich als Geldek austoben. Fans der vielleicht besten Science-Fiction-Serie aller Zeiten, *Babylon 5,* dürften in seiner Stimme die von Bruce Boxleitner alias Captain Sheridan wiederentdecken. Seit 1978 leiht er übrigens auch (mit Unterbrechung) Anthony Daniels als C-3PO seine Stimme. Nerdige Gänsehaut löst auch der Klang von Lukuku aus, der von Lutz Riedel verkörpert wurde. Fans der Kultserie *Kampfstern Galactica* erkennen es sicherlich sofort. Mit Riedel hören wir niemand anderen als Captain Apollo (Richard Hatch), den Sohn von Commander Adama, dem Kommandanten des einzigen überlebenden Kampfsterns im Krieg gegen die Zylonen.

Funfacts für Nerds

Die Geschichte rund um den Planeten Tarust und den Helden Fatul beruht auf dem Bau einer, nennen wir es, Dimensionssprungmaschine, die der marsianische Wissenschaftlicher Dr. Crine erfunden hat. Mit ihr soll es möglich sein, in eine andere Dimension zu gelangen, um ein Paralleluniversum zu bereisen. Doch was ist damit eigentlich gemeint? Otto erklärt Grag, dass er sich unser Universum wie eine Blase vorstellen solle, die nur eine von vielen ist. Und aus dem Off ergänzt Helmut Krauss, dass diese Blasen in einem unendlichen Multiversum existieren und sich in diesem auch berühren können. Wenn das geschieht, werden Sprünge von einer Welt in die andere möglich. Dank Crines Maschine können diese kosmischen Hüpfer gesteuert werden, sodass man einen bestimmten Planeten gezielt im Paralleluniversum »anwählen« und besuchen kann.

Die Idee einer anderen Dimension oder einer Parallelwelt taucht nicht zum ersten Mal in der Serie auf. Im Gegensatz zu bisherigen Ansätzen ist die hier gewählte Erklärung erstaunlicherweise zwar sehr vereinfacht, aber relativ zutreffend. Die sogenannte Mehrweltentheorie, auf die sich die Erklärungen im Film beziehen, diskutierten schon die großen Philosophen der Antike. Der Grieche Demokrit (ca. 460 bis 370 v. Chr.) vertrat beispielsweise die These, dass die Gründe, die zur Entstehung unserer Welt geführt haben, aus ihrer mechanischen Notwendigkeit heraus betrachtet nicht einmalig seien. Vielmehr müssten unendlich viele andere Welten entstanden sein und auch weiterhin ständig neue entstehen. Das Modell sagt außerdem aus, dass diese Parallelwelten nicht nur gleichzeitig, sondern auch nacheinander existieren würden. Während also eine Welt vergeht, entsteht eine andere, die wiederum neben vielen anderen ihr Dasein fristet, und so fort. Eine ähnliche Prämisse verfolgt übrigens die bekannte Science-Fiction-Serie *Sliders,* in der man von 1995 bis 2000 allwöchentlich miterleben konnte, wie seltsam ein Besuch auf einer Parallel-Erde anmuten kann, die der unseren so ähnlich, aber eben doch nicht identisch mit ihr ist.

Das ist allerdings nicht ganz das, was die moderne Kosmologie unter ihrer Multiversum-Theorie versteht. Zwar gibt es auch hier eine quasi unendliche Anzahl von Universen, sie entstehen aus dem sogenannten primordialen (in etwa: ursprünglichen) Vakuum mitsamt eigenem Urknall. Das Problem ist, dass in fast allen dieser Universen die physikalischen Gesetze wahrscheinlich weder die Bildung von Materie noch überhaupt von Galaxien inklusive Sternen und Planeten oder gar Leben erlauben. Unser Heimat-Universum ist nämlich physikalisch so feinjustiert, dass nur eine winzige Änderung während oder kurz nach dem Urknall unweigerlich dazu geführt hätte, dass Leben nicht möglich gewesen wäre. Der Vorteil liegt auf der Hand. Eine Diskussion über Aliens und UFOs aus fremden Universen und Dimensionen wäre auf diese Weise natürlich obsolet. Aber wer weiß? Vielleicht sitzen Sie ja gerade in diesem Augenblick mit unserem Buch in der Hand gar nicht im Wohnzimmer ihrer Wohnung auf der guten alten Erde, sondern irgendwo auf einer fast identischen Welt und wundern sich darüber, dass sich die Autoren solch verrückte Gedanken machen.

Die Schnitte

Im Fazit wurde bereits angedeutet, dass die deutsche Schnittfassung zu *Planet in Gefahr* vor allem im Mittelteil äußerst unglücklich ausfällt. Bereits in Folge 1 enthält man den Zuschauern mit den etwas mehr als vier fehlenden Minuten einige starke Actionszenen vor. Fast der gesamte Angriff der Eismenschen auf die Hauptstadt des Planeten Tarust fehlt. Auch Grags Kampf gegen die Cyborgartigen wurde um immerhin 37 Sekunden gekürzt, was dazu führt, dass uns die deutsche Fassung mit dem einen oder anderen Fragezeichen zurücklässt.

Die Teile 2 und 3 wurden, wie oft, weitestgehend zusammengestückelt, wobei einige sehr wichtige Storyelemente verlorengingen. Über 20 Minuten schnippelten die Cutter heraus und enthalten uns nicht nur die spannende Flucht aus dem Gefängnis der Eismenschen, sondern auch die Zerstörung ihres Stützpunktes vor. Nur drei Minuten später setzte die Schere wieder an der falschen Stelle an. In der deutschen Fassung erfahren wir nur, dass Captain Future und seine Getreuen gefesselt vor dem Gremium des tarustianischen Parlaments stehen, nicht aber, wie es dazu kam. Noch unverzeihlicher ist aber das Fehlen der folgenden 20 Minuten, in denen Captain Futures, Ottos und Joan Landors Körpern nicht nur beinahe, sondern tatsächlich die Seele als Strafe für ihre angeblichen Taten entrissen wird. Nur Futures überlegenem Willen ist es zu verdanken, dass er sich Lukuku bemerkbar machen kann, damit dieser den Prozess rückgängig macht.

In der letzten Folge fehlen nur ca. 108 Sekunden, diese beinhalten allerdings hauptsächlich Actionszenen, die dem ansonsten tollen Finale noch ein wenig mehr Würze hätte verleihen können. Andererseits ist es aber inhaltlich auch nicht weiter tragisch, dass man sich hier für eine Kürzung entschieden hat.

Episode 13: Ein gefährliches Geheimnis

(Episode Nr. 12 in Deutschland)

Original: Star of Dread

(Captain Future Magazine Sommer 1943)

Folgen

Die Weltraumruinen (18.02.1982)

Bei den Tiermenschen (25.02.1982)

Die Höhle des Lebens (04.03.1982)

Inhalt

Captain Future und seine Freunde erforschen gemeinsam mit dem Biologen Dr. Winters und dem Physiker Dr. Norton die Ruinen der untergegangen Hochkultur der Denebianer auf dem Saturn-Mond Titan. In einer Höhle entdeckt Future eine Grabplatte, die offenbart, dass die Deneb-Kultur nicht nur einst ein riesiges Imperium begründete, sondern auch die Evolution der Menschheit entscheidend beeinflusste. Ihren Kenntnissen der Genetik ist die Existenz so vieler unterschiedlicher Menschenarten im Sonnensystem zu verdanken. Winters und Nortons Ehrgeiz ist erwacht, und als sich herausstellt, dass sich das Wissen um diese mächtige Erkenntnis auf dem Planeten Aar in der sogenannten Höhle des Lebens befindet, gibt es kein Halten mehr. Die beiden Naturwissenschaftler bedrängen Future, nach Aar zu fliegen, um die Geheimnisse der Höhle zu lüften. Doch Curtis ist überzeugt, dass eine schier grenzenlose Macht wie diese nur Böses hervorbringen kann. So beschließt er, die Grabplatte zu zerstören, nicht aber, ohne sich abzusichern. Sowohl er als auch Ezella Garnie, Joan Landor und Ken Scott wissen, wo sich die Höhle befindet. Da fassen Dr. Norton und Dr. Winters einen schrecklichen Plan. Sie entführen Joan und Ken und stehlen die Comet. Mit ihren beiden Geiseln an Bord geht es zur untergegangenen Deneb-Kolonie. Hier wollen sie Joan und Landor gewaltsam dazu bringen, ihr Geheimnis zu offenbaren, um jeden Preis. Doch sie haben die Rechnung ohne Captain Future gemacht. Der rothaarige Held findet einen Weg, ein altes Raumschiff flottzumachen, und folgt den verbrecherischen Wissenschaftlern. Auf dem alten Deneb-Planeten gelandet erkennt Future, wie weitreichend die Kenntnisse der Altvorderen wirklich waren. Zahlreiche Stämme von Tiermenschen bevölkern die Welt. Werden die Pferde-, Tiger- und Vogelmenschen Captain Future beistehen? Und kann er ihnen im Gegenzug helfen, eine uralte Prophezeiung zu erfüllen?

Fazit

Die letzte Geschichte der Zeichentrickserie führt noch einmal alle Freunde Captain Futures zusammen. Auch Ken Scott, von dem wir in den letzten Folgen nicht mehr viel gehört haben, ist mit an Bord und erlebt gemeinsam mit den Futuremen, Ezella Garnie und Joan Landor ein Abenteuer, das es würdig ist, als großartiger Abschluss der kultigen Zeichentrickserie gefeiert zu werden. Endlich werden auch die Denebianer thematisiert, ein Volk, das aus dem Sonnensystem Deneb stammt und per Genmanipulation die zahlreichen menschenähnlichen Völker der Galaxie erschuf. Besonders spannend ist, dass im Gegensatz zum sonst wissenschaftsaffinen Tenor hier ein durchaus wissenschaftskritischer Unterton vorherrscht. So verwahrt sich Curtis Newton nicht nur gegen jeden (weiteren) künstlichen Eingriff in die menschliche Evolution, er zerstört in seiner Angst vor den möglichen Folgen die von ihm entdeckte Grabplatte. Konsequenterweise ist Futures wahrer Gegner dann auch ausnahmsweise einmal kein bösartiges Verbrechergenie, das nach der Herrschaft über das Universum oder zumindest das Sonnensystem strebt. Der unersättliche, skrupellose und kalte Wissensdurst des Biologen und des Physikers, der keine Rücksicht auf mögliche Konsequenzen nimmt, ist es, der Norton und Winters jedweder moralischer Bedenken beraubt. Die daraus resultierende Gier nach Macht lässt sie schließlich zu Entführern und Erpressern werden. Die Strafe für dieses Vergehen gegen die Menschheit ist grausam, aber gerecht. Damit gehört *Ein gefährliches Geheimnis* zu den tiefsinnigsten und sehenswertesten Geschichten, die die Serie zu bieten hat. Nicht, dass an Action gespart wurde. Im Gegenteil. Doch überlagert diese niemals das eigentliche Thema, das noch einmal deutlich darauf hinweist, dass Captain Future zu keiner Zeit für Kinder, sondern für Jugendliche ab 12 Jahren gedacht war.

Was die Nebenfiguren anbelangt, fuhr Arena Synchron Berlin noch einmal einige der bekanntesten deutschen Stimmen überhaupt auf. Den Anführer der Tigermenschen, Unyi, sprach Arnold Marquis, der einigen der bekanntesten Schauspieler der Welt seine markante Stimme lieh. Das Portfolio des am 24. November 1990 in Berlin verstorbenen Schauspielers umfasste unter anderem John Wayne, Kirk Douglas, Robert Mitchum, Ernest Borgnine, Richard Widmark und Lee Marvin. Am meisten im Ohr dürfte der gebürtige Dortmunder vielleicht aber den Fans von Bud Spencer in insgesamt neun Filmen geblieben sein, darunter die Kultfilme *Sie nannten ihn Mücke, Das Krokodil und sein Nilpferd* und *Plattfuß am Nil.* Norbert Langer ist als Goro zu hören. Obwohl der Schlesier bereits als Kind vor dem Mikrofon stand und in seinem Leben rund 1200 Filme und Serienfolgen synchronisierte, war es wahrscheinlich erst sein Einsatz als Tom Selleck in *Magnum,* der seine Stimme zu einer der berühmtesten des Landes werden ließ. Last but not least darf auch Christian Rode nicht unerwähnt bleiben, der bis zu seinem Tod am 15.02.2018 in 1634 Rollen zu hören war. Wir kennen ihn als Synchronsprecher für Franco Nero, Patrick Stewart, Martin Landau, oder DeForest Kelley in *Star Trek III: Auf der Suche nach Mr. Spock.*

Funfacts für Nerds

Zum ersten und einzigen Mal erfahren wir in der Zeichentrickserie wirklich mehr über den Ursprung der Menschheit. Ähnlich wie Jahre später in *Star Trek* führt das Captain Future-Franchise die Entstehung aller menschenähnlichen Arten und Spezies auf eine altvordere Zivilisation, nämlich die Denebianer aus dem Sonnenystem Deneb, zurück. Und endlich kommt zusammen, was zusammengehört, denn immer wieder wird in den deutschen Übersetzungen das Sternbild Schwan erwähnt. Tatsächlich ist Deneb der hellste Stern in jenem Sternbild. Er befindet sich etwa 3200 Lichtjahre von der Erde entfernt, was für ein Raumschiff mit Oszillationsantrieb und somit Überlichtgeschwindigkeit eigentlich eine leichte Übung sein sollte.

A propos mehrfache Lichtgeschwindigkeit. Nun offenbart sich auch, dass es nur Captain Future und Professor Simon

Wright zu verdanken ist, dass die Menschheit überhaupt die Weiten des Universums erkunden kann. Als die Comet entführt wird, bauen sie ihren Oszillationsantrieb in ein anderes Schiff ein, um den beiden abtrünnigen Wissenschaftlern zum Planeten Aar zu folgen. An dieser Stelle tut sich ein kleines Problem auf, denn laut Serienkanon besiedelt die Menschheit Planeten und Monde, die sich zum Teil viele tausend Lichtjahre von der Erde entfernt befinden. Dazu gehört unter anderem der oft zitierte Planet Megara, der ebenfalls im Sternbild Schwan angesiedelt ist. Die Ausbreitung der Spezies Homo Sapiens muss demnach rasend schnell, innerhalb von höchstens 20 oder 25 Jahren, vonstatten gegangen sein, denn Captain Future ist in der Serie noch relativ jung. Selbst wenn wir dem Man of Tomorrow ein Alter von ca. 50 Jahren zubilligen, dürfte die Erfindung des höchstentwickelten Raumschiffantriebs in der Geschichte der Menschheit allerhöchstens um die 30 Jahre zurückliegen. Dieser Zeitraum reicht bei einer Höchstgeschwindigkeit von zehnfacher Lichtgeschwindigkeit bei weitem nicht aus, die Menschheit über die gesamte Galaxie zu verstreuen. Hat sich was mit leichter Übung, denn der Trip nach Deneb würde auf diese Weise satte 320 Jahre verschlingen.

Wissenschaftliche Funfacts

Genmanipulation ist das große Thema der letzten Captain-Future-Folge. Die Beeinflussung der menschlichen Evolution mag uns wie ein Plot aus einem Horror-SciFi-Movie erscheinen. Und doch ist es heute erschreckenderweise möglich, die menschlichen Gene in fast beliebiger Weise zu verändern. Bereits Ende 2018 schockierten die Medien mit der Schreckensnachricht, dass es dem chinesischen Forscher He Jiankui gelungen sei, die Gene zweier Babys so zu manipulieren, dass sie so gut wie immun gegen das AIDS-Virus sind. Im Januar 2019 bestätigte die chinesische Regierung, dass He mit Hilfe eines Genschere Cripr-Cas genannten Verfahrens die ersten gentechnisch veränderten Menschen erschaffen hat. Was auf den ersten Blick vielleicht wie ein hehres Motiv aussieht, offenbart sich auf dem zweiten als überaus verantwortungsloser Eingriff. Denn Menschen, die von Natur aus über verschiedene Varianten des Gens CCR5 verfügen, um das es hier konkret geht, haben eine geringere Wahrscheinlichkeit, ein Alter von 76 Jahren (plus) zu erreichen. Ganz davon abgesehen wurde eine moralische und ethische Grenze überschritten, die in der Folge zu weiteren Forschungen bis hin zu den schrecklichsten Szenarien, wie beispielsweise genmanipulierten Soldaten, führen könnte. Gäbe es auf der Erde doch nur mehr weitsichtige und kluge Helden wie Captain Future.

Episode 14: Das Serienspecial: Sternenstraße zum Ruhm

(in Deutschland nicht ausgestrahlt)

Original: Star Trail to Glory

(Captain Future Magazine, Frühling 1941)

Folgen

Die rätselhaften Raumschiffräuber

Das fantastische Sonnensystem-Wettrennen

Inhalt

Als der angehende Testpilot John Walker und sein Copilot Yalu während eines Testfluges davon träumen, am berühmten Sonnensystem-Wettrennen teilzunehmen, erleben sie plötzlich ihr blaues Wunder. Eben noch foppten sie sich gegenseitig, und nun finden sie sich plötzlich ohne Schiff und Orientierung mitten im Vakuum des Alls wieder. Walker traut seinen Augen nicht, doch Yalu ahnt, was geschehen ist. Seit Monaten verschwinden Raumschiffe ohne Vorwarnung überall im Sonnensystem. Dabei scheint es keine Rolle zu spielen, ob sich Personal an Bord befindet oder nicht. Was noch schlimmer ist: keiner der Zeugen kann sich an irgendetwas erinnern. Präsident Cashew ruft Captain Future zur Hilfe, der sich sofort auf die Suche nach dem Verbrecher-Genie begeben möchte, das offenbar hinter den seltsamen Entführungen steckt. Doch bevor die Futuremen aufbrechen können, geschieht das Unfassbare: Die Comet verschwindet, und mit ihnen Grag. Nun sieht Future nur noch eine Möglichkeit. Er schreibt sich an der Testpilotenschule auf dem Merkur ein, um als junger Kadett mit einem ausgemusterten Schiff am Sonnensystem-Wettrennen teilzunehmen – und zu gewinnen. Denn nur so kann Curtis Newton den Gangster davon überzeugen, dass er das Schiff umgerüstet hat und sich ein Diebstahl daher umso mehr lohnt.

Fazit

Das etwas mehr als einstündige Silvester-Special wurde in Japan am 31.12.1978 ausgestrahlt. Entgegen immer wieder zu lesenden Behauptungen ist der Jahreswechsel in Japan ein sehr wichtiger Feiertag. Viele Firmen schließen ihre Tore zwischen dem 29. Dezember und dem 03. Januar, damit die Angestellten den Jahreswechsel gemeinsam mit der Familie mit Geschenken, Neujahrskarten und Dekorationen zelebrieren können. Insofern ist es nur logisch und konsequent, dass sich *Sternenstraße zum Ruhm* inhaltlich und in seiner Erzählstruktur von den restlichen dreizehn Folgen abhebt. Statt in die gewohnten vier Teile ist die etwas wirr erzählte Geschichte in zwei Unterkapitel aufgegliedert, die aber an einem Stück als durchgehende Folge präsentiert werden.

Ob nun die Entführung der Raumschiffe oder aber das Sonnensystem-Wettrennen den Hauptplot bildet, darf jeder Zuschauer für sich selbst entscheiden. Wirklich herausgearbeitet wird die Antwort auf diese Frage nicht. Die ersten zehn Minuten lassen vermuten, dass es primär um die 19 verschwundenen Raumschiffe geht. Allerdings löst Future den Fall letztlich sozusagen im Vorbeiflug, bevor er schließlich als strahlender Sieger aus dem Rennen hervorgeht. Man ahnt es vielleicht schon. Durch die etwas widerborstige Struktur weist der Plot manche kleinere Lücke auf, was den Sehgenuss bisweilen doch erheblich trübt. Außerdem wird die Geschichte immer wieder durch Hinweise des Erzählers auf die future-historischen Helden Mark Carew und Gorham Johnson unterbrochen, die als erste das Sonnensystem erforscht haben sollen. Hinzu kommt, dass sich die Verantwortlichen bei Toei offenbar in den Kopf gesetzt hatten, das Special in eine astronomische Lehrstunde zu verwandeln. Sogar Realfilmaufnahmen von gescheiterten Raketenstarts wurden verwendet, um die Aufmerksamkeit der jüngeren Zuschauer auf die eingeflochtenen Factfiles über unser Sonnensystem zu lenken. Die Intention dahinter mag lobenswert sein, kommt aber dem Erzählfluss nicht unbedingt zugute.

Da die Geschichte nie in Deutschland gesendet wurde, ist sie in der Standard-Komplettbox und der Collectors Edition nur auf Japanisch mit deutschen Untertiteln und dem Original-Score enthalten. So interessant es auch ist, die Folge so zu genießen, wie sie ursprünglich angelegt war, so sehr wünscht man sich die satten Klänge der deutschen Vertonung zurück. Auch den kultigen und futuristischen Soundtrack von Christian Bruhn vermisst man schmerzlich, schon allein, weil er schlicht und ergreifend einfach besser zum Setting passt. Sowohl die Titelmelodie als auch das Lied im Abspann fügen sich, für Animes eigentlich ungewöhnlich, nicht wirklich in den Gesamtkontext ein. Da gibt es wesentlich positivere Beispiele. Die auf 42 Folgen angelegte Serie *Die Königin der 1000 Jahre* von 1981 ist ebenfalls ein Toei-Produkt. Der Titelsong *Cosmos Dream,* gesungen von Masaki Takanashi, ist allerdings nicht nur ein echter Ohrwurm, er stimmt dank seines dramatischen Arrangements mit orchestralen und elektronischen Elementen perfekt auf jede Folge ein.

Insgesamt hätten *Sternenstraße zum Ruhm* eine deutsche Vertonung und der eine oder andere Schnitt an der richtigen Stelle sicherlich gutgetan. Wo war nur der vielgerühmte deutsche Zensurzeigefinger, als man ihn wirklich einmal hätte gebrauchen können?

Funfacts für Nerds

Wie bereits zuvor Folge 10, *Die Elektromenschen,* bleibt auch *Sternenstraße zum Ruhm* in unserem heimischen Sonnensystem verortet. Innerhalb des Serien-Kosmos stellt dies eine Seltenheit dar, da den Drehbuchautoren bei Toei, im Gegensatz zu Hamilton, offensichtlich selbst die Milchstraße nicht groß genug war.

Zum zweiten Mal taucht außerdem der riesige Raumschifffriedhof auf, Sargassosee des Weltraums genannt, in der Raumschiffe nicht nur stranden, sondern sich auch nicht mehr zu befreien vermögen. Das heißt: der deutsche TV-Zuschauer, der die Uncut-Version der Serie nicht kennt, wird sich nun wahrscheinlich krampfhaft zu erinnern versuchen, was ihm denn da in den letzten 40 Jahren wohl entgangen sein könnte. Die Auflösung ist recht einfach. Ursprünglich war eine längere Sequenz über den Weltraumfriedhof in *Der schwarze Planet* (Folge 6 in der deutschen Zählung) zu sehen, die aber der Schere zum Opfer fiel (vgl. Kapitel 8). Wer allerdings die Hörspiele kennt, auf die wir in Teil 2 unseres Buches näher eingehen werden, hat vielleicht doch schon einmal von diesem geheimnisvollen Ort mitten im Sonnensystem gehört. *Der schwarze Planet* beruht nämlich auf dem Roman *Calling Captain Future,* den Hamilton, wie bereits geschildert, im Frühjahr 1940 im Captain Future Magazine veröffentlichte. Die aktuellste deutsche Übersetzung mit dem klangvollen Namen *Erde in Gefahr* stammt aus dem Jahr 2013 vom Golkonda Verlag, die wiederum 2016 dem Maritim Verlag als Vorlage für Staffel 4 der Hörspielserie diente. Wer also die Hörspiele, aber nicht das Serienspecial oder die ungeschnittene Originalversion der TV-Serie kennt, kennt die sagenumwobene Sargassosee des Weltraums dennoch.

Astronomische Funfacts

Bekanntermaßen nahmen sich die Autoren in bester Tradition zu Edmond Hamilton in Bezug auf astronomische Details einige Freiheiten heraus. Erstaunlicherweise bildet *Sternen-*

straße zum Ruhm hier eine Ausnahme. Dies gilt nicht nur für die im Fazit erwähnten Filmschnipsel, sondern auch für die Zeichnungen der Planeten des Sonnensystems. Merkur, Venus, Mars, Jupiter und Saturn erkennt man sofort wieder. Nichts weist auf einen Neptun als Ozean-Planeten oder Jupiter als grüne Dschungelwelt hin. In diesem Fall passt es ganz hervorragend ins Konzept der Serie, dass Futures Abenteuer in den allermeisten Fällen in den Tiefen der Galaxie auf fremden Planeten spielen. Entsprechend stimmen auch die genannten Fakten auffallend. So ist es beispielsweise völlig korrekt, dass ein Merkurtag etwa 87 Erdentage währt und der Planet nur ungefähr ein Drittel so groß ist wie die Erde. Es entspricht ferner den Tatsachen, dass die Temperatur auf der Venus so hoch ist, dass eine Landung auf dem Planeten nur unter größten wissenschaftlichen Anstrengungen möglich ist. Die Temperatur auf der »Schwester der Erde« (der Äquatordurchmesser der Venus ist nur unwesentlich kleiner als der der Erde) erreicht bis zu 497°C, also fast einhundert Grad mehr als ein guter Pizzaofen. Weiterhin findet die Tatsache Erwähnung, dass Jupiter und Saturn Gasriesen sind und nur über einen verhältnismäßig kleinen Kern verfügen, um nur die wichtigsten Details dieser kleinen Astronomiestunde in Zeichentrickform zu nennen.

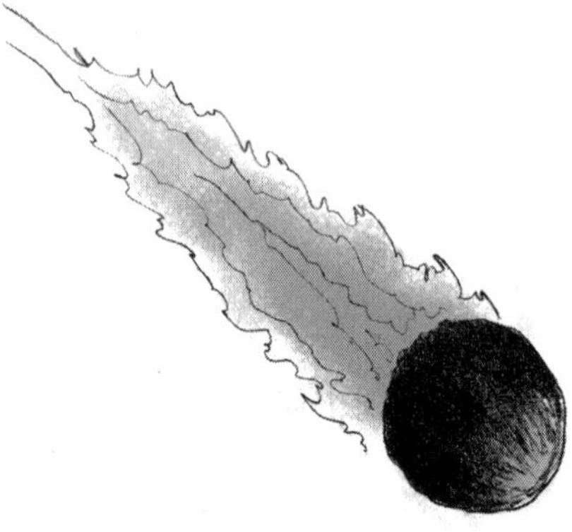

TEIL 2
DIE HÖRSPIELE

EINFÜHRUNG

Die Hörspiele: Eine Idee wird Wirklichkeit

Über dreißig Jahre nach dem Ende der beliebten Zeichentrickserie eine Captain-Future-Hörspielreihe herausgeben zu wollen, klingt zunächst vielleicht sehr gewagt. Dennoch startete Sebastian Pobot den Versuch und erwarb im Jahr 2011 die Rechte von der Erbengemeinschaft Hamilton. Pobot, nach eigenen Angaben Fan erster Stunde und seines Zeichens Chef des Maritim Hörspielverlages, entschied sich, als Einstieg auf Edmond Hamiltons Kurzgeschichten zu setzen. So wurden unter der Überschrift *The Return of Captain Future* 2012 zunächst vier von sieben Kurzgeschichten vertont. Der ansehnliche Erfolg beflügelte das Team, 2013 die restlichen drei Storys, diesmal unter der Überschrift *Captain Future,* als Staffel 2 auf CD herauszugeben. Als besonderer Bonus kann die in zwei Folgen aufgegliederte Geschichte *Der Tod von Captain Future* (8.1 und 8.2) betrachtet werden. Diese stammt allerdings nicht aus Hamiltons Feder, sondern wurde von Allen Steele als Hommage verfasst. Leider erfolgte hier bislang keine Veröffentlichung auf Tonträgern, sondern nur als Download.

Staffel 3 bildet die Vertonung des ersten CF-Romans *Der Sternenkaiser (Captain Future and the Space Emperor)* von 1940 (in der Zeichentrickserie: *Der Herrscher von Megara).* Der Fünfteiler erschien Ende 2014 und Anfang 2015. 2016 folgte *Erde in Gefahr (Calling Captain Future,* 1940) als Sechsteiler. Im Jahr 2017 blieb es dann zunächst ruhig um den rothaarigen Helden. Eine Fortsetzung der Reihe wurde zwar angekündigt, aber im Laufe des Jahres schwand die Hoffnung. Am 29. März 2018 war es schließlich soweit. In Zusammenarbeit mit Lübbe Audio (Tonpool) ging es endlich mit *Die Herausforderung (Captain Future's Challenge)* in die heiß ersehnte Verlängerung. Bis zum 31. August waren alle sechs Episoden unter das Volk gebracht, so dass auch der dritte von vier Hamilton-Romanen, die ursprünglich ab 1940 erschienen waren, nun vertont ist.

Wie Sebastian Pobot in einer Pressemitteilung schrieb, war es aus rechtlichen Gründen nicht möglich, die Stoffe als »echte« Hörspiele umzusetzen. So entschied man, die Reihe als inszenierte Hörbücher aufzulegen. Das bedeutet konkret, dass ein Sprecher quasi den Erzählteil eines Romans vorliest, während die Dialoge durch diverse Synchronstimmen interpretiert werden. Das führt zu einer gewissen Dominanz des Erzählerparts, was in diesem Fall allerdings in keiner Weise tragisch ist. Um trotz dieser Einschränkungen den Vorzügen eines Hörspiels möglichst gerecht zu werden, setzte man auf die Originalsprecher der ursprünglichen TV-Serie. So sind Helmut Krauss (Erzähler), Hans-Jürgen Dittberner (Captain Future), Jochen Schröder (Simon Wright), Friedrich Georg Beckhaus (Grag) und der leider am 2. Mai 2018 verstorbene Wolfgang Völz als Otto in ihre alten Rollen geschlüpft. Seit 2018 übernimmt Tommi Piper Völz‘ Part und macht seine Sache sehr gut, wenn man sich erst einmal an die neue Stimme gewöhnt hat.

Sollte dies allein das Fan-Herz noch nicht ausreichend höherschlagen lassen, sei an dieser Stelle darauf hingewiesen, dass auch Christian Bruhns wundervoller Soundtrack lizenziert werden konnte. Sebastian Pobot, der selbst als Komponist für mehrere große deutsche Sender tätig ist, ergänzte die Tracks liebevoll um einige Passagen. In einem schriftlich geführten Interview mit Trekzone berichtet er, dass sich die Captain Future-Fassung am Originaltext orientiere und manchmal erwachsener und düsterer sei als die Zeichentrickserie für Kinder. Die entsprechenden Stimmungen wären im bestehenden Soundtrack leider nicht verfügbar gewesen, sodass er gezwungen war, sie selbst umzusetzen.

Um das typische Kopfkino-Feeling eines Hörspiels weiter zu forcieren, wurden an passenden Stellen zahlreiche Soundeffekte eingefügt. Auch hier achtete man peinlichst darauf, sich möglichst an der TV-Serie zu orientieren. Dieser Balanceakt funktioniert insgesamt hervorragend, so dass die oben erwähnte Dominanz im Erzählerpart auf kluge und unterhaltsame Weise abgemildert wird. Die Soundpalette ist dabei groß, wird aber akzentuiert eingesetzt. Auf Schockeffekte und übermäßige Lautstärkenvarianzen wurde gänzlich verzichtet. Der Klangteppich präsentiert sich eher als feine Zugabe denn als Mittel zum Zweck. An dieser Stelle darf man Tom Steinbrecher und Sebastian Pobot, die gemeinsam für den Mix und das Sounddesign verantwortlich zeichnen, ein großes Lob aussprechen. Das trifft selbstverständlich auch auf die anderen Beteiligten zu.

Anmerkung

Wie schon im Kapitel zu den TV-Serien, ergänzen wir unsere Informationen zu den Hörspielen hin und wieder durch Funfacts für Nerds. Da die Hörspiele im Großen und Ganzen Übersetzungen der Originaltexte darstellen, spielt der wissenschaftliche Faktor ebenfalls eine ausgeprägtere Rolle. Wir möchten allerdings ausdrücklich noch einmal darauf hinweisen, dass unsere Anmerkungen nicht dazu dienen sollen, Ihnen den Sense of Wonder zu rauben oder Edmond Hamiltons großartige Leistung zu schmälern. Im Gegenteil! Die grenzenlose Fantasie und Liebe, die in den Captain-Future-Geschichten steckt, ist im wahrsten Sinne des Wortes wundervoll. Wir möchten also nicht auf verzeihlichen und inhaltlich letztlich irrelevanten Fehlern herumreiten. Die entsprechenden Unterkapitel sollen lediglich ein kleines Gimmick für Nerds und Geeks sein, die sich ein wenig für die Hintergründe interessieren.

ZWISCHENSPIEL

Im Gespräch mit Sebastian Pobot: Über die Entstehung der Captain Future-Hörbuchserie

Herr Pobot, vielen Dank, dass Sie sich die Zeit nehmen, Teil unseres Captain Future-Sachbuches zu werden. Sie sind Inhaber der Highscore Music GmbH, zu der auch der berühmte Hörspielverlag Maritim zählt. 2011 haben Sie sich entschieden, die Captain Future-Lizenz von der Erbengemeinschaft Hamilton und für die Serienmusik von Christian Bruhn zu erwerben. Wie kommt man auf so eine, wirtschaftlich betrachtet, zunächst doch risikoreich erscheinende Investition?

Pobot: Man kann nur dann eine überdurchschnittliche Rendite erwirtschaften, wenn man Risiken eingeht. Das sollte einem Unternehmer klar sein.

Captain Future war damals eine der ersten Produktionen bei Highscore Music, heute Maritim. Und ein erster Versuch, etablierte Marken in den Verlagskatalog zu integrieren. *Batman, Star Trek* etc. sollten folgen.

Mir war also die Chance wichtiger, eine große Zielgruppe durch eine eingeführte Marke wie *Captain Future* zu erreichen, als mögliche Risiken. Die erschienen mir – im Vergleich – überschaubar.

Noch dazu passte *Captain Future* altersmäßig perfekt zu meiner Hörspielzielgruppe, die zu einem großen Teil aus Kassettenkindern bzw. »Kindern« der 80er Jahre besteht.

Nachdem Sie die Lizenzen erworben hatten, fingen Sie an, die Original-Sprecher der damals immerhin schon über 30 Jahre alten TV-Serie zusammenzutrommeln. Wie schwer gestaltete sich dieses Unterfangen?

Pobot: Richtig, mir war klar, dass die Marke *Captain Future* nur dann einen Reiz für die Zielgruppe darstellen würde, wenn ich sie auf die Art produziere, wie sie die Leute kannten. Das heißt mit den Original-Stimmen und dem Original-Soundtrack.

Deshalb lizenzierte ich, zusätzlich zu den Stoffrechten, zu allererst die Filmmusik der TV-Serie von Christian Bruhn sowie kontaktierte die Synchronsprecher von damals. Alles waschechte Profis, somit sagten alle zum Glück recht schnell zu.

Waren alle Sprecher von Anfang an von der Idee angetan, noch einmal in ihre Rollen zu schlüpfen, oder haben Sie auch skeptische Kommentare geerntet?

Pobot: Wie gesagt, das sind alles Profis. Das lief glücklicherweise alles recht emotionslos ab. Diese Sprecher haben in ihrem Berufsleben dutzende, wenn nicht hunderte Rollen gesprochen. Sie haben nicht solch ein Verhältnis zu *Captain Future,* wie wir Fans es haben.

Leider durften Sie aus lizenzrechtlichen Gründen, wie Sie einmal in einem Interview erzählten, die Romane nicht zu »echten« Hörspielen umarbeiten. Wie enttäuscht waren Sie damals über diese Entscheidung?

Pobot: Ich war in erster Linie mal froh, dass ich es überhaupt umsetzen konnte, denn ich versuche mich immer auf das Positive zu konzentrieren, so grundsätzlich … Und ich kommunizierte von Anfang an, dass es sich um »inszenierte Lesungen« handelt und NICHT um Hörspiele. Ein kleiner, aber feiner Unterschied, der aber, wenn man sich einmal auf den Hörgenuss eingelassen hat, keine allzu große Rolle spielt.

Die inszenierten Hörbücher kommen nicht nur recht nah an Hörspiele heran, sondern lassen auch das Gefühl der TV-Serie wiederaufleben. Inwiefern haben Sie diesen Effekt forciert, und wie zufrieden sind Sie retrospektiv betrachtet mit dem Endergebnis?

Pobot: Wie gesagt, es war mir klar, dass mein Captain Future nach *Captain Future* klingen muss, sonst wären die Fans nur enttäuscht gewesen, und ich hätte es mir sparen können, dieses Schmuckstück unserer Jugend in neuer Form zu veröffentlichen.

Da der Soundtrack von Christan Bruhn nicht alle Situationen abdeckte, die in den Hörspielen zum Tragen kommen, haben Sie als bekannter Filmkomponist einige Passagen selbst vertont. Wie schwer fiel es Ihnen, das Feeling einer 70er-Jahre-Komposition einzufangen?

Pobot: Der Schwerpunkt lag nicht auf dem Sound der 70er-Jahre, sondern darauf, die Stimmung der Szenen perfekt zu unterstreichen. Insofern war es eher gut, wenn die Musiken gar nicht ZU sehr nach 70ern klangen, sondern auch darauf, die Hörer mit den heutigen Hörgewohnheiten abzuholen.

Zunächst wurden 2012 vier der sieben Kurzgeschichten nach den Übersetzungen des Golkonda Verlages veröffentlicht. Warum haben Sie sich ausgerechnet für diese Storys entschieden, wo doch Geschichten wie Captain Future and the Space Emperor schon aus der Serie bekannt waren?

Pobot: Das lag daran, dass die sieben Kurzgeschichten als erstes in Buchform und somit auch in der deutschen Übersetzung vorlagen.

2017 pausierte Captain Future beim Maritim Verlag. Woran lag das?

Pobot: An der Anzahl der vielen weiteren Releases. *Captain Future* war für mich persönlich ein wichtiger Meilenstein, doch auch für den Verlag, denn er war eine Art Startschuss zu mehr … viel mehr! Danach ging es Schlag auf Schlag. Und durch eigene Produktionen, Zukäufe und verschiedene Lizenzierungen ist das Ganze inzwischen ein »Riesen-Ding« geworden! (lacht)

Mittlerweile konnte ich den Maritim-Katalog zum größten unabhängigen Hörspiel-Katalog ausbauen.

Der letzte Sechsteiler erschien 2018 mit Tommi Piper in der Rolle des Otto, nachdem Wolfgang Völz schon schwer erkrankt war. Auch Friedrich G. Beckhaus ist inzwischen 92 Jahre alt. Ist dies das endgültige Aus für weitere Vertonungen, oder gibt es Überlegungen, die Reihe mit neuen Sprechern fortzuführen?

Pobot: Es wird definitiv noch eine Staffel geben, denn die ist bereits aufgenommen. Danach, fürchte ich, werde ich gezwungen sein, neue Lesungen einzustellen, denn ohne die markanten Stimmen der vielen tollen Sprecher wäre Captain Future nicht mehr derselbe. Und das wollen wir alle nicht …

Vielen Dank für das Gespräch.

STAFFEL 1

Die Rückkehr des Captain Future

Original: The Return of Captain Future

(Startling Stories, Januar 1950)

Erscheinungsdatum: 2012

Länge:1 Stunde und 15 Minuten

Inhalt

Seit drei Jahren sind Captain Future und seine Crew in Richtung der Andromeda-Galaxie verschwunden und gelten als verschollen. Besonders Joan Landor leidet unter dem Verlust und trauert um ihre unerfüllte Liebe. Als Ezella Garnie die schöne Weltraumpolizistin eines Tages besucht und ihr offenbart, dass die Erdregierung Futures Mondbasis übernehmen will, ist eine Entscheidung schnell gefällt. Sie müssen noch ein letztes Mal zum Mond, um Curtis Newtons Vermächtnis zu bewahren. Doch schon kurz nach der Landung überschlagen sich die Ereignisse. Joan wird angegriffen und spürt plötzlich einen stählernen Griff an ihrer Kehle, der ihr die Sinne raubt. Dies ist jedoch erst der Beginn eines Abenteuers, das weit in die Vergangenheit der Galaxie zurückführt.

Fazit

Die Rückkehr des Captain Future gehört zu den persönlichen Favoriten der Autoren dieses Buches. Die Story gewährt uns einen tiefen Einblick in die Milliarden Jahre alte Schöpfungsgeschichte des Hamilton'schen Universums. Nicht nur, dass es lange vor den Menschen des 21. Jahrhunderts (die Romane sind tatsächlich etwa 100 Jahre früher angesiedelt als die TV-Serie) bereits ein altes Menschengeschlecht gab. Einst fochten diese auch einen Krieg gegen eine uralte Alienrasse namens Leniden aus, der sich über das halbe Weltall erstreckte. Die Hintergrundinfos sind in einen spannenden

Plot mit schönen Dialogen eingebettet und untermauern die Dichte des *Captain Future*-Universums. Die Sprecher präsentieren sich in Hochform. Vor allem Helmut Krauss und Hans-Jürgen Dittberner fühlen sich schnell in ihre angestammten Rollen hinein. Zwar klingen die Stimmen nach über 30 Jahren nicht mehr ganz so taufrisch wie 1980. Doch wer sollte so etwas auch schon ernsthaft erwarten? Im Verbund mit Christian Bruhns Soundtrack fühlt man sich schnell wieder in die eigene Kindheit versetzt. Der Hörer erlebt ein Kopfkino, dessen Bilder sehr nah an die der TV-Serie heranreichen. Wundervoll!

Abgesehen vom wiedervereinten Sprecher-Ensemble sind Marie Bierstedt als Joan Landor und Klaus Dittmann als Ezella Garnie zu hören. Der leider am 20.12.2016 verstorbene Schauspieler und Synchronsprecher übernahm den Part von Michael Chevalier, dessen Todeszeitpunkt zwischen 2005 und 2006 liegt. Dittmann war ein hervorragender Ersatz und Hörspielfans unter anderem aus den Serien *Antares, Die drei ???, Die Drei ??? Kids* und *Sherlock Holmes* bekannt.

Funfacts für Nerds

Die Rückkehr des Captain Future lebt von dem telepathisch geführten Dialog zwischen Curtis Newton und einem Angehörigen der uralten, körperlosen Spezies der Leniden. Telepathie oder Gedankenübertragung ist ein lang gehegter Menschheitstraum, der bereits in den 50er und 60er Jahren intensiv vom sowjetischen und US-Militär erforscht wurde. Ziel war es, im Kalten Krieg möglicherweise einen Vorteil zu erlangen.

Doch ist so etwas überhaupt möglich? Kann man Gedanken von einem Gehirn an ein anderes übertragen? Seit 2013 darf man Gedankenübertragung nicht mehr ohne Weiteres als ein zwar spannendes, aber unrealistisches Thema der Science Fiction oder Mystery abtun. In diesem Jahr ging ein Team von der Duke University in Durnham/USA unter Leitung von Miguel Nicolelis mit schier unglaublichen Forschungsergebnissen an die Öffentlichkeit. Ihre Untersuchungen öffneten der Entwicklung von Hirn-Hirn-Interfaces Tür und Tor. Dem Team war es gelungen, erstmals sinnvolle Informationen vom Gehirn einer Ratte in das einer anderen zu übertragen. Dazu verband man die beiden Tiere über eine Schnittstelle und platzierte sie in identischen Versuchskäfigen. Im Inneren waren jeweils zwei Hebel angebracht, von denen das Drücken des einen ein Licht anschaltete, während es beim anderen dunkel blieb. Ein Tier wurde nun darauf trainiert, den richtigen Hebel zu bedienen. Dank der erwähnten Schnittstelle bewegte sich nun auch die untrainierte Ratte auf den richtigen Hebel zu und drückte ihn – ohne jemals für diese Aktion trainiert worden zu sein.

Die notwendigen Informationen wurden einzig über das Interface übertragen. Inzwischen ist die Wissenschaft sogar schon einen Schritt weiter. BrainNet, so der Name der Technologie, ist ein Hirn-zu-Hirn-Interface, das inzwischen mehrere menschliche Gehirne miteinander verbinden kann. Unter anderem verband man drei Probanden miteinander, von denen zwei als eine Art Sender fungierten. Sie schauten auf einen Bildschirm, auf dem ein dem Klassiker *Tetris* ähnliches Spiel zu sehen war. Die Hirnsignale der Forscher wurden unter Zuhilfenahme der aus dem medizinischen Einsatz bekannten EEG-Datenanalyse dekodiert und anschließend an einen Computer übertragen, der nun selbstständig entschied, ob und wie ein Block gedreht werden musste. Das Ergebnis wurde anschließend an den dritten Probanden, der als Empfänger fungierte, übertragen. Dieser sah den Bildschirm allerdings nicht vollständig. Lediglich die Blöcke waren für den Tester zu sehen, so dass dieser nicht eigenständig über eine mögliche Drehung entscheiden konnte. Das Ergebnis der Testreihe war verblüffend. Insgesamt fünf Gruppen mit je drei Probanden erzielten eine Genauigkeit von 81%.

Die Kinder der Sonne

Original: Children of the Sun

(Startling Stories, Mai 1950)

Erscheinungsdatum: 2012

Länge: 1 Stunde und 10 Minuten

Inhalt

Die Captain Future-Crew hat in der Comet das halbe Sonnensystem durchreist und befindet sich beim Planetoiden Vulkan, der den sonnennächsten Planeten Merkur umkreist. Den glühenden Gesteinshaufen umgibt ein düsteres Geheimnis. Futures Freund, Professor Calin, der den lebensfeindlichen Merkur-Trabanten erforschen wollte, gilt als verschollen. Was ist geschehen? Curtis, das lebende Gehirn Simon Wright, Otto und Grag machen sich auf, das Rätsel um den verschwundenen Freund zu lösen. Dabei stoßen sie im Inneren des Himmelskörpers auf eine längst untergegangene, uralte Zivilisation, deren Spuren Calin gefolgt zu sein scheint. Future nimmt die Fährte auf und begibt sich in ein unvorhergesehenes Abenteuer, das ihn das Leben kosten könnte.

Fazit

Die Geschichte beginnt mit poetischen, fast lyrischen Worten und stimmt uns auf die Geschichte ein. Der Erzähler berichtet von den weiten Reisen der Comet und davon, dass sie in ihrer Glanzzeit bis an die entferntesten Ufer der Unendlichkeit gelangt sei. Doch stets habe das Schiff seine Crew sicher nach Hause gebracht. Die souveräne Stimme Helmut Krauss‘ lässt uns mit einer der vielleicht schönsten Einleitungen in eine Captain Future-Geschichte schnell ins Geschehen abtauchen. Wer meint, dass Pulp-Storys immer nur schlecht geschriebene Unterhaltung für seichte Gemüter gewesen seien, wird hier schnell eines Besseren belehrt. Wenn zusätzlich die Titelmelodie der Serie im Hintergrund zu hören ist, kann man sich eines gewissen Gänsehautgefühls nicht erwehren. Der Plot an sich gerät allerdings nicht ganz so stark. Die Idee einer Maschine, die ein menschliches Wesen in eines der zu Beginn eingeführten Sonnenkinder verwandeln kann, klingt zwar zunächst spannend. Allerdings schlägt der Autor im Verlauf der Geschichte vielleicht etwas zu esoterische Töne an, die dazu neigen, ins Kitschige abzudriften. Zwar wird uns hier erneut Futures psychische Kraft vor Augen geführt. Immerhin vermag er sich des Versprechens, seinen unbändigen Wissensdurst als körperloses, ätherisches Wesen endlich stillen zu können, zu entziehen. Dennoch lässt die Story ein wenig an Spannung und Abenteuerlust vermissen. Nichtsdestotrotz macht auch dieses Hörspiel Spaß und schenkt uns erneut eine Geschichte, die reinen Serienfans bislang unbekannt geblieben sein dürfte. Als Versuchung ist übrigens Marie Bierstedt zu hören, die bereits im ersten Teil Joan Landor ihre Stimme leiht.

Funfacts für Nerds

Wie in vielen anderen Future-Geschichten geht Hamilton in *Kinder der Sonne* von astronomischen Voraussetzungen im Sonnensystem aus, die faktisch nicht existent sind. Dieser Kniff war trotz der damals bereits bekannten wissenschaftlichen Erkenntnisse unumgänglich, um die Storys in unserer nächsten interstellaren Heimat verorten zu können. Zunächst gibt es keinen Planetoiden oder Mond namens Vulkan, der als Sonnensatellit die Sonne oder den Merkur umkreist. Tatsächlich verfügt der sonnennächste Planet im System über gar keinen Trabanten. Schon in den 50er Jahren des 20. Jahrhunderts stellte sich die Frage nach einem Merkur-Begleiter nie ernsthaft. Astronomen spekulieren heute hingegen sogar, ob Merkur nicht einst selbst ein Mond der Venus gewesen sein könnte; Hamilton hätte dies sicherlich spannend gefunden.

Davon abgesehen ist recht unwahrscheinlich, dass auf Vulkan, wenn es ihn denn gäbe, vor Millionen von Jahren eine menschliche Hochzivilisation existiert haben könnte. Allein Merkur weist Temperaturschwankungen von +430°C bis

-170°C auf. Zudem ist die Schwerkraft recht niedrig. Ein 100 kg schwerer Mensch würde auf dem sonnennächsten Planeten gerade einmal 37 kg wiegen. Auf dem Zwergplaneten Pluto betrüge das Gewicht gar nur 8kg! In der deutschen Übersetzung wird Vulkan aber als Planetoid (auch Asteroid) bezeichnet, dessen Durchmesser naturgemäß noch geringer ausfällt (kleiner als 1000 km). Dies wären also insgesamt ziemlich unwirtliche Lebensbedingungen für Menschen. Aber Halt! Bereits etwa zehn Jahre zuvor hatte der findige Future-Erfinder den Schwerkraftkompensator eingeführt, der auf dem seltenen Element Gravium basiert. Auch ein Hitzeschildgenerator zählt zu den wiederkehrenden Technikspielereien von Hamiltons Zukunftsvision. Gut, die Frage nach der Plausibilität und warum überhaupt jemand auf einem toten Gesteinsbröckchen in Sonnennähe siedeln, geschweige denn eine Hochzivilisation gründen wollen sollte, lassen wir an dieser Stelle einmal außen vor. Problem gelöst, Plot gerettet.

Die Harfner des Titan

Original: The Harpers of Titan

(Startling Stories September 1950)

Erscheinungsdatum: 2012

Länge: 1 Stunde und 16 Minuten

Inhalt

Auf dem Jupitermond Titan droht ein Krieg zwischen Ureinwohnern und Menschen. Um sich den einheimischen National-Extremisten entgegenzustellen, ruft der besonnene Keogh Captain Future und seine Mannschaft zu Hilfe. Doch sie geraten in einen gemeinen Hinterhalt und können sich nur knapp einer Übermacht erwehren. Als der Kampf vorbei ist, liegt Keogh, von einem Giftpfeil getroffen, am Boden. Selbst das lebende Gehirn, Professor Simon Wright, kann den Sterbenden nicht mehr retten, und so scheint jede Hoffnung auf Frieden verloren. Doch dann kommt Wright eine brillante Idee. Es gibt eine Möglichkeit, den Verstorbenen doch noch seine Friedensmission vollenden zu lassen. Dazu sind allerdings drastische Schritte nötig, die ihn das Leben kosten könnten. Doch es gilt zu verhindern, dass die Harfner des Titan ihre furchterregendste Fähigkeit einsetzen und vielleicht alle menschlichen Siedler auslöschen.

Fazit

Die Harfner des Titan ist vielleicht eine der schönsten Geschichten Hamiltons. In teilweise fast poetischen Worten wird hier nicht nur eine gelungene Abenteuergeschichte präsentiert. Der Autor widmet sich auch den in den Future-Storys öfter auftauchenden Themen Extremismus und Fremdenfeindlichkeit. Die Menschen werden als vermeintliche Eindringlinge geschildert, die den Frieden von technologisch unterlegenen Ureinwohnern zu stören scheinen und ihnen ihren Willen aufzwingen. Hier mündet die angespannte Situation beinahe in einem Bürgerkrieg, der durch Futures Weitsicht, Klugheit und Menschlichkeit gerade noch verhindert werden kann. Schön ist, dass das lebende Gehirn endlich einmal einen gebührenden Raum zur Entfaltung erhält. So erfahren wir nicht nur mehr über die Maschinerie, die ihn am Leben erhält, sondern auch über seinen Seelenzustand. Dieser wird in den Romanen und meisten anderen Geschichten eher als fast kühl und analytisch beschrieben. Doch der Kniff, Wright durch eine Transplantation wieder einen Körper zu verleihen, wenn auch nur für kurze Zeit, ermöglicht ungeahnte Einblicke in diese wichtige Figur.

Mit den Harfnern schuf Hamilton eine ebenso schöne wie gefährliche und fantasievolle Bedrohung, die einen fast mystischen Zug in die Geschichte einbringt. Das Ende mag ein wenig holprig und schnellatmig erscheinen, rundet das Abenteuer auf dem Jupitermond aber doch ab und hinterlässt den Wunsch, noch mehr über das Seelenleben der Future-Sidekicks erfahren zu dürfen.

Die Hörspielfassung ist gewohnt professionell und mit einem Sinn für das Feeling der Zeichentrickserie umgesetzt. Die Zeichentrickserie wartet mit einigen Visualisierungen auf, die nicht den Beschreibungen in den Originalgeschichten entsprechen. Dennoch verstehen es Sebastian Pobot und Sebastian Steinbrecher sowie die Regisseure Thomas Tippner und Patrick Holtheuer, diese Klippe mit einem authentischen Sounddesign elegant zu umschiffen.

Als Keogh ist der leider am 20. Dezember 2016 verstorbene Klaus Dittmann zu hören. Wolf Frass spricht Keoghs Freund Dan Harker, und der als Sprecher zahlreicher Hörbücher bekannte Sebastian Kluckert übernimmt den Part Dions. Ben Posener, Dieter Knust und Robert Missler komplettieren den Cast, der im Hörer den Wunsch weckt, diese Geschichte in der derselben Sprecherbesetzung doch einmal als Zeichentrick- oder CGI-Folge in einer neuen Serie erleben zu dürfen.

Funfacts für Nerds

Mit dem Jupitermond Titan hat sich Hamilton eine spannende Welt für seine Geschichte ausgesucht. Mit seinem Durchmesser von 5150 Kilometern ist die Eiswelt nur wenig kleiner als der am Rand der habitablen Zone liegende Mars. Titan wird von Saturns Magnetosphäre geschützt und verfügt über eine dichte Atmosphäre. Unter dem 80 Kilometer dicken Eispanzer könnte sich ein Ozean aus flüssigem Wasser befinden. Sollte dies zutreffen, könnte dieser Mond zumindest bakterielles Leben tragen, was ihn besonders interessant für die Forschung macht. Natürlich sind nach heutigen Wissensstand Dschungellandschaften bei einer Oberflächentemperatur von knapp –180°C kaum vorstellbar. Doch bereits der große Carl Sagan sah in Titan einen Kandidaten für ein mögliches künftiges Terraforming. Und wer weiß schon, was in 100 Jahren alles möglich ist, oder?

Nerven aus Stahl

Original: Pardon My Iron Nerves

(Startling Stories November 1950)

Erscheinungsjahr: 2012

Länge: 1 Stunde und 17 Minuten

Inhalt

Grag, der Roboter, glaubt, unter Depressionen zu leiden und sucht den Psychiater Professor Perker auf. Als dieser ihm rät, sein Selbstbewusstsein zu stärken, hat Captain Future genau die richtige Aufgabe für ihn. Auf dem Pluto-Mond Dis wird das seltene Mineral Actinium abgebaut, doch die Mechs, die eigens für die Förderung zuständig sind, antworten seit Tagen nicht mehr. Freudig macht sich Grag in seinem Gleiter auf den Weg und erreicht den Mond einige Stunden später. Doch bereits kurz nach seiner Landung findet der Roboter heraus, dass irgendetwas ganz und gar nicht stimmt. Ein riesiger Mech begrüßt ihn mit den Worten »Kumpel« und möchte ihn dem »Befreier« vorstellen. Was ist hier geschehen? Und warum haben alle Maschinen ihre Arbeit eingestellt?

Fazit

In *Nerven aus Stahl* dreht sich alles um Grag. Der Roboter schildert für das Bordbuch der Comet retrospektiv seine Erlebnisse und spart dabei bereits in der Einleitung nicht mit Eigenlob. Hamilton fokussiert sich hier mit einem Augenzwinkern voll auf Grags unstillbaren Wunsch, menschlich zu sein. Er lässt den künstlichen Futureman in ein Fettnäpfchen nach dem anderen treten. Die Fauxpas beruhen dabei teils auf schlichten Missverständnissen, teils aber auch auf seiner Einfältigkeit. Heraus kommt eine der vielleicht humorvollsten Geschichten aus dem Captain-Future-Universum. Der Besuch des Stahlmannes bei dem Psychiater Professor Perker, der wundervoll von Dieter Knust gesprochen wird, gerät zum

Highlight dieser Kurzgeschichte und spart nicht mit einer großen Portion Humor. Der Aufenthalt auf dem Mond Dis gestaltet sich vom Storytelling zwar recht kurzweilig, aber auch nichtssagend. Anders als etwa in *Die Harfner des Titan* fehlt es hier ein wenig an Fantasie und den für Hamilton so typischen poetischen Anklängen. Dennoch lässt sich nicht verleugnen, dass dem Hörer hier sowohl tiefe Einblicke in Grags Gefühlswelt als auch in seine eingeschränkten intellektuellen Fähigkeiten gewährt werden, was der Geschichte einen gewissen Reiz verleiht.

Als Hörer erscheint es zunächst vielleicht ein wenig schade, dass die Sprecher der Future-Crew, abgesehen von Friedrich Georg Beckhaus, nur in wenigen Dialogen zu hören sind. Den Löwenanteil nimmt eindeutig Helmut Krauss ein, der die Geschichte im Großen und Ganzen aus der Ich-Perspektive für Grag erzählt. Beckhaus selbst übernimmt seinen angestammten Part nur in den tatsächlichen Dialogen. Auf den ersten Blick mag diese Entscheidung der Dialogregie schade erscheinen. Doch um den Roboter-Charakter der Figur Grag zu betonen und näher an der TV-Serie zu sein, wurde Beckhaus‘ Stimme mit einem recht starken Hall versehen. Dieser würde sich wiederum mit großer Sicherheit auf das Hören des recht langen Erzählerparts störend auswirken, was weder im Interesse der Produzenten noch der Fans sein konnte. Insofern traf man hier die richtige Entscheidung. Als weitere Sprecher sind unter anderem Santiago Ziesmer als Dr. Hollis Gordon, Mark Bremer als Roger und Robert Missler als Ansager zu hören. Besonders schön ist, dass sich der Autor der Dialogbücher, Thomas Tippner, als einer der Mechs verewigt hat.

Funfacts für Nerds

Hamilton war zwar kein Astronomie-Experte, doch er schien durchaus ein Visionär zu sein. Grag landet auf einem kleinen Pluto-Mond namens Dis. Tatsächlich existiert aber kein Pluto-Trabant dieses Namens. Bevor nun die Enttäuschung allzu groß wird, sei aber erwähnt, dass am 15. Juni 2005 ein etwa 42 x 36 km großer Gesteinsbrocken entdeckt wurde, der den Zwerg-Planeten umkreist. Dieser erhielt den Namen Nix. Er umkreist den gemeinsamen Schwerpunkt des sogenannten Pluto-Charon-Systems in einer fast kreisförmigen Umlaufbahn. Mit ihm zusammen entdeckte man übrigens noch einen weiteren Pluto-Begleiter, der Hydra getauft wurde und einen Durchmesser von ca. 55 x 40 Kilometern hat. Wer da wohl eine gut polierte Glaskugel im Schrank stehen hatte?

STAFFEL 2

Mond der Unvergessenen

Original: Moon of the Unforgotten

(Startling Stories, Januar 1951)

Erscheinungsjahr: 2013

Länge: 1 Stunde und 17 Minuten

Inhalt

Captain Future erhält einen äußerst mysteriösen Funkspruch von Joan Landor, in dem sie Curtis erklärt, dass Ezella Garnie spurlos verschwunden sei. Ohne Zögern begeben sich die Futuremen zum Jupiter-Mond Europa, auf dem sich Garnies Spur verlor und beginnen mit den Nachforschungen. Zunächst stoßen sie auf eine Mauer des Schweigens, doch schon bald treffen sie auf einen Geächteten, der ihnen die seltsame Geschichte eines Jungbrunnens erzählt, die auf die Legenden der Altvorderen zurückgeht. Hat Ezellas Verschwinden etwa etwas mit Shargos Erzählungen zu tun? Machte sich der altgediente Polizist auf, sein Leben ein zweites Mal, als junger Mann, neu zu leben? Captain Future, das lebende Gehirn Professor Wright, Otto und Grag horchen auf und begeben sich ins Landesinnere, um den Wahrheitsgehalt dieser Mythen zu ergründen. Doch plötzlich treffen sie auf eine Schar Krieger, die eine uralte Höhle bewachen. Die Stätte beherbergt jahrhundertealte Maschinen, denen tatsächlich die unglaubliche Macht der Verjüngung zugeschrieben wird. Hat die Future-Crew den legendären Jungbrunnen wirklich gefunden, oder trügt der Schein?

Fazit

Der Mond der Unvergessenen könnte durchaus als dreiteilige Zeichentrickepisode funktionieren. Der Plot ist nicht zu ausschweifend auf den Punkt gebracht und geizt weder mit Spannung noch mit Fantasie. Dass ein so bekanntes Legendengut wie die Quelle der ewigen Jugend auch Einzug in das Captain Future-Universum halten würde, ist, wenn man die Romane und Kurzgeschichten kennt, fast schon eine logische Konsequenz. Edmond Hamilton schafft es hier aber dennoch, den Sagen und Mythen dank der Science Fiction eine neue Facette hinzuzufügen, und wartet am Ende sogar noch mit einem kleinen Twist auf, der so zu Beginn jedenfalls eher nicht zu erwarten gewesen wäre. Schön ist auch die Idee, den beliebten Ezella Garnie in den Mittelpunkt des Abenteuers zu stellen, auch wenn der altgediente Planetenpolizist in der Geschichte selbst eigentlich nur einen kurzen Auftritt hinlegt. Dennoch bleibt Hamilton seiner Linie treu, die Kurzgeschichten dazu zu nutzen, die Wünsche und Träume seiner Figuren – auch der Nebenfiguren – näher zu betrachten.

In der Hörspielfassung fällt vor allem wieder das dezente und gelungene Sounddesign von Tom Steinbrecher und Sebastian Pobot auf, das der Geschichte den passenden Anstrich verleiht. Es reiht *Der Mond der Unvergessenen* nahtlos in das Gesamtbild ein, welches Captain Future in Deutschland so beliebt gemacht hat.

Auch die Wahl der Sprecher für die Nebenrollen zeigt sich wieder gut überlegt und sorgsam gewählt. So wird der Geächtete etwa mit der jungen, aber einprägsamen Stimme von Patrick Mölleken unterlegt, der Fans deutscher TV-Unterhaltung unter anderem aus diversen Folgen von *Traumschiff, Tatort, Der Alte* oder auch den diversen *SOKO*-Serien des ZDF bekannt sein dürfte. Sein Hörspielportfolio ist nicht minder zahlreich. Es finden sich unter anderem Auftritte in *Team Undercover, Dorian Hunter, John Sinclair* und natürlich *Die Drei ???*

Für den kurzen, aber ebenfalls wichtigen Part des Shargo wurde Wolfgang Riehm mit seiner warmen, fast weise klingenden Stimme gewonnen. Riehm wird verhältnismäßig oft für Anime-Serien gebucht (unter anderem *Naruto* und *Death Spot),* ist darüber hinaus aber eher als Schauspieler bekannt, der unter anderem in *Die Männer vom K3, Adelheid und ihre Mörder, Tatort, Ein Fall für zwei* oder *Stubbe – von Fall zu Fall* zu sehen ist.

Funfacts für Nerds

Nicht für jede TV-Folge und für jedes Hörspiel lohnt sich eine Fehlerdiskussion im eigentlichen Sinne, und die aufmerksamen Leser unter Ihnen haben sicherlich schon längst bemerkt, dass dieses Unterkapitel mit gutem Recht den Namen »Funfacts für Nerds« trägt. In diesem Sinne ist der Jupiter-Mond Europa ein besonders dankbares Thema, allein schon, weil er in zahlreichen Science-Fiction-Geschichten eine große Rolle spielt. Als zweitinnerster Mond des größten Planeten im Sonnensystem verfügt Europa über einen Durchmesser von 3121 km und eine Fläche, die in etwa der Größe Afrikas entspricht. Am interessantesten ist aber vielleicht, dass sich unter der etwa 80 bis 170 Kilometer dicken Eisoberfläche dieser kalten Welt ein etwa 100 Kilometer tiefer Ozean befindet, der mit einiger Wahrscheinlichkeit Leben beherbergen könnte. Es ist sogar eine unbemannte Kryobot-Raumsonde angedacht, die auf der Oberfläche landen und sich durch die Oberfläche schmelzen soll, damit eine Art Mini-U-Boot abgelassen werden kann, was dann endlich die Frage klären könnte, ob auf Europa Leben existiert.

Das Jungbrunnen-Thema geht möglichweise übrigens auf nahöstliche Mythen und Legenden zurück. So erzählt der Koran in Sure 18:60 etwa, dass Moses Jahrhunderte wandeln wolle, bis er sein Ziel, »die Meere zusammenkommen« zu lassen, erreicht habe. Doch bereits im sogenannten Alexanderroman, der sowohl auf vier antiken Fassungen als auch auf römischen und mittelalterlichen Quellen beruht, wird eine Quelle der Unsterblichkeit, auch Quelle der ewigen Jugend oder eben ein Jungbrunnen erwähnt. Dass Hamilton hier aus der mythischen Wunderquelle eine Maschine macht, die das Gedächtnis und kulturelle Gedächtnis eines Menschen anzapft und ihm so eine zweite Jugend lediglich vorgaukelt, ist aller Ehren wert und erinnert an heutige Science-Fiction-Themen über virtuelle Realität, wie sie sich in Serien wie *Stargate Kommando SG 1* oder auch Geschichten über Kryo-Kammern wiederfinden. Umso erstaunlicher wird das Ganze, wenn man sich vor Augen führt, dass die Geschichte, die hier als Basis für die Vertonung diente, bereits 1951 geschrieben wurde. Wow!

Kein Erdenmensch mehr

Original: Earthmen No More

(Startling Stories, März 1951)

Erscheinungsdatum: 2013

Länge: 1 Stunde und 13 Minuten

Inhalt

Hinter dem Asteroidengürtel zwischen Mars und Jupiter birgt Captain Future den leblosen Körper des Raumfahrtpioniers John Carey. Mittels modernster Technik kann der Pilot wieder zum Leben erweckt werden. Doch statt Dankbarkeit stellt sich bei dem Wiedererweckten erst Unglauben, dann Hoffnungslosigkeit ein. Denn sein Schiff wurde im Jahr 1991, lange vor Futures Zeit, von einem Meteoriten getroffen. Nicht nur, dass sich die Lebensumstände inzwischen drastisch verändert haben. Auch alle Freunde und Verwandten sind längst gestorben.

Careys Abneigung droht schließlich auf der Erde in Depression umzuschlagen. Da beschließt Curtis Newton, es mit einem skrupellosen Geschäftsmann aufzunehmen, der nicht nur bestrebt ist, sämtliche Uranminen des Sonnensystems an sich zu reißen. Er erpresst auch Forscher, Händler, Bergleute und Transportunternehmer mit überteuerten Treibstoffpreisen für ihre Raumschiffe. John schließt sich der Future-Crew an. Bald wird er herausfinden, wer er wirklich ist.

Fazit

Kein Erdenmensch mehr ist eine wundervolle Geschichte über Abenteuerlust, Aufopferung und Selbstfindung. Welche Idee wäre dazu besser geeignet, als einen Menschen der Vergangenheit in Futures Gegenwart zu transportieren? Aufpoliert wird das Ganze mit einem actionlastigen Subplot um einen fiesen Firmenmagnaten. Future erkennt nicht nur eine Gelegenheit, für die Gerechtigkeit einzutreten, sondern auch die Möglichkeit, Carey seinen Brüdern und Schwestern im Geiste näherzubringen. Hier, am Rand des Sonnensystems, erkennt der Raumfahrer letztlich, dass nicht sein Umfeld sich grundlegend verändert hat. Er selbst wurde zu einem anderen. Den vielleicht ergreifendsten Moment spart sich das Hörspiel dann auch konsequent bis zum Ende auf, wenn John Carey sagt, dass es nicht die Erde war, die sich so grundlegend verändert hat, sondern er selbst.

Mit Gordon Piedesack fand man bei Maritim den perfekten Sprecher für John Carey. Piedesack schafft es, der Figur eine gewisse Zerbrechlichkeit zu verleihen, die das traumatische Erlebnis seiner Wiedergeburt verdeutlicht. Die gleichbleibend hohe Soundqualität tut ihr Übriges, um das zweite Hörspiel der zweiten Staffel zu einem weiteren Highlight der Serie zu machen.

Funfacts für Nerds

Zumindest in den deutschen Golkonda-Übersetzungen scheint sich in der Geschichte eine kleine Inkonsequenz in Hamiltons Universum aufzutun. Eingangs erzählt Carey Future, er sei 1991 mit seinem Raumschiff aufgebrochen. Kurz darauf wird erwähnt, der Raumfahrer hätte den Abgrund der Zeiten überwunden und seine eigene Vergangenheit im Staub der Jahrhunderte hinter sich gelassen. Diese Aussage will nicht ganz zu der Tatsache passen, dass die Captain Future-Geschichten im 21. Jahrhundert angesiedelt sind. Selbst wenn wir den Plot auf das Jahr 2099 datieren, wären höchsten 108 Jahre vergangen, keineswegs aber Jahrhunderte.

Wissenschaftliche Funfacts

Auch aus wissenschaftlicher Sicht gibt es eine interessante Anekdote zu berichten: Die Rettung von John Careys ungeschütztem, seit Jahrhunderten im All treibendem Körper wird von Newton so erklärt, dass der Weltraumtod kein wahrer Tod sei, sondern eine Art Kälteschock. Alle Körperfunktionen würden plötzlich aussetzen. Alles ginge so schnell, dass die Zellen keinen Schaden nehmen würden. Der Organismus steht demnach also einfach still.

Diese Erklärung ist fantasievoll und intelligent und bietet oberflächlich betrachtet einen glaubwürdigen Rahmen für John Careys Rettung. So schön derartige Romantisierungen der Raumfahrt auch sind, realistisch sind sie deshalb leider nicht immer. Ein Raumfahrer, der schutzlos dem Vakuum und den extremen Temperaturen von +100 bis -270°C im All ausgesetzt wäre, hätte in Wirklichkeit nicht die geringste Chance, länger als einige Sekunden zu überleben. Und auch die wären mehr als unangenehm. Der fehlende Druck von außen sorgt dafür, dass sich die im Körper eingeschlossene Luft ausdehnt. Durch das automatische Anhalten des Atems platzen die Lungenbläschen und eventuell sogar die Trommelfelle. Nach nur wenigen Sekunden gehen alle Körperflüssigkeiten in einen höheren Aggregatzustand über. Mit anderen Worten: Blut und Wasser beginnen zu kochen. Das liegt daran, dass mit abnehmendem Druck der Siedepunkt von Flüssigkeiten sinkt. Die Folge ist ein Zusammenbrechen des Blutdrucks, die Sauerstoffzufuhr zum Gehirn wird unterbrochen. Da, wie gesagt, auch das Wasser im Körper kocht, platzen zudem die Zellen. Die Temperaturen im All sowie die extreme Strahlung tun ihr Übriges. Die Frage, ob man lieber gekocht, gegrillt oder tiefgekühlt werden möchte, erübrigt sich.

Die Wiege der Schöpfung

Original: Birthplace of Creation

(Startling Stories, Mai 1951)

Erscheinungsdatum: 2013

Länge: 1 Stunde und 17 Minuten

Inhalt

Der von der Suche nach Wahrheit besessene Wissenschaftler Gerrard bricht in die Mondstation Captain Futures ein, um dort eines der größten und schrecklichsten Geheimnisse zu stehlen, die die Future-Crew auf ihren Reisen durch die Weiten des Alls je entdeckt hat. Denn wer die Wiege der Schöpfung im Zentrum der Galaxie findet, hält die größte Macht des Universums in seinen Händen. Mit ihr können Sterne, Planeten und sogar Leben in nur einem Wimpernschlag erschaffen oder zerstört werden. Doch sollte ein Mensch über so unbändige Kräfte verfügen? Captain Future hat keine Wahl. Er muss Gerrard aufhalten, bevor dieser Ereignisse in Gang setzt, die vielleicht nie wieder rückgängig zu machen sind.

Fazit

Die Wiege der Schöpfung ist ein wundervoll inszeniertes Hörbuch über unkontrollierbaren Wissensdurst, der zur

Machtgier wird und schließlich zur Korrumpierung führt. In Zeiten, in denen Nachrichten über genmanipulierte Kinder und geklonte Tiere die Spalten der Tageszeitungen und Newsportale füllen, erscheint dieses Thema aktueller denn je. Dabei ist es spannend zu verfolgen, dass Edmond Hamilton offenbar bereits vor fast 70 Jahren von ähnlichen Sorgen über unethische Forschung und deren Folgen geplagt wurde wie wir heute. So stellt die Geschichte denn auch recht offen die Frage, wann die Grenze des moralisch Vertretbaren in der akademischen Welt erreicht ist. Wenn selbst ein Mensch, der sich dem Kampf für das Gute verschrieben hat, einer fast göttlichen Macht kaum widerstehen kann, wie ergeht es dann erst den Charakterschwachen? Die Figur des Gerrard wird übrigens hervorragend von Patrick Bach gesprochen, der älteren Fans vielleicht noch als Kinderschauspieler der 80er Jahre in den Weihnachtsserien *Silas* und *Jack Holborn* ein Begriff ist. Seit 2006 betätigt sich Bach auch als Hörspielsprecher und ist unter anderem in *DiE DR3i, Die drei ???* oder *Team Undercover* zu hören.

Funfacts für Nerds

Edmond Hamilton zeigt sich in dieser Kurzgeschichte erstaunlich belesen und auf dem aktuellen Stand der Kosmologie und Astronomie der frühen 50er Jahre des 20. Jahrhunderts. Zwar verwendet er einige Termini, wie zum Beispiel den der kosmischen Strahlung, nicht ganz korrekt. Nichtsdestotrotz scheint er über deren Existenz informiert. Ferner ist ihm bekannt, dass es sich im Großen und Ganzen um eine aus Protonen und Elektronen bestehende, überall im Weltall vorkommende Strahlung handelt. Interessant und spannend ist ferner seine Idee einer Wiege der Schöpfung, die sich im Mittelpunkt unserer Galaxie befindet. Tatsächlich gelangen in jenen Tagen erstmals detailliertere Aufnahmen des Galaxiezentrums im Radiowellenbereich sowie mit Infrarotstrahlung und Röntgenteleskopen. Wie heute allgemein bekannt ist, befindet sich dort, in etwa 27000 Lichtjahren Entfernung, ein superschweres Schwarzes Loch mit vier Millionen Sonnenmassen. Es trägt den poetischen Namen SgrA. Die Sternendichte ist in seinem Umfeld sehr hoch, so dass man durchaus auf einen Ort schließen könnte, der Sterne und Planeten gebiert. Nun gut. Ein schwarzes Loch tut eher das Gegenteil, und Sterne entstehen in riesigen Nebeln, die sich durch ihre eigene Gravitation zusammenziehen und anfangen zu rotieren. Es bildet sich eine Kugel, ein Protostern wird geboren. Hat dieser Baby-Stern genug Masse angesammelt, zündet er bei etwa 10 Millionen Grad die Wasserstoff-Fusion. Diese Tatsache tut der unterhaltsamen Geschichte jedoch nicht den geringsten Abbruch. Im Gegenteil. Die Verbindung von Wissenschaft und Fantasie, also Science und Fiction, funktioniert hervorragend und zeigt einmal mehr sehr deutlich, dass man mit Talent das Weltall noch faszinierender machen kann, als es ohnehin schon ist.

Der Tod des Captain Future

Original: The Death of Captain Future

(Asimov's Science Fiction, Oktober 1995)

Erscheinungsdatum: 2013

Länge: 1 Stunde, 11 Minuten (Teil 1), 48 Minuten (Teil 2)

Inhalt

Rohr Furland ist das ungewollte Kind der Tochter einer Weltraum-Pionierin und eines versoffenen Herumtreibers. Als Mitglied der Raumarbeiter-Gewerkschaft schlägt er sich mit Gelegenheitsjobs durch. Als man ihm auf Ceres eine gute Position auf einem Frachter anbietet, nimmt er erfreut an. Doch der Haudegen hat ein Problem. Wie gelangt er von der Raumstation Tycho auf dem Mond zum Asteroidengürtel zwischen Mars und Jupiter? Da kommt das zwielichtige Angebot eines Gewerkschafts-Freundes gerade recht. So heuert Rohr bei dem unbeliebten Frachter-Kapitän Bo McKinnon an. Doch je länger die Reise dauert, desto mehr zweifelt er am Verstand seines Vorgesetzten. Dieser scheint in der fast 200 Jahre alten Traumwelt alter Science Fiction-Pulp-Storys um einen rothaarigen Helden namens Captain Future zu leben. Der Spleen erscheint zunächst harmlos, doch dann entdeckt die Comet ein in Not geratenes Asteroiden-Raumschiff, dem es zu helfen gilt. Was für Furland zunächst nach einem ärgerlichen Routine-Job aussieht, entpuppt sich aufgrund McKinnons Unfähigkeit schnell als lebensgefährliche Mission.

Fazit

Die Geschichte um den kleinen Raumschiff-Matrosen Rohr Furland, der auf ungewöhnliche Weise zum namenlosen Helden wird und am Ende sein Glück findet, hat näher betrachtet nur recht wenig mit Captain Future zu tun. Gut, Allen Steele hat sich alle Mühe gegeben, möglichst viele Reminiszenzen an den Helden seiner Kindheit einzubinden. So finden sich zu Beginn vieler Kapitel etwa Zitate aus den beliebtesten Romanen, wie *Der Sternenkaiser* oder *Erde in Gefahr*. Diese sind allerdings mal mehr, mal weniger passend eingebaut. Als Handlungsort wurde, ganz futurelike, das Sonnensystem gewählt. Es gibt sogar eine Raumstation namens Tycho, den Mondkrater, auf dessen Grund der geneigte Fan ohne langes Nachdenken Futures Basis finden wird. Es mag zunächst außerdem als gute Idee erscheinen, den vermeintlichen Antagonisten unseres Helden als verblendeten Träumer und Captain Future-Fan auftreten zu lassen. Bo McKinnon lebt so fern jeder Raumfahrer-Realität, dass er seinen Erzfrachter der Ares-Klasse Comet nennt, seine K.I. das Gehirn und seinen ersten Offizier Joan Landor. Wenn man sich als Autor aber schon seine Hommage von der Edmond Erben-Gemeinschaft autorisieren lässt, warum verortet man den Plot dann nicht einfach direkt im Future-Universum, nur eben beispielsweise einhundert Jahre später? So wäre zumindest ein gewisser Wille zur Konsistenz spürbar geworden.

Hinzu kommt, dass sowohl der Stil als auch der Umgang mit den Protagonisten so rein gar nicht zum Vorbild passen will.

Als Hörer fragt man sich unwillkürlich, was das Ganze also soll. War hier wirklich eine Verbeugung vor einem literarischen Idol der Jugend beabsichtigt, oder diente der Name Captain Future vielmehr als Zugpferd?

Aufgrund von Allen Steeles Background ist diese Vermutung eigentlich obsolet. Der 1958 in Nashville, Tennessee geborene Journalist und Schriftsteller gehört zu den hochdekorierten Vertretern seiner Zunft. Er erhielt unter anderem dreimal den Hugo Award (1996, 1998, 2011), zweimal den Locus Award (1990, 1997), dreimal den Asimov's Readers' Award (2002, 2005, 2014) und 2013 den Robert A. Heinlein Award (zusammen mit Yoji Kondo). Dass zu den ausgezeichneten Werken ausgerechnet *Der Tod des Captain Future* zählt (1996, Hugo Award), erschließt sich den Autoren dieses Buches nicht wirklich, aber über Geschmack lässt sich schließlich nicht streiten.

Die Kurzgeschichte wird aus der Ich-Perspektive vorgetragen und ist durchaus unterhaltsam erzählt. Im Rahmen des Captain Future-Franchise nimmt sich der Plot allerdings eher wie ein Fremdkörper aus. Ohne den Bezug zum Zauberer der Wissenschaften würde es sich um nicht mehr oder weniger als eine unterhaltsame Story unter vielen handeln.

Die eigentliche Verbindung für den Fan stellt in diesem Fall die ansprechende Vertonung des Maritim Verlages dar. Die Hauptfigur Rohr Furland wird von Hans-Jürgen Dittberner gesprochen, in der Stimme der Schiffs-K.I. erkennt der Hörer sofort diejenige des Jochen Schröder. Wolfgang Völz trägt die erwähnten Roman-Zitate vor. Als musikalische Untermalung dient der altbekannte Soundtrack von Komponisten-Legende Christian Bruhn. Sebastian Pobot ergänzte einige Passagen, wie immer, mit viel Gefühl für die Stimmung der Serien-Musik.

Insgesamt handelt es sich mit *Der Tod von Captain Future* also um eine unterhaltsam inszenierte Hörbuch-Lesung, die durchaus einen gewissen Charme versprüht. Anstatt aber die

Zeit auf die Vertonung dieses Anhängsels zu verwenden, wäre vielleicht besser ein weiterer Roman vertont worden, bzw. der erste früher. Mit dem Tod von Wolfgang Völz (+2018) und dem sehr hohen Alter von Friedrich Georg Beckhaus und Jochen Schröder (beide *1927) sind nun aber die Chancen auf weitere Roman-Vertonungen gegen Null gesunken.

Funfacts für Nerds

Wissenschaftliche Genauigkeit ist bei weitem kein Attribut, das man der Gattung der Science Fiction im Allgemeinen zuordnen könnte. Das ist auch nicht tragisch, solange der Autor in der Lage ist, eine in sich stimmige Welt für seine Protagonisten zu schaffen. Dieser Spagat ist Allen Steele in seiner Kurzgeschichte durchaus gelungen. Eine kleine mögliche Inkonsequenz soll an dieser Stelle jedoch nicht ganz unerwähnt bleiben. In *Der Tod des Captain Future* existiert offenbar keine künstliche Schwerkraft bzw. Gravitation. Das wird an der Tatsache deutlich, dass Rohr Furland in der Comet Magnetstiefel trägt. Allerdings stellt sich die Frage, wie wohl das Leben auf der Raumstation Ceres dann aussieht. Immerhin handelt es sich um einen ständig besetzten Außenposten im All. Ceres ist ein Zwergplanet im Asteroidengürtel zwischen Mars und Jupiter. Beobachtungen des Hubble-Teleskops und der Dawn-Raumsonde von 2015 und 2018 ergaben einen Äquatordurchmesser von 964 km und einen Poldurchmesser von 892 Kilometern. Damit ist der Himmelskörper zwar mit Abstand der größte im Asteroidengürtel, bleibt aber immer noch weniger als halb so groß wie Pluto. Ein 100 Kilogramm schwerer Mensch würde also weniger als 4000 Gramm wiegen. Immerhin, man kann natürlich annehmen, dass Ceres einer künstlichen Rotation von etwa 1g ausgesetzt wurde. Mit einer Oberfläche von insgesamt 2850000 Kilometern und dem genannten Durchmesser bietet die Welt sicherlich genug Platz, um sowohl im Inneren eine Raumstation anzulegen als auch entsprechende Antriebsaggregate zu installieren.

STAFFEL 3

Der Sternenkaiser

(Original: Captain Future and the Space Emperor, Winter 1940, als TV-Episode: Der Herrscher von Megara)

Erscheinungsjahr Hörspiel: 2014

Folgen

Tod auf dem Jupiter (1 Stunde und 11 Minuten)

Die Macht des Sternenkaisers (1 Stunde und 12 Minuten)

Die Spur (1 Stunde und 8 Minuten)

Der Platz der Toten (1 Stunde und 14 Minuten

Das geheime Wissen der Ahnen (1 Stunde und 10 Minuten)

Inhalt und Fazit

Da die Geschichte des Romans sich im Grunde nicht wesentlich von der TV-Episode *Der Herrscher von Megara* unterscheidet, wollen wir uns an dieser Stelle eine kurze Inhaltsangabe sparen und dafür einen kleinen Blick auf die Unterschiede werfen.

Die Hörbuch-Inszenierung hat gegenüber der TV-Serie den Vorteil, dass hier wirklich die gesamte Geschichte und nicht eine gekürzte und leicht abgeänderte Version zum Tragen kommt. So erfahren wir innerhalb der fünf Teile etwa nicht nur wesentlich mehr über Futures Vergangenheit als in der TV-Adaption. Wie im entsprechenden Kapitel geschildert, enthält die ungeschnittene Fassung durchaus Einblicke in dieses Kapitel von Curtis Newtons Leben. Diese decken sich aber inhaltlich nicht vollständig mit den im Roman geschilderten Begebenheiten. Nach wie vor bleibt der Captain eine Waise, die von Simon Wright, Grag und Otto erzogen wurde. Die Ermordung von Futures Eltern findet allerdings im Original auf dem Mond statt und nicht auf einer geheimen Raumstation irgendwo im All. Das hat nicht wirklich Auswirkungen auf den Inhalt und die Essenz der Geschichte. Dennoch bleibt allein schon die Tatsache, die Wahrheit über Futures Jugend zu erfahren, recht verlockend.

Weiterhin ist die Story der TV-Episode auf dem Planeten Megara in den Tiefen der Galaxie angesiedelt und nicht in unserem Sonnensystem auf dem Jupiter. Hinzu kommt ein Fakt, den Sebastian Pobot in einem Interview mit Trekzone erwähnt, nämlich dass sich seine Captain-Future-Fassung am Originaltext orientiert und daher manchmal erwachsener und düsterer als die Zeichentrickserie für Kinder daherkommt. Dieser Einschätzung kann man nur voll und ganz zustimmen. Dennoch wurde der Anspruch, sowohl die Fans der Bücher als auch der Serie zufriedenzustellen, wieder einmal mehr als erfüllt. Wie bereits bei den insgesamt acht Kurzgeschichten wird der Hörer von der ersten Minute an in den Bann gezogen. Die eingängige Kult-Musik von Christian Bruhn sowie die altbekannten Stimmen laden dazu ein, der Future-Crew auf den Jupiter zu folgen. Hier stellt sich der Kämpfer für Gerechtigkeit einem unüberwindlich erscheinenden Bösewicht und bringt ihn schließlich zur Strecke. Die insgesamt 5 Stunden und 55 Minuten sind mit einem spannenden Plot und zahlreichen Anekdoten gespickt. Eine weitere Auffälligkeit betrifft das Ende. Auch hier bleibt der eigentliche Kern der Handlung unberührt. Für ihre Zeichentrick-Verfilmung einigte man sich bei den Tōei Dōga Studios aber darauf, den Mittagsmond zu einer Raumbasis auszubauen, von der aus ein Raumjäger-Angriff auf die Erdbevölkerung erfolgt. Der Roman und somit auch dieses Hörspiel erzählt das Finale etwas anders, indem ein Bodenangriff erfolgt, der ebenfalls im letzten Moment abgeblasen wird. Diese Änderung ist wahrscheinlich rein dramaturgischen Überlegungen geschuldet und bleibt auch in diesem Fall eigentlich unerheblich.

Funfacts für Nerds

Hamilton war sich der Beschaffenheit des Jupiters als Gasriese durchaus bewusst. Dennoch gelang es ihm, eine spannende Erklärung dafür zu finden, warum wir hier eine Welt voller Leben vorfinden. Diese ist wissenschaftlich betrachtet natürlich unsinnig. Der Roman wurde jedoch, wie oben bereits geschildert, 1940 geschrieben. Wenn man bedenkt, dass das von Orson Welles inszenierte Hörspiel *Krieg der Welten* nur zwei Jahre vor Erscheinen des Romans für eine Massenpanik im Sendegebiet der CBS sorgte, sind Hamiltons Bemühungen noch bemerkenswerter.

Insofern darf man an dieser Stelle gerne über wissenschaftliche Fehler hinwegblicken. Hamilton war offenbar ein wissenschaftsinteressierter Laie, der sich mehr oder weniger grob an den damaligen astronomischen Erkenntnissen über das Sonnensystem orientierte. Es ist also durchaus lobenswert, dass der Autor die größten Jupiter-Monde kannte und teilweise in die Geschichte einband. Ob also die eine oder andere geschilderte Erklärung oder Information hinfällig, falsch oder gar nur klug ausgedacht ist, spielt bezogen auf den Spannungsbogen lediglich eine untergeordnete Rolle. Was zählt, ist eine detaillierte und bunt ausgeprägte Schilderung der Lebensbedingungen, die den Unterhaltungswert des Sternenkaiser-Plots ungemein steigert.

ZWISCHENSPIEL

Im Gespräch mit Thomas Tippner: Die Dialogbücher der Captain Future-Reihe

Herr Tippner, vielen Dank, dass Sie an unserem Buchprojekt teilnehmen. Möchten Sie sich unseren Lesern einmal kurz vorstellen?

Tippner: Hi. Gerne doch. Ich bin leidenschaftlicher Leser und Hörer von Hörbüchern und Hörspielen. Dazu verfasse ich, seitdem ich denken kann, Geschichten. Ich habe dabei sehr viel Glück gehabt, dass ich überhaupt heute meine Geschichten veröffentlichen kann. Wären Carsten Herrmann von dem damaligen Label Maritim, Douglas Welbat (Produzent *7 Zwerge),* Dieter B. Gerlach (Dialogbuch, Regie *Dr. House),* Joachim Otto (Romantruhe) und vor allem Sebastian Pobot (Highscore Music, heute Maritim) nicht gewesen, wüsste ich nicht, ob ich überhaupt jemals veröffentlicht und professionell geschrieben hätte. Alle die aufgezählten Leute haben an mich geglaubt, haben mir Chancen gegeben und mich so meinen Traum erfüllen lassen. Schreiben, Geschichten erzählen und unterhalten.

Sie haben zu den ersten Captain Future-Hörspielen die Dialogbücher geschrieben. Wie kam es zu diesem Auftrag?

Tippner: Sebastian Pobot und ich haben bei seinen Anfängen, ein Hörspiellabel aufzubauen, eng und sehr freundschaftlich zusammengearbeitet. Und so kam er auf mich zu und fragte, ob ich nicht auch Lust hätte, sein neues Lizenzprodukt schreiberisch begleiten zu wollen.

Als Herr Pobot vom Maritim Verlag Ihnen zum ersten Mal von seinem Vorhaben erzählte, Captain Future-Romane und Kurzgeschichten zu vertonen, waren Sie da zunächst skeptisch, oder glaubten Sie sofort an einen Erfolg?

Tippner: Ich muss ganz ehrlich sagen, dass ich mit *Captain Future* nicht wirklich etwas anfangen konnte. Ich hatte zwar von der Serie gehört und auch die eine oder andere Folge gesehen, da mein Bruder großer Future-Fan war. Ich aber war eher auf der *Masters of the Universe*-Schiene unterwegs und war gedanklich viel mehr auf Eternia.

Aber ich glaubte schon, dass die Sache erfolgreich werden würde. Sebastian hatte ja bisher ein gutes Händchen bewiesen, was Lizenzen und dergleichen angeht. Und dass der Captain und seine Futuremen eine Fanbase haben, wusste ich ja auch. Ja, ich war davon überzeugt.

Mögen Sie im Nachhinein das Endergebnis?

Tippner: Ich mag das Endergebnis sehr. Weil es so schön getragen und ruhig abläuft. In der heutigen Zeit geht es ja immer darum, alles schnell, schnell und noch schneller zu machen. Die Schnitte müssen rasen, die Soundeffekte donnern und krachen, die Geschichte temporeich sein. Handlung zählt dann manchmal nicht mehr so viel – Hauptsache, in drei Minuten vierzig Explosionen.

Deshalb mochte ich Future sehr gerne. Auch, weil es mal eine andere Erzählstruktur gab. Ähnlich wie in der Produktion *Der Hobbit,* vom Rundfunk damals. Alles ganz ruhig, viel vom Erzähler getragen, dazu immer nur kleine Dialogeinschübe.

Ja, eine tolle Produktion.

Haben Sie eine besondere Affinität zu Captain Future, oder sind Ihre Helden der Kindheit eher andere?

Tippner: Wie vorhin schon erwähnt, ich hatte mit Future fast gar nichts am Hut. Und auch nach der Beendigung der Arbeit bin ich nicht zum Fan geworden.

Ich stehe eher auf *He-Man, Bravestarr* und so. Halt die Dinge, mit denen Kindern Ende der 80er und Anfang der 90er gespielt haben. Ich kann heute noch gedanklich über Eternia wandern und mir bildhaft vorstellen, wie He-Man da seine Abenteuer erlebt.

Na ja … so bin ich halt. Etwas verträumt manchmal, und gerne dazu bereit, fremde Welten zu bereisen.

Bei den Captain Future-Hörspielen handelt es sich um inszenierte Hörbücher. Unterscheidet sich die Arbeit an dieser Art Vertonung von der an Hörspielen, und wenn ja, wie genau?

Tippner: Man muss halt sehr drauf achten, dass man im Sinne des Lizenzgebers arbeitet. Wir durften keine Streichungen vornehmen, keine Längen ausbügeln oder den einen oder andern hölzernen Dialog etwas runder gestalten. Wir durften wirklich nur marginal eingreifen.

Was im Endeffekt auch nicht schlecht war. Aber es war schon eine Umstellung, nicht die Geschichte zu lesen, herumzuwerkeln und auszuprobieren, wie man welche Szene vielleicht dynamisch, ruhig oder actiongeladen präsentiert. Wir hatten eine genaue Vorgabe, und an die haben wir uns gehalten.

Würden Sie gerne einmal ein Captain Future-Hörspiel schreiben, vielleicht sogar eine völlig neue Geschichte?

Tippner: Wenn die Anfrage kommen würde – klar. Interessant ist der Captain auf jeden Fall. Ich erinnere mich, dass mir die Geschichten gut gefallen haben – weil sie alle eine Tiefe mit sich brachten. *Die Harfner des Titan* (Folge 3) zum Beispiel hat mich sehr bewegt. Besonders das Ende, wo der Junge in den Arm seines Vaters kriecht, um bei ihm sein zu können.

Oder die Sehnsucht von Simon, wieder einen Körper besitzen zu können. Interessante Aspekte, über die man so gar nicht nachdenkt, weil man alles als gegeben und selbstverständlich hinnimmt.

Ich mag ja, wenn die Figuren Tiefe besitzen, die eine oder andere Kante haben. Und ich mag es, wenn Geschichten sich erst langsam öffnen. Ja, ich würde mich schon am Captain versuchen – wenn es denn jemand wollte.

Sie haben in der Vergangenheit für diverse Hörspiel-Labels gearbeitet. Welche Serie oder welches Hörspiel ist Ihnen in besonderer Erinnerung geblieben?

Tippner: Uff … Da sind natürlich meine Anfänge bei der Romantruhe, als ich mich im Grusel und den Geisterschockern ausprobieren durfte.

Sehr gerne habe ich auch für ZYX die Classica von Sir Arthur Conan Doyle bearbeitet. *Das Ende der Welt* oder *Vergessene Welten.* Ich mag Doyle ja sehr und habe unendlich viele Geschichten um Sherlock Holmes erzählt. Ihn aber mal im Abenteuer-Genre zu bearbeiten, das war toll. Das hat sehr viel Spaß gemacht.

Ich mag aber auch die Einzelgeschichten, die ich gemacht habe. *Die Schatzinsel,* zum Beispiel. Mein absolutes Lieblingsbuch. Ohne Robert Louis Stevenson wäre ich wohl nie auf die Idee gekommen, Bücher schreiben zu wollen.

Wie sehen Ihre Pläne für 2020 aus? Was liegt sozusagen in der Tippner-Pipeline?

Tippner: Darüber darf ich, wie immer, nicht sprechen. Ich habe an einigen Projekten mitgearbeitet, habe den einen oder anderen Weg geebnet.

Ich arbeite gerade eng mit dem Blitz Verlag zusammen. Da werden die einen oder anderen Geschichten von mir erscheinen.

Und ich konzentriere mich zurzeit sehr auf meine eigenen Ideen und versuche, diese zu verwirklichen.

Vielen Dank für das Gespräch!

STAFFEL 4

Erde in Gefahr

(Original: Calling Captain Future, Frühling 1940, als TV-Episode: Der schwarze Planet)

Erscheinungsjahr Hörspiel: 2016

Folgen

Die Bedrohung aus dem All, (1 Stunde und 09 Minuten)

Friedhof der Raumschiffe (1 Stunde und 07 Minuten)

Die Ankunft des Dr. Zaro (1 Stunde und 10 Minuten)

Die Straße der Jäger (1 Stunde und 08 Minuten

Welt der Illusionen (1 Stunde und 10 Minuten

In den Tiefen des Weltraums (1 Stunde und 08 Minuten)

Inhalt und Fazit

Auch in diesem Fall zeigt sich, dass Tōei den Plot der TV-Episode grundsätzlich nah am Original hält. Dennoch weisen beide inhaltlich teils gravierende Unterschiede auf. Zunächst ist die Geschichte des Romans wieder in unserem Sonnensystem angesiedelt. Werden in der Serie Charon, Kerberos und Styx als Planeten im Sternbild Schwan identifiziert, nennt Hamilton – und somit auch das inszenierte Hörbuch – sie völlig korrekt als Monde des Zwergplaneten Pluto. Der Gefängnisplanet Kelvin existiert also folgerichtig ebenfalls nicht. Diese Änderungen sind nicht sehr schwerwiegend und wirken sich auf den eigentlichen Inhalt nur marginal aus.

Die wirklich großen Unterschiede zeigen sich im typischen Sense of Wonder, den die vollständige Story heraufzubeschwören vermag. Da erlebt die Future-Crew ein Abenteuer in der klangvollen Sargassosee des Weltalls, in der sich ein riesiger Raumschiff-Friedhof befindet (diese Idee übernahm Hamilton nebenbei erwähnt aus seiner bereits 1931 im Pulp-Magazin Astounding Stories veröffentlichten Geschichte *The Sargasso of Space)*. Grag und Curtis fliehen vor den Wandernden Bergen aus Eis, mit denen sie nach einer Notlandung mit einem Shuttle unliebsame Bekanntschaft schließen. Und Grag versinkt in den Fluten eines Eis-Sees. Wundervoll ist auch, dass der Roboter hier endlich über längere Strecken eine größere Rolle spielt, während er in der Fernseh-Fassung, abgesehen von seinen ewigen Querelen mit Otto, eher ein wenig im Hintergrund bleibt.

Abgesehen von den Hauptsprechern gelang es dem Team um Sebastian Pobot auch diesmal wieder, hochmotivierte Sprecher zu rekrutieren. Den Interpreten gelingt es zumeist, die Atmosphäre des Animes hervorragend wiederzugeben und das Kopfkino in die entsprechenden Bahnen zu lenken. Bisweilen wissen die neuen Stimmen sogar besser zu gefallen. Mit Santiago Ziesmer fand man beispielsweise einen geradezu perfekten Kansu Kane. Der venusianische Wissenschaftler, den wir aus dem Drei- bzw. Vierteiler als großgewachsenen Mann mit warmer, männlicher Stimme kennen, wird im Roman als kleingeratener, arroganter Schnösel dargestellt. Der spanischstämmige Ziesmer, der aufgrund seiner etwas schnarrenden Stimme gerne für Kinderhörspiele wie Benjamin Blümchen gebucht wird, trifft den beschriebenen Charakter der Figur auf den Punkt und befeuert so die Vorstellungskraft des Zuhörers. Die Rolle des Cole Romer wird von Holger Löwenberg übernommen, der auch diese Figur mit seinem Sprachalter zwischen 35 und 55 Jahren nahezu perfekt trifft. Weniger gelungen ist hingegen der Auftritt von Erik Schäffler als Tharb, dem es nicht so recht gelingt, den Charakter einer fremdartigen und doch so menschlichen Spezies zu transportieren.

Einen weiteren kleineren Kritikpunkt stellen hier auch die Zusatzkompositionen von Sebastian Pobot dar. Versteht der Komponist es ansonsten, Bruhns Sound zwar nicht zu kopieren, aber doch auf moderne Art zu ergänzen, trifft er in *Erde in Gefahr* nicht immer voll ins Schwarze. Zwar gelingt es mit den musikalischen Ergänzungen recht gut, die Atmosphäre der jeweiligen Szenen wiederzugeben. Doch bisweilen passen die Sounds einfach nicht so ganz zum Gesamtwerk, das sich letztlich ja doch mit voller Absicht an der Fernsehserie orientiert. Trotz dieser kleinen Schwächen wissen die sechs Teile vollauf zu überzeugen und schaffen den Spagat zwischen Original und seiner filmischen Interpretation.

Funfacts für Nerds

Im Hörspiel, und gleichermaßen in der Golkonda-Übersetzung der hier besprochenen Geschichte, stellt Dr. Zaro die Behauptung auf, ein dunkler Stern mit einer großen Masse bedrohe das Sonnensystem. Die planetare Regierung bemüht sich vergebens, dieses Katastrophenszenario zu entkräften. So wollen die besten Wissenschaftler ermittelt haben, dass es sich lediglich um einen Planetoiden mit geringer Masse handele, der der Erde nicht gefährlich werden könne. Abgesehen von der offensichtlichen Diskrepanz in beiden Aussagen können wir hier einen interessanten Faktencheck aufstellen und herausfinden, welche der beiden Varianten für eine Bedrohung der Erde realistischer wäre.

Der Terminus »dunkler Stern« assoziiert natürlich etwas geradezu Unheimliches, Mysteriöses und Gefahrvolles. Im Unterschied zu den schwarzen Planeten der Zeichentrickserie existieren dunkle Sterne allerdings tatsächlich, wenn auch bislang nur rein hypothetisch. Es handelt sich dabei um Objekte, die sich bis zur Entstehung des Universums zurückverfolgen, aber bislang nicht empirisch nachweisen lassen. Helium und Wasserstoff sind nicht nur die ersten Atome, die das Weltall hervorbrachte, sondern auch die Hauptbestandteile aller Sterne. Der Urknall brachte aber, wie wir heute wissen, eine weitere Materieart hervor, die sogenannte Dunkle Materie. Sie ist nicht direkt sichtbar, lässt sich aber über ihre gravitative Wechselwirkung recht gut belegen. Man schätzt heute, dass sie den Löwenanteil an Materie im bekannten Universum ausmacht, nämlich mehr als 80%. Es erscheint logisch, dass diese große Dichte während der Entstehungsphase des Weltalls eine entscheidende Rolle bei der Entstehung der ersten Sterne spielte. So postuliert die Wissenschaft anhand ihrer Simulationen und Berechnungen, dass sich die ersten Sterne innerhalb dieser Dunkle-Materie-Wolken gebildet haben müssten. Diese Sonnen nennt man dunkle Sterne, nicht etwa, weil sie schwächer leuchten, sondern weil ihre Energieerzeugung nicht auf dem üblichen Weg der Kernfusion stattfindet. Vielmehr erzeugen sie ihre Energie durch die Vernichtung dunkler Materie. Abgesehen von diesem Unterschied würden sich diese Objekte aber wie ganz normale Sterne verhalten, was bedeutet, dass das im Hörspiel erwähnte, so bedrohliche Szenario eher unwahrscheinlich wird. Immerhin: einige Wissenschaftler gehen heute davon aus, dass es in der Frühphase der Entstehung unseres Sonnensystems beinahe zu einer wahren Apokalypse gekommen wäre. Vor mehr als vier Milliarden Jahren, so Susanne Pfalzner vom Bonner Max-Planck-Institut für Radioastronomie, sei demnach möglicherweise ein Stern in einem Abstand von nur rund 100 astronomischen Einheiten (etwa die dreifache Entfernung von der Sonne zum Neptun) durch den Außenrand der solaren Urwolke geflogen und habe Teile von ihr mit sich gerissen. Direkt nach der Geburt unserer Sonne war das System ein chaotischer und instabiler Ort. Heute sind sogenannte stellare Passagen allerdings auch in weit größeren Abständen extremst selten, was Dr. Zaros Drohungen zu einer, wenn auch spannenden, aber für das Sonnensystem irrelevanten Drohung degradiert.

Die von der Regierung des Sonnensystems geäußerte Erklärung ist hingegen nicht nur wesentlich realistischer, sondern könnte sich obendrein auch als reale Gefahrenquelle erweisen. Zum Thema Planetoiden bzw. Asteroiden oder Kleinplaneten wird an früherer Stelle in diesem Buch bereits einiges gesagt. Wie wir heute wissen, hat der Einschlag eines solchen Himmelskörpers mit einem Durchmesser von nur etwa 10 bis 15 km vor etwa 66 Millionen Jahren das Aussterben von etwa 90% der auf der Erde beheimateten Lebewesen inklusive der

Dinosaurier verursacht. Grundsätzlich bedürfte es allerdings keines Asteroiden aus den Weiten des Alls, um den blauen Planeten ernsthaft zu gefährden. Im Bereich zwischen den Umlaufbahnen von Mars und Jupiter befindet sich nämlich der sogenannte Planetoidengürtel mit Objekten, die Durchmesser von nur einigen Metern bis zu 1023 km aufweisen. Etwa 7000 Planetoiden sind bislang bekannt, 4000 davon mitsamt ihrer Bahn. Wenn also ein relativ kleiner Steinbrocken wie der Chicxulub-Krater-Asteroid ein Massensterben verursacht, was richten dann erst die richtig großen Brocken an, wenn sie aus ihrer Bahn geraten und die Erde treffen?

STAFFEL 5

Die Herausforderung

(Original: Captain Future's Challenge, Sommer 1940, als TV-Episode: Der Kampf um die Gravium-Minen)

Erscheinungsjahr Hörspiel: 2018

Folgen

Stunde Null (1 Stunde und 07 Minuten)

Konferenz im Weltall (1 Stunde und 07 Minuten)

Die Welt der Ozeane (1 Stunde und 16 Minuten)

Bedrohung aus der Tiefe (1 Stunde und 19 Minuten)

Gefährlicher Schwindel (1 Stunde und 05 Minuten)

Kampf unter dem Meer (1 Stunde und 30 Minuten)

Inhalt und Fazit

Auch in diesem Fall hält sich die Zeichentrickserie, deren Macher den 1940 erschienenen Roman als dritte Geschichte auswählten, erstaunlich nahe am Original. Abgesehen von der Tatsache, dass Wrecker, zu Deutsch etwa der Zerstörer, sein Unwesen im Sonnensystem und nicht irgendwo in der Galaxie treibt, bleiben Thema, Kern und Spannungsbogen identisch. Der große Unterschied liegt wieder einmal in der Ausführlichkeit, die 215 Seiten bzw. fast sieben Hörstunden nun einmal ermöglichen. Hamilton gewährt seinen Lesern einen tiefen Einblick in seine Vision des Meeres-Planeten Neptun und seiner Wesen. Um dies zu ermöglichen, wandte der Autor einen bekannten, aber auch spannenden Kniff an. Er lässt den Androiden Otto sich als Seemann von der Erde ausgeben, der an Bord eines Fischkutters mit Raketenantrieb die Wunder der neptunischen Meere entdeckt. So begegnet das kleine Schiff etwa einigen Schluckern, riesigen Meeresbewohnern, die alles verschlingen, was in ihre riesenhaften Mäuler gerät. In der Mitte des Meeres befindet sich ein Mahlstrom, der verdächtig an die Charybdis aus der griechischen Mythologie erinnert, die Fans der Filmserie *Pirates of the Caribbean* nicht unbekannt sein dürfte. Als Science-Fiction-Autor ist es schließlich nicht ungewöhnlich, dass man sich ein wenig in den Mythen- und Sagenwelten der Antike auskennt und sich dort Inspiration für die eigenen Geschichten holt. Doch im neptunischen Meer, auf dessen Existenz Hamilton wohl wegen der ausgeprägt blauen Farbe des Planeten kam, warten noch mehr Gefahren auf die Futuremen. Nachdem der Mahlstrom erfolgreich umschifft ist, sichtet Otto in der Ferne die berüchtigten Spinneninseln. Auf ihr leben Millionen von bis zu zwei Meter großen Spinnen, die jedes Lebewesen, das unglücklicherweise auf dem Eiland strandet, als willkommene Mahlzeit betrachten. Last but not least gibt es da noch die schwarzen Inseln, in deren Nähe im Meer die bislang unbekannten Amphibienmenschen leben, die in ihrem Streben nach Macht auch nicht davor haltmachen, sich mit dem Zerstörer zusammenzutun, um eine unheilige Allianz zu bilden.

All diese Nebenstränge und Geschichtchen tragen zwar nicht zwingend zur Auflösung bei, vertiefen das Abenteuer aber ungemein und machen die fremden Welten des Sonnensystems überhaupt erst greif- und fühlbar. Sicherlich gelang es den japanischen Zeichnern, das eine oder andere hervorragend auf Zelluloid zu bannen, aber an die erzählerische Tiefe des Romans vermag noch nicht einmal eine so gut umgesetzte Verfilmung wie *Der Kampf um die Gravium-Minen* heranzureichen.

Die wichtigen Nebenrollen des Carson Brand (Daniel Welbat), Julius Gunn (Otto Strecker), Basc Avam (Alexander Turrek), Orr Libro (Kai Henrik Möller), Quarus Qull (Uve Teschner), Ki Iri (Jens Wendland) sowie des Meereskönigs (Frank Glaubrecht) besetzte Sebastian Pobot auch hier wieder fast perfekt. Besonders hervorheben darf man vielleicht Uve Teschner, der mit einigem Recht als einer der beliebtesten Hörbuchsprecher Deutschlands gilt. Unter anderem liest Teschner den Perry-Rhodan-Roman von Andreas Eschbach, aber auch die beliebten Harry-Hole-Geschichten des Norwegers Jo Nesbo.

Der am 15. Juli 1943 in Berlin geborene Frank Glaubrecht gehört wiederum zu den derzeit altgedientesten Synchronsprechern Deutschlands. Sein Portfolio umfasste zum Abgabezeitpunkt dieses Buches 1176 Sprechrollen, unter anderem als Stammsprecher für Al Pacino, Kevin Costner, Pierce Brosnan und Bill Nighy. Zusammen mit dem erneut grandiosen modernen Sounddesign, das dennoch sofort an die Klänge der Anime-Serie denken lässt, gelang dem Team des Maritim-Verlages hier eine tolle Hörbuchinszenierung.

Leider wurde der Sechsteiler auf diversen Portalen dafür kritisiert, dass Tommi Piper nun die Rolle des Otto übernommen hatte. Wie die Autoren allerdings bereits ausführten, ist dies nicht der Willkür des Produktionsteams geschuldet, sondern vielmehr der Tatsache, dass Wolfgang Völz zur Zeit der Aufnahme bereits zu krank war, um noch einmal seine ikonische Stimme in *Captain Future – Die Herausforderung* erklingen zu lassen. Das ist natürlich schade, doch die gesamte Produktion deswegen auf Eis zu legen, wäre doch wesentlich bedauerlicher gewesen. Zudem ist Tommi Piper, die Stimme von »Alf«, doch ein adäquater Ersatz für den Altmeister der rauen Stimme.

Funfacts für Nerds

Aufmerksame Zuschauer und Leser haben bereits in der Zeichentrickfolge *Planet in Gefahr* unangenehme Bekanntschaft mit einer Bestrafungsmaschine machen dürfen, die die Seele eines dazu Verurteilten auf ewig vom Körper trennt. Die gequälten Seelen sind von nun an dazu verdammt, substanzlos durch den Äther des endlosen Alls zu schweben. Eine ganz ähnliche Idee greift Hamilton in *Die Herausforderung* erneut auf, nur sind es nicht Seelen, die einem Körper entrissen werden, sondern gleich die gesamte Persönlichkeit. Um alles noch schlimmer zu machen, wird das Wesen des Gepeinigten in den Körper eines anderen Lebewesens transferiert und umgekehrt, so dass beide Individuen von nun an so lange in fremden Körpern verharren müssen, bis ein erneuter Gehirnaustausch stattfindet. Wie schrecklich wäre es, wenn man alles, was einen Menschen zu dem macht, was er ist, einfach entfernen und transferieren könnte?

Das ist eine gruselige Vorstellung, die glücklicherweise auf keinerlei wissenschaftlichen Fakten beruht. Allerdings gibt es Menschen, die es sich zum Ziel gesetzt haben, ihre Persönlichkeit in humanoide Avatare mit einer entsprechenden Speicherkapazität und künstlicher Intelligenz übertragen zu wollen, um somit quasi Unsterblichkeit zu erlangen. Die 2045-Initiative des russischen Milliardärs Dmitri Itskov hat sich genau das zum Ziel gesetzt. Bis 2020 soll demnach eine Roboter-Kopie eines menschlichen Körpers entwickelt worden sein, die mittels eines Brain-Computer-Interfaces gesteuert wird. Zwischen 2020 und 2025 will man dann das Gehirn eines sterbenden oder gerade verstorbenen Menschen in einen Avatar transplantieren. 2030 bis 2035 soll die Wissenschaft dann in der Lage sein, die Persönlichkeit eines Menschen an das künstliche Gehirn eines Androiden zu übertragen, und ab 2040 »lebt« diese Persönlichkeit dann als Hologramm in der Cloud.

Die eigentliche Speicherkapazität des menschlichen Gehirns oder die Entwicklung einer Hirn-Maschine-Schnittstelle ist dabei nicht das eigentliche Problem, um diesen Horror-Traum zu verwirklichen. Im Unterkapitel Funfacts für Nerds zum Hörspiel *Die Rückkehr des Captain Future* wurde ja bereits erwähnt, dass in jüngster Zeit nicht nur BCIs, sondern sogar Hirn-Hirn-Schnittstellen entwickelt wurden. Was die Speicherkapazität des menschlichen Gehirns anbelangt, wird dieses, wenn auch etwas willkürlich, auf etwa 1000 Gigabyte geschätzt. Externe Festplatten mit 12 und mehr Terabyte lassen sich in jedem guten Onlineshop ohne Probleme erwerben. Der Supercomputer Summit, mit einer Spitzenleistung von 122 PetaFlops einer der schnellsten Rechner der Welt, verfügt über einen Speicher von 250 Petabyte, was immerhin 250000 Terabyte entspricht.

Wie erwähnt, sollten also Speicherkapazität und Rechenleistung keine großen Hindernisse mehr darstellen. Die kommen mehr von natürlicher Seite. Einem Computer sind durch die Art seiner Entstehung Grenzen gesetzt, die sich nicht so einfach überwinden lassen. Computer und Festplatten wachsen eben nicht organisch, sondern werden von Menschenhand anhand eines Plans gebaut. Wie, wann und warum genau sich andererseits die Synapsen mit den rund 100 Milliarden bis einer Billion Neuronen unseres Gehirns verbinden, ist hingegen unklar. Nervenbahnen bilden sich nun einmal nicht nach einem bestimmten Plan aus. Einzige Ausnahme bilden die nicht kognitiven Prozesse, wie unsere Atmung, der Herzschlag und so weiter. Jede einzelne Gehirnzelle ist weiterhin mit durchschnittlich 1000 bis 10000 Verbindungen gesegnet, so dass man auf mindestens 100 Billionen Synapsen kommt. Zudem lässt sich die Aktivität der Synapsen nicht einfach in Nullen und Einsen umrechnen, da diese eben nicht nur einfach feuern (oder nicht), sondern dies in unterschiedlichen Intensitäten tun.

Vor einem noch weniger lösbaren Rätsel steht die Wissenschaft, wie angedeutet, bezüglich der Programmierung der Neuronen, denn viele dieser Nervenverbindungen bekommen ihre Programmierung zwar vererbt; das trifft aber nur auf einen kleinen Teil zu. Der größte Teil aller Neuronen wird erst im Laufe des menschlichen Lebens programmiert. Jedes Gehirn ist also von Natur aus anders. Diese Tatsache lässt sich bislang weder kopieren noch über eine Schnittstelle übertragen.

TEIL 3
DIE RESTLICHEN ROMANE

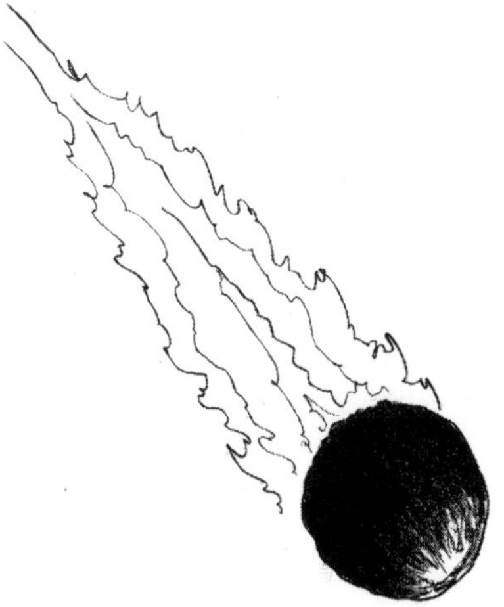

Wie wir schon mehrfach erwähnten, wurden nicht alle Captain-Future-Geschichten in Zeichentrick- oder Hörspielform in Deutschland herausgegeben. Im Wesentlichen liegen uns bislang vierzehn verfilmte Romane vor, von denen auch vier vertont wurden, sowie alle sieben originalen Kurzgeschichten. Sechs Geschichten fehlen also, die an dieser Stelle kurz vorgestellt werden sollen.

Outlaws of the Moon

Outlaws of the Moon erschien als Erstauflage in der Frühlingsausgabe des Jahres 1942 im *Captain Future Magazine*. Der Beginn der Geschichte kommt uns nicht ganz unbekannt vor, denn Captain Future wird seit Monaten vermisst und für tot gehalten. Eine ähnliche Prämisse begegnet uns in der ersten vom Maritim-Verlag vertonten Kurzgeschichte *Die Rückkehr des Captain Future* und sorgt in beiden Storys für Spannung. In Deutschland existiert bis heute nur eine Veröffentlichung. Zwischen 1981 und 1984 brachte Bastei Lübbe insgesamt 15 Romane an den deutschen Leser, wobei Band 10 (Bastei Nr. 25010) den vielsagenden Titel *Das Erbe der Lunarier* erhielt. Der Golkonda Verlag ist mit seinen einfühlsamen Neuübersetzungen inzwischen bei Band 8 *Im Zeitstrom verschollen* angekommen, der im April 2020 erscheint. Bei Abgabe des Manuskriptes war noch nicht bekannt, ob und wann man sich also *Outlaws of the Moon* widmet und welchen deutschen Titel der Roman tragen wird.

Worlds to Come

Dies ist einer der wenigen Captain-Future-Romane aus dem *Captain Future Magazine*, die nicht aus der Feder von Edmond Hamilton stammten, sondern von Brett Sterling alias Joseph Samachson. Der am 13.10.1906 in New Jersey geborene Biochemiker verdingte sich nebenbei als Schriftsteller und Comicautor. Er begann seine Zweitkarriere als Science-Fiction-Autor unter dem Pseudonym William Morrison 1941 mit der Kurzgeschichte *Bad Medicine.* Debütiert hatte der umtriebige Künstler und Wissenschaftler allerdings bereits 1937 mit dem Kriminalroman *Murder of a Professor.* Bis im Sommer 1942 mit *Worlds to Come* sein Erstlingswerk aus dem Captain-Future-Universum erschien, hatte er bereits einen Roman und über ein Dutzend weitere Kurzgeschichten geschaffen. Später kamen zahlreiche Comics für DC-Comics hinzu. Bis zu seinem Tod am 2. Juni 1980 veröffentlichte Samachson annähernd 100 Romane und Kurzgeschichten.

Mit 190 Seiten bewegt sich die Länge seines ersten Captain-Future-Romans in etwa auf dem Niveau derer von Edmond Hamilton. In der Geschichte treibt es die Futuremen bis zum Sagittarius-System weit außerhalb des Sonnensystems, aus dem ein Hilferuf an Futures Ohren drang. Gemeinsam mit seinen Freunden bekämpft der Wizard of Science hier einen tödlichen Feind, der nicht nur aus einem anderen System oder einer fremden Galaxie, sondern einer unbekannten Dimension stammt und den Sagittariern das Leben schwer macht.

In Deutschland wurde der insgesamt 14. Future-Roman bislang zweimal aufgelegt. Die Erstveröffentlichung besorgte 1961 der Pabel-Verlag in seiner Utopia Zukunft-Reihe unter dem Titel *Überfall aus fremder Dimension.* 1983 folgte eine Neuübersetzung durch Bastei-Lübbe, die dann auch gleich den Titel in *Invasion der Sverd* änderten (Band 25015).

Days of Creation

Der 17. Captain-Future-Band erschien im Frühling 1944 in einer Zeit, in der die Kriegsindustrie der USA bereits unter massiver Papierknappheit litt. Dies bedeutete zunächst das Aus für das *Captain Future Magazine* und somit auch für die US-amerikanischen Fans. Auch dieser Roman wurde nicht von Edmond Hamilton verfasst. Zur Feder griff erneut Joseph Samachson, der damit seine zweite und letzte Geschichte zum Future-Kosmos beisteuerte. Das Cover der Originalausgabe ist ein wenig missglückt geraten, wirkt es doch auf den ersten Blick so, als hätte man dem armen Captain eine typische Mönchsfrisur verpasst. Daran, dass Joan

Randall stets leicht bekleidet an Futures Seite ausharrt und auf ihre Rettung wartet, muss man sich als moderner Leser gewöhnen und diese Tatsache als zeitgeschichtliches Kuriosum akzeptieren. Der Roman erzählt die nicht sehr gut durchdachte Geschichte von vier Fraktionen, die ein finsteres Spiel mit gefährlichem Einsatz um die Macht im Sonnensystem spielen, während Captain Future und seine Crew versuchen, einen zehnten Planeten zu erschaffen und somit das Sonnensystem zu erweitern.

Days of Creation gehört zu den wenigen Romanen, die erst ein einziges Mal ihren Weg zum deutschen Leser und Fan fanden. Leider lässt sich das genaue Erscheinungsjahr nicht vollständig recherchieren; sicher ist aber, dass *Captain Zukunfts letztes Abenteuer*, wie das Werk in Deutschland hieß, als Band 369 in der Heftromanreihe Utopia Zukunft 1962 oder kurz danach seinen Weg in die heimischen Lesezimmer fand.

Red Sun of Danger

Red Sun of Danger ist einer der Romane, der sich mit den großen Altvorderen des Sonnensystems, den Denebianern, befasst. Zwar gilt es auch dieses Mal wieder, das System vor einem gierigen Intriganten zu retten, der die von Menschen besiedelten Welten mit Terror überzieht. Futures Wissen allein reicht dafür aber nicht aus. Vielmehr benötigen die Futuremen eine uralte Technologie der großen Vorfahren, die Curtis, um ihrem furchterregenden Widersacher die Stirn zu bieten.

Der 18. Roman der Reihe erschien im Sommer 1945 in *Startling Stories* und wurde später unter dem Namen *Danger Planet* neu aufgelegt. Interessant ist, dass als Autor das Verlagspseudonym Brett Sterling aufgeführt ist, unter dem sowohl der oben bereits erwähnte Joseph Samachson als auch Edmond Hamilton firmierten. Als dritter Autor unter diesem Namen wird fälschlicherweise gerne der Name William Morrison aufgeführt, der allerdings nur ein weiteres Pseudonym von Samachson ist. Ob Hamilton oder Samachson den Roman verfassten, lässt sich abschließend nicht hundertprozentig klären. Robert Weinberg vertritt auf seiner Internetseite die Auffassung, Hamilton selbst habe die Geschichte verfasst. Zu klären bliebe dann allerdings die Frage, warum der Future-Vater dann für die Hall-of-Fame-Story *The Isle of Unreason* auf dem Cover der Ausgabe aufgeführt wird, während er seinen Roman unter einem Pseudonym herausgegeben haben soll.

1961 erschien *Red Sun of Danger* in der Reihe Utopia Zukunft unter dem etwas reißerischen Namen *Die Krypta der Kangas.* Der Bastei Lübbe Verlag bemühte sich nach der Einstellung der Neuauflagen 1983 leider nicht um eine Neuübersetzung, so dass es heute vor allem für neue Fans sehr schwer sein dürfte, die Geschichte auf Deutsch zu genießen.

Outlaw World

Auch in diesem 20. Roman, der im Winter 1946 in *Startling Stories* seine Erstauflage erlebte, macht der Weltenretter seinem Namen wieder alle Ehre. In dieser Geschichte ist der böse Ru Ghur vom Uranus zu bekämpfen, der nicht nur die Macht über das bekannte Weltall an sich reißen will, sondern gleich danach trachtet, das ganze Universum in Schutt und Asche zu legen.

Der Roman wurde zweifellos von Edmond Hamilton verfasst, der auch auf dem Cover der entsprechenden Ausgabe gemeinsam mit dem Science-Fiction-Autor und Kritiker Peter Schuyler Miller aufgeführt ist. Miller steuerte die Hall-of-Fame-Story *The Forgotten Man of Space* bei, die bereits 1933 entstanden war. Bekannt wurde Schuyler Miller einem größeren Publikum in Deutschland durch seinen Roman *Die neuen Herrscher,* der 1961 im Terra Sonderband Nr. 40 im Moewig Verlag erschien und 1980 erneut bei Pabel unter demselben Namen erschien.

Die deutschen Fans konnten den Roman als *Die Radi-*

um-Falle nach 1962 als Ausgabe 354 in den Utopia Zukunft Heftromanen erleben. Eine Neuübersetzung steht bis heute ebenfalls aus.

The Solar Invasion

The Solar Invasion wird auf Wikipedia als letzter Roman geführt, ist aber laut Cover der Originalausgabe der vorletzte Roman aus der Captain-Future-Reihe und müsste somit die Nummer 19 tragen. Oben auf der linken Seite unter dem »S« für *Startling Stories* ist als Erscheinungsdatum Fall Issue (Herbst-Ausgabe) angegeben, während *Outlaw World* mit Winter Issue (Winter-Ausgabe) betitelt ist.

In der fantasievollen Geschichte begeben sich die Futuremen und Joan Randall auf die Suche nach dem Mond, der auf mysteriöse Weise vom Himmel gerissen wurde und spurlos verschwunden ist. Ihre Mission führt sie in eine fremde, von seltsamen, blassen Wesen bewohnten Welt, die der Crew der Comet nicht unbedingt wohlgesonnen sind. Manly Wade Wellman ist der dritte Schriftsteller, der sich an den originalen Captain-Future-Romanen versuchen durfte – und mit Abstand der höchstdekorierte des Trios. Für seine Erzählungen erhielt er unter anderem 1946 den Ellery Queen- und 1956 Edgar Allan Poe Award. 1975 folgte der World Fantasy Award für die Sammlung *Worse Things Waiting* und 1976 der renommierte Phoenix Award für sein Lebenswerk. Ein Jahr vor seinem Tod, 1985, wurde Wellman noch einmal eine große Ehre zuteil. Er erhielt den Spezialpreis des seit 1972 etablierten British Fantasy Award.

Auch *The Solar Invasion* wurde in Deutschland bislang nur einmal veröffentlicht. Als Band 307 der Utopia-Zukunft-Reihe unter dem treffenden Titel *Der geraubte Mond* publiziert, handelte es sich um den zweiten Captain-Future-Roman überhaupt, der je ins Deutsche übertragen wurde.

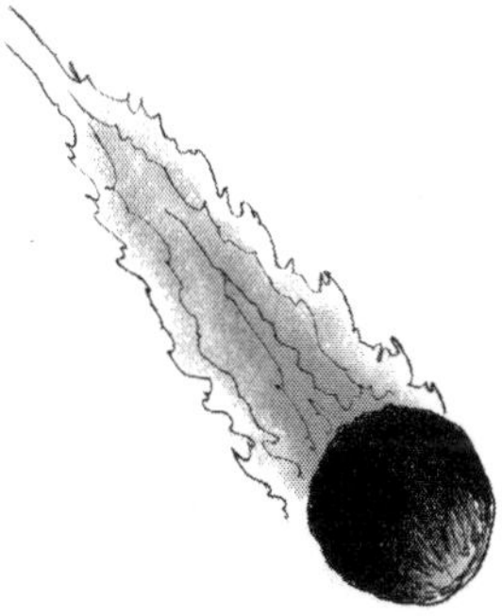

TEIL 4 WISSENSWERTES FÜR NERDS

STIMMEN AUS DER ZUKUNFT

Die deutschen Sprecher von Captain Future und seiner Crew

Schon seit jeher gilt Deutschland als ein absoluter Vorreiter in Sachen Synchronisation fremdsprachiger Filme. Nach dem Ende jener Ära in der Frühzeit des Tonfilms, in der Filme in verschiedenen Sprachfassungen mit unterschiedlichen Schauspielern gleichzeitig gedreht wurden, verfeinerte man bei uns das lippensynchrone Ersetzen der Originalstimmen durch deutsche Sprecher, bei denen es sich vorwiegend ebenfalls um Schauspieler handelte.

Und so werden ausländische Filme bereits seit den 30er Jahren deutsch synchronisiert, was im Lauf der Jahre eine Art Quasi-Perfektion erreichte.

Obwohl sich die Serie *Captain Future* vorwiegend an ein junges Publikum richtete, legte man beim ZDF gesteigertes Augenmerk auf eine qualitativ hochwertige Synchronisation.

Hiermit betraut wurde die bis heute bestehende Arena Synchron Berlin GmbH, zur damaligen Zeit noch bekannt als Arena Film GmbH & Co. Synchron KG. Seit Gründung der Firma im Jahr 1972 war sie für die deutschen Fassungen etlicher TV-Klassiker wie *Petrocelli* (1974-1976), *Mork vom Ork* (1978-1982) oder *Drei Engel für Charlie* (1976-1981) zuständig. In späteren Jahren wurden gar alle *Star Trek*-Serien ab *Raumschiff Enterprise: Das nächste Jahrhundert* (1987-1994) bis hin zur aktuellen Inkarnation *Star Trek: Discovery* (2017-heute) von Arena Synchron in die deutschen Fassungen gebracht.

Die Dialogregie und das Dialogbuch übernahm der vorwiegend als Regisseur von TV-Dokumentationen bekannte Bernd Liebner, dessen Team natürlich zunächst die Übersetzungen der japanischen Originalversionen angehen musste. Danach wurden die einzelnen Sprechrollen zugeteilt.

Wie bei etlichen Anime-Serien üblich, gab es auch bei *Captain Future* während der Vorspannmusik eine kurze Einsprechung, bei der lediglich der Serientitel genannt wurde. Dies übernahm eine unter Science-Fiction-Fans wohlbekannte Stimme: Gert Günther Hoffmann (1929-1997) sagte in seiner energischen Sprechweise schlicht »Captain Future!«, was sich ebenso nach einer Ankündigung wie einer Drohung anhörte. Hoffmann war seit den späten 50er Jahren mit seiner markanten Stimme der deutsche Sprecher so gut wie aller damaligen Action-Schauspieler: von Kirk Douglas und James-Bond-Darsteller Sean Connery über Paul Newman bis hin zu Lex Barker in mehreren *Winnetou*-Filmen. TV-Fans kannten seine Stimme auch als Erzähler in der Kult-Zeichentrickserie *Der rosarote Panther.* Für *Star Trek*-Fans jedoch war er bis zu seinem Tod die Stimme von Captain Kirk William Shatner. Die Episoden von *Captain Future* begannen also mit der einleitenden Titelnennung des anderen berühmten Raumschiff-Kapitäns.

Eine ebenfalls übliche Praktik bei japanischen Zeichentrickserien war der Einsatz eines Erzählers, der ein paar mehr oder weniger kurze einleitende Worte zu der jeweiligen Folge sprach und auch auf vergangene Episoden zurückblickte. Im Fall von *Captain Future* übernahm dies im japanischen Original Taro Jin, in der deutschen Fassung der Schauspieler Helmut Krauss (1941-2019), den junge Zuschauer später auch als Peter Lustigs Nachbarn Hermann Paschulke aus der Serie *Löwenzahn* kennenlernten. Als Synchronsprecher hatte Krauss 1978 dem gesichtslosen imperialen Kommentator im allerersten *Star Wars*-Film (»Rebellenbasis nun in zwei Minuten in Angriffsreichweite!«) sowie 1979 Yaphet Kotto als Dickie Coombes im Film *Alien – Das unheimliche Wesen aus einer fremden Welt* seine Stimme geliehen.

1982 und 1986 sprach er in der deutschen Fassung auch Rocky Balboas Gegner Clubber Lang (Mr. T) und Ivan Drago (Dolph Lundgren) im dritten und vierten Film der Reihe.

Hans-Jürgen Dittberner (*1945), der neben seiner Karriere als Synchronsprecher auch als Dialogbuchautor tätig war, übernahm die stimmliche Haupt- und Titelrolle in *Captain Future* von seinem japanischen Kollegen Taichiro Hirokawa. Genre-Fans kannten seine Stimme da bereits als die von Superman Christopher Reeve von 1978, die er dem Schauspieler auch in allen weiteren Filmen der Reihe sowie den meisten seiner anderweitigen Filme lieh. Außerdem war Dittberner 1980 auch als Sprecher von Wedge Antilles (Denis Lawson) in *Das Imperium schlägt zurück* zu hören. Die bekannteste Sprechrolle für den gebürtigen Berliner wurde jedoch die des Robert »Bobby« Ewing, gespielt von Patrick Duffy, in der Serie *Dallas* (1977-1991 sowie den Nachfolgereihen). Als Schauspieler war Dittberner unter anderem in den ZDF-Serien *Die Koblanks* (1979) sowie *Ich heirate eine Familie* und *Teufels Großmutter* (beide 1985) zu sehen.

Captain Futures treuer Gefährte, der Androide Otto bzw. Otho, im Original gesprochen von Keiichi Noda, erhielt in der deutschen Fassung die Stimme von Wolfgang Völz (1930-2018). Wolfgang Völz war seit dem Beginn seiner Karriere im Jahr 1955 ein gefragter Nebendarsteller in einer Vielzahl deutscher Filme, darunter *Charleys Tante* (1956) neben Heinz Rühmann, *Der Mann im Strom* (1958) mit Hans Albers oder Thrillern wie *Die 1000 Augen des Dr. Mabuse* (1960) von Regie-Altmeister Fritz Lang. Die meisten seiner Rollen hatten einen komödiantischen Anstrich. In späteren Jahren verlegte sich Wolfgang Völz als Schauspieler zunehmend auf das Fernsehen. Auch er war ein überaus bekanntes Gesicht für Fans des Phantastik-Genres: In den 7 Folgen der legendären Science-Fiction-Serie *Raumpatrouille – Die phantastischen Abenteuer des Raumschiffs Orion* (1966) war er als der schneidige Waffenoffizier Leutnant Mario de Monti zu sehen. Neben seiner Schauspielkarriere war Völz auch ein gefragter Synchronsprecher und lieh wiederholt Hollywood-Stars wie Ernest Borgnine und Walter Matthau seine Stimme.

Der Roboter Grag, der sich mit seinem Crew-Kameraden Otto in einem liebenswerten Dauer-Clinch befindet, fand in Friedrich G. (für Georg) Beckhaus (*1927) seinen deutschen Sprecher, nachdem Ken'ichi Ogata seine japanische Stimme gewesen war. Wie sein Kollege Wolfgang Völz war auch F.G. Beckhaus, wie er gern abgekürzt wird, einer der Hauptdarsteller in *Raumpatrouille,* wo er den Astrogator Atan Shubashi spielte. Ansonsten war Beckhaus als bekannter Nebendarsteller in meist unsympathischen Rollen in seit den 50er Jahren bekannten TV-Serien wie *Stahlnetz* (1958) oder *Hafenpolizei* (1962) und Filmen wie *Um null Uhr schnappt die Falle zu* (1966) oder *Liebesnächte in der Taiga* (1967) zu sehen. Als ebenfalls sehr bekannter Synchronsprecher hörte man ihn aus dem Munde von Schauspielern wie Ian Holm, Robert Duvall oder gar Medienschreck Klaus Kinski, wenn dieser sich weigerte, sich für die deutsche Fassung eines Filmes selbst zu sprechen.

Jochen Schröder (*1927) übernahm für seinen japanischen Kollegen Kiyoshi Kawakubo den Part des lebenden Gehirns Prof. Dr. Simon Wright. Schröder, der als Schauspieler nur selten in Erscheinung getreten ist, war für viele Zuschauer der Stammsprecher von Papa Walton gespielt von Ralph Waite (1975-1981). Doch auch Schauspieler Robert Loggia wurde gern mit Schröder als Synchronsprecher besetzt. Ein weiterer Star ist James Cromwell, der *Star Trek*-Fans als Dr. Zefram Cochrane bestens in Erinnerung geblieben ist. Der inzwischen stolze 92 Jahre alte Jochen Schröder lieh Cromwell bis zu dessen neuestem Film *Jurassic World: Das gefallene Königreich* (2018) seine Stimme.

Für die Planetenpolizistin Joan Landor, in den Romanen Joan Randall, verpflichtete man die Berliner Schauspielerin Anita Kupsch (*1940) als deutsche Stimme (im Original Eiko Masuyama). Schon seit den 60er Jahren kannte man Anita Kupsch als Darstellerin in Filmen und Serien wie *Klassenkeile* (1969), *Wir hau'n den Hauswirt in die Pfanne* (1971), *Okay S.I.R.* (1973) und *Ein Mann will nach oben* (1978). Ihre bekannteste Rolle war zweifellos die der Arzthelferin Gabi Köhler in der ARD-Vorabendserie *Praxis Bülowbogen,* die zwischen 1987 und 1996 107 Episoden lang zu sehen war. Als Synchronsprecherin lieh sie unter anderem Liza Minelli, Jennifer Jason Leigh und Goldie Hawn ihre Stimme.

Der kleine Ken Scott, in der japanischen Fassung gesprochen von Kazuhiko Inoue, erhielt mit Sven Plate (*1966) seinen Sprecher. Sven Plate ist der jüngere Bruder der bekannten deutschen Schauspielerin Christina Plate, die in Serien wie *In aller Freundschaft* oder *Küstenwache* (beide 2015) mitwirkte. Sven Plate selbst ist als Darsteller eher selten zu sehen, dafür ist er ein gefragter Synchronsprecher. *Star Trek*-Fans kennen ihn als die deutsche Stimme von Wil Wheaton alias Wesley Crusher, den er nicht nur in *Star Trek – The Next Generation,* sondern auch bei dessen Gastauftritten in *The Big Bang Theory* vertont. Ansonsten leiht Sven Plate Schauspielern wie Kirk Cameron oder Zeichentrickfiguren wie dem Drachenjäger Gwizdo sowie dem berühmten Hasen Bugs Bunny seine Stimme.

Captain Futures Chef Ezella Garnie (Kazuhiko Kishino in der japanischen Version) bekam als Sprecher den routinierten Michael Chevalier (1933-2005). Als Schauspieler trat Chevalier im Lauf seiner Karriere ebenfalls eher selten in Erscheinung, so in den Edgar Wallace-Verfilmungen *Der Zinker* (1963), *Neues vom Hexer* (1965) oder der Jugendserie *Manni, der Libero* (1981). Dafür jedoch war Michael Chevalier der Stamm-Synchronsprecher der Filmstars Charles Bronson, Richard Harris und Omar Sharif, die er in etlichen ihrer Filme für die deutsche Fassung vertonte.

Präsident Cashew (Taro Jin) wurde gesprochen von Horst Schön (*1926), der als Schauspieler anfangs in DEFA-Produktionen wie *Osceola* (1971) oder *Apachen* (1973) und nach seiner Übersiedlung nach Westdeutschland vorwiegend in TV-Produktionen wie *Drei Damen vom Grill* (1982) und verschiedenen *Tatort*-Folgen (1983-1988) mitwirkte. Als Synchronsprecher war er häufig für Komiker Leslie Nielsen tätig und sprach auch den sterbenden Anakin Skywalker in *Die Rückkehr der Jedi-Ritter.*

Ann schließlich, die Sekretärin des Präsidenten, in der japanischen Fassung gesprochen von Yumi Nakatani, erhielt die Stimme von Rebecca Völz (*1957), der Tochter des berühmten Wolfgang Völz (deutsche Stimme von Otto/Otho). Als Schauspielerin sah man sie in TV-Produktionen wie *Der Kommissar* (1975) oder *Tatort* (1977), als Synchronsprecherin lieh sie Jennifer Grey, Rebecca De Mornay und Elizabeth Perkins ihre Stimme.

Auch die restlichen Sprechrollen von Gastcharakteren, die teilweise nur in wenigen Episoden in Erscheinung traten, erhielten die bekannten Stimmen prominenter Sprecher, darunter Friedrich Schoenfelder (deutsche Stimme von David Niven), Gerd Duwner (»Ernie« aus der deutschen Fassung der *Sesamstraße),* Joachim Kerzel (Jack Nichsolson und Sir Anthony Hopkins) oder Arnold Marquis (die legendäre deutsche Stimme von Westernheld John Wayne).

Für die seit 2012 produzierten Hörspiele aus dem Golkonda-Verlag (siehe die entsprechenden Kapitel in diesem Buch) erhielten drei der Charaktere neue Sprecher, während die restlichen Figuren nach wie vor von ihren Originalstimmen aus der Fernsehserie gesprochen werden. Da Anita Kupsch nicht mehr zur Verfügung stand, übernahm ihre Kollegin Marie Bierstedt (*1974) die Rolle der Joan Landor. Marie Bierstedt ist die Tochter des berühmten Synchronsprechers Detlef Bierstedt, der neben George Clooney auch Commander Riker (Jonathan Frakes) in allen TV-Folgen von *Star Trek – The Next Generation* sprach. Marie Bierstedt ist die deutsche Stimme von Schauspielerinnen wie Anne Hathaway, Jessica Alba und Kirsten Dunst. Genre-Fans kennen ihre Stimme als die von Willow Alyson Hannigan aus der Serie *Buffy – Im Bann der Dämonen* (1998-2003).

Für den 2005 verstorbenen Sprecher von Ezella Garnie, Michael Chevalier, sprang in den Hörspielen sein Kollege Klaus

Dittmann (1939-2016) ein, den man als deutsche Stimme von Hollywood-Star Burt Lancaster kannte.

Der Charakter des Otto/Otho schließlich wird seit dem Tod von Wolfgang Völz im Jahr 2018 nunmehr von Tommi Piper (*1941) gesprochen. In den 60er Jahren synchronisierte Piper den jungen Little Joe Cartwright (Michael Landon) in *Bonanza* (1967-1969), seine bekannteste Sprechrolle ist jedoch zweifellos die der Titelfigur in der Sitcom-Serie *ALF* (1988-1991).

Alle anderen ursprünglichen Sprecher aus der Serie, auch der mittlerweile 92jährige F.G. Beckhaus als Grag, sprechen ihre Rollen ebenfalls in den Hörspielen.

ZWISCHENSPIEL

Die neuen Stimmen aus der Zukunft: Interview mit Marie Bierstedt (Joan Landor)

Frau Bierstedt, Sie sind den Fernsehzuschauern unter anderem als Stimme von Anne Hathaway, Kate Beckinsale und Kirsten Dunst bekannt. Als Hörspielsprecherin kennt man Sie aus Serien wie Offenbarung 23, John Sinclair und natürlich Captain Future. Wie kam es dazu, dass Sie die neue Joan Landor wurden?

Bierstedt: Sebastian Pobot kannte mich ja bereits von unserer Arbeit für die Reihe *Offenbarung 23.* Irgendwann kam er dann auf mich zu, erzählte mir, dass er plane, *Captain Future* neu rauszubringen, und fragte, ob ich Interesse daran hätte, die Rolle der Joan zu übernehmen. Ich fand die Idee toll, die Serie wieder aufleben zu lassen, und musste nicht lange überlegen …

War Ihnen bekannt, dass Captain Future in Deutschland auch nach 40 Jahren über so viele Fans verfügt, dass sich eine Hörspielserie lohnen würde?

Bierstedt: Gewusst habe ich das nicht, nein. Andererseits hat es mich aber auch nicht wirklich überrascht. Damals war die TV-Serie wirklich unglaublich populär. Und von den mittlerweile erwachsen gewordenen Zuschauern erinnern sich bestimmt viele gerne an diesen Kult aus Kindheitstagen zurück. Ich habe selbst oft erlebt, dass es reicht, kurz die Titelmelodie anzustimmen, und schon schwelgen alle um einen herum in Erinnerungen. Aber neben diesem nostalgischen Faktor denke ich schon, dass die Serie auch neue, jüngere Zuhörer für sich gewinnen kann.

Joan Landor nimmt innerhalb der Saga nur einen relativ geringen Raum ein und erforderte daher sicherlich arbeitstechnisch keinen allzu hohen Zeitaufwand von Ihnen. Hinzu kommt, dass Joan zwar Agentin der Planetenpolizei ist, ansonsten aber doch eher die typische Frau der 40er und frühen 50er Jahre verkörpert. Gab es da nicht vielleicht diesen einen Moment, in dem Sie sich etwas mehr Mut seitens Edmond Hamilton gewünscht hätten, Joan mehr Persönlichkeit zu verleihen?

Bierstedt: Sagen wir mal so: innerlich habe ich schon das eine oder andere Mal die Augen verdreht. Aber die Joan, so wie sie ist, gehört ja nun einmal in diese Geschichte. Und auch wenn ich persönlich sie mir vielleicht gern etwas moderner wünschen würde, gehört es ja zu meiner Aufgabe, die Figur möglichst so zu verkörpern, wie der Autor sich das vorgestellt hat.

Wie bereiten Sie sich auf ihre Rollen vor? Haben Sie sich beispielsweise die Arbeit von Anita Kupsch in der TV-Serie im Vorfeld angehört, oder kannten Sie die Serie bereits?

Bierstedt: *Captain Future* kannte ich ja, wie gesagt, bereits aus meiner Kindheit. Zur Vorbereitung habe ich mir dann natürlich die Texte durchgelesen, hab mich aber bewusst dagegen entschieden, nochmal in die alte TV-Serie reinzuhören. Ich wollte erst gar nicht in die Versuchung geraten, Anita Kupsch zu imitieren, denn sowas geht in der Regel nach hinten los. Also habe ich mich lieber auf den Text selbst als Inspirationsquelle beschränkt.

Erzählen Sie unseren Lesern ein wenig über die Arbeit in einem Tonstudio. Wie sind die Arbeitsabläufe? Stehen Sie alleine vor dem Mikrofon, oder arbeiten Sie gemeinsam mit ihren Kollegen?

Bierstedt: Beim Hörspiel kommt es tatsächlich ab und zu noch vor, dass man mit seinen Kollegen gemeinsam aufnimmt. Das macht immer großen Spaß, weil durch die gemeinsame Arbeit natürlich eine ganz besondere Dynamik entsteht. In der Regel ist es aber so, dass ich allein vor dem Mikrofon stehe. Die Sätze meines Partners muss ich mir dann eben vorstellen. Bzw. – wenn der Kollege bereits aufgenommen worden ist – hat man manchmal Glück und bekommt die Parts seines Gegenübers über Kopfhörer eingespielt.

Damit das möglichst reibungslos funktioniert, bekomme ich den Text schon 1-2 Wochen vorher zugeschickt.

Finden Sie ganz allgemein, dass Sprechern in der deutschen Fanszene noch zu wenig Aufmerksamkeit gewidmet wird? Immerhin werden zu den mittlerweile zahlreichen Conventions, Comicmessen und Filmbörsen immer noch überwiegend Schauspieler und Zeichner eingeladen, weniger aber die Personen, die den vielen Helden in Manga, Zeichentrick und Hörspiel ihre Stimmen leihen.

Bierstedt: Da bin ich eher zwiegespalten. Einerseits wünsche ich mir als Hörspielsprecherin und Synchronschauspielerin natürlich, dass die Zuhörer und Zuschauer so tief in die Geschichte eintauchen können, dass sie sich gar keine Gedanken mehr über die jeweiligen Stimmen machen. In diesem Sinne war meine Arbeit dann erfolgreich, wenn niemand weiter über mich – also die Person hinter der Stimme – nachdenkt. Andererseits tragen wir Sprecher natürlich viel zum Gelingen eines Films oder eines Hörspiels bei. Da wurmt es einen schon ein bisschen, wenn beispielsweise im Kino der eigene Name erst ganz am Ende des Abspanns gezeigt wird, wenn alle schon aus dem Saal raus sind.

Gerade was die Hörspielszene angeht, habe ich aber immer wieder die Erfahrung gemacht, dass zahlreiche Hörer den Sprechern viel Interesse und Anerkennung entgegenbringen. Da bin ich wirklich die Letzte, die sich in irgendeiner Weise beklagen wollen würde.

Vielen Dank für das Gespräch!

ZUKUNFTSMUSIK

Christian Bruhn, der Schöpfer des Captain Future-Soundtracks

Kommt hier in Deutschland die Rede auf die Serie *Captain Future,* dann ist häufig meist im selben Atemzug die Rede von der Serien-Musik, die sich bereits während der Erstausstrahlung zu einem ausgesprochenen Hit entwickelte, auch wenn sie erst lange Zeit später komplett erhältlich war. Allerdings konnte man schon während der ersten TV-Ausstrahlung die Titelmelodie von Christian Bruhn auf Single kaufen, und diese wurde sogar von deutschen Radiosendern gespielt.

Zwei Komponisten

Ungewöhnlich war das damals für japanische Zeichentrickserien in Deutschland durchaus nicht: Während Anime-Serien (wie bereits erwähnt, kannte in den 70er Jahren hierzulande kaum jemand diesen Begriff) in Japan mit der Musik einheimischer Komponisten unterlegt wurden, erhielten sie hierzulande ausnahmslos neue Soundtracks, die fast allesamt stets von den beiden gleichen Komponisten stammten. Der eine davon war der Tscheche Karel Svoboda (1938-2007), der die Serien *Wickie und die starken Männer* (1972), *Die Biene Maja* (1975), *Pinocchio* (1976) sowie *Wunderbare Reise des kleinen Nils Holgersson mit den Wildgänsen* (1980) musikalisch untermalte. Von ihm stammt übrigens auch die märchenhafte Filmmusik des Weihnachts-Klassikers *Drei Haselnüsse für Aschenbrödel* (1973). Die Titellieder zu *Die Biene Maja,* gesungen vom leider am 1. Oktober 2019 verstorbenen Karel Gott, sowie *Pinocchio* von Mary Roos, beide aus der Feder Svobodas, wurden dabei weit über das Kinderfernsehen hinaus bekannt. Ersteres avancierte gar zu einem der erfolgreichsten Lieder seines Interpreten überhaupt.

Und der zweite war der Mann, der bei *Captain Future*-Fans bis heute ungebrochenen Kultstatus genießt: Der 1934 in Hamburg geborene Christian Bruhn.

Bruhns Erstkontakt mit der Welt japanischer Zeichentrick-Kultur hatte übrigens bereits 1972 stattgefunden: Das Titellied zu *Wickie und die starken Männer,* welches von der damals noch weitgehend unbekannten Kölner Mundart-Gruppe Bläck Fööss gesungen wurde, stammte aus seiner Feder, während sein Kollege Karel Svoboda den restlichen Serien-Soundtrack komponierte.

Allerdings war Christian Bruhn in dieser Zeit bereits durch sein vorheriges Werk ein bekannter Mann in Deutschland: Seit den 60er Jahren war er ein gefragter Schlager-Komponist und die Welt der deutschen Fassungen von Anime-Serien lediglich ein weiteres Betätigungsfeld für den umtriebigen Hamburger. Dazu jedoch später mehr.

Hits aus dem Fernsehen

Christian Bruhns erste eigene Musik für eine japanische Zeichentrickserie war der Soundtrack zum Klassiker *Heidi* von 1977. Das Titellied ist bis heute eine ausgesprochene Party-Hymne für Nostalgiker: Christian Bruhn hatte Mitte der 70er Jahre das aus Obernburg am Main stammende singende Geschwisterpaar Gitti und Erika entdeckt (die übrigens entgegen vieler Gerüchte keine Zwillinge sind) und mit dem binnen kürzester Zeit zum Hit avancierten Lied für die Serie zu Volksmusik-Stars gemacht. Erika, die jüngere Hälfte des Duos, wurde 1976 Bruhns vierte Ehefrau, und die beiden blieben bis zum Jahr 2001 verheiratet. Bis dahin arbeitete Christian Bruhn noch viele weitere Male professionell mit seiner Frau und deren Schwester zusammen. Von Gitti und Erika stammte auch das Titellied zur nächsten Anime-Serie in hiesiger Erstausstrahlung, für deren deutsche Fassung Bruhn die Musik komponierte: Die bereits 1976 entstandene, aber erst 1980 bei uns veröffentlichte Serie *Marco* über einen kleinen Jungen auf der abenteuerlichen Suche nach seiner Mutter konnte erfolgsmäßig nicht an *Heidi* anknüpfen, obwohl sie dem Vorbild qualitativ in nichts nachstand und in Spanien und Italien ein Publikumsrenner gewesen war. Das galt auch für die Serienmusik. Der Grund dafür war vermutlich, dass das der Serie zugrunde liegende italienische Kinderbuch im Gegensatz zu Johanna Spyris *Heidi* hierzulande niemals eine sonderliche Beachtung erfuhr und die Serie im Gegensatz zu *Heidi* ausschließlich in den damaligen dritten Programmen zu sehen war.

Erfolgreicher war da schon Bruhns Soundtrack zur Serie *Sindbad,* 1975 entstanden und 1978 in Deutschland gezeigt. Das Titellied hierfür sangen diesmal nicht Gitti und Erika, sondern das kurzlebige deutsche Pop-Duo Honey B., welches ebenfalls von Christian Bruhn produziert wurde. Auch dieser Song wurde ein zumindest kleiner Hit.

Bevor Christian Bruhn dann im Jahre 1980 den *Captain Future*-Soundtrack ersann, unterlegte er zunächst noch die beiden Real-Serien *Die Rote Zora* und ihre Bande sowie *Timm Thaler* (beide von 1979) mit ihren bis heute einprägsamen Erkennungsmelodien. Später folgten mit *Tao Tao* und *Alice im Wunderland* (beide von 1983) zwei weitere Musiken für Anime-Serien; *Silas* (1981), *Manni, der Libero* (1982), *Jack Holborn* (1982) und *Nesthäkchen* (1983), die teilweise zu den damals beliebten Weihnachts-Mehrteilern aus deutscher Produktion gehörten. Bruhns damalige Frau Erika hatte sich in dieser Zeit von ihrer Schwester als Gesangspartnerin getrennt und eine zweite Karriere als Disco-Sängerin Lady Lily gestartet. In dieser Funktion sang sie die Titellieder zu *Patrick Pacard* (1984) und *Oliver Maas* (1985), zwei weiteren Weihnachts-Mehrteilern, deren Soundtracks von Christian Bruhn stammten.

Original und deutsche Version

Doch kommen wir zurück zum Soundtrack zu *Captain Future.* Die Musik der japanischen Originalfassung stammte vom Komponisten Yuji Ohno (*1941), der bereits verschiedene japanische Anime-Serien mit Musik versehen hatte, und besaß nicht die geringste Ähnlichkeit mit dem Soundtrack, den Bruhn für die Serie schrieb.

Yuji Ohno ist ein bis heute in Japan bekannter Jazz-Musiker und spielte die Originalmusik mit seiner damaligen Formation You & The Explosion Band ein. Die Musik gehört eindeutig in den »gechillten« Smooth-Jazz-Bereich und besitzt gerade für Freunde solcher Musik unbestreitbare Vorzüge, doch schien sie den ZDF-Verantwortlichen nur wenig geeignet, die Serie auch bei uns zu untermalen. In der damaligen Zeit war es gang und gäbe, Serien für die deutsche Fassung mit einer anderen Musik als der in der Originalfassung zu unterlegen. Eins der berühmtesten Beispiele war die Science-Fiction-Serie *Mondbasis Alpha 1 (Space 1999),* deren von Barry Gray komponierte Titelmusik hierzulande durch einen (gelinde gesagt äußerst wenig passenden) Ausschnitt aus Jean-Michel Jarres *Oxygene II* ersetzt wurde.

Auftritt Christian Bruhn: Bruhn schrieb für *Captain Future* den bekannten zündenden Elektropop-Soundtrack, der heute für viele Fans exemplarisch für die Serie ist. Neben dem eigentlichen Captain-Future-Thema wurde besonders das Stück *Hurra, wir fliegen!*, sozusagen das Action-Theme der Serie, ein großer Hit. Übrigens stammt der sphärisch klingende hohe Frauengesang in beiden Stücken, der wohl nicht ganz zufällig an die Titelmusik von *Star Trek – Raumschiff Enterprise* erinnert, von Erika Bruhn, was sicher kaum jemanden überrascht.

Während es nach der Erstausstrahlung von *Captain Future* lediglich eine Single mit der Titelmelodie und Hurra, wir fliegen! auf der B-Seite zu kaufen gab, erschien die komplette Filmmusik erst im Jahr 1995 auf CD. Diese ist heutzutage natürlich vergriffen und hat sich inzwischen zu einem der schon angesprochenen Sammelstücke zum Fantasiepreis gemausert (allerdings hört man immer wieder einmal Gerüchte über eine Neuauflage). Jedoch kann der Soundtrack auch auf verschiedenen legalen Musik-Streaming-Portalen wie etwa Amazon Music angehört werden. Es gab seit den 80er Jahren gar verschiedene Techno-Versionen der *Captain Future*-Musik, die in entsprechenden Clubs gespielt wurden.

Bruhns Serienmusik klingt fast schon merkwürdig zeitlos, obwohl sie selbstverständlich vom Geist der späten 70er Jahre durchweht wird. Eine durchaus seltene Angelegenheit in der heutigen Zeit, doch merkt man ihr unschwer an, dass sie von einem echten Profi stammt – und das ist Christian Bruhn ganz sicher.

Ein Star seiner Zeit

Wie schon kurz zu Beginn dieses Kapitels angedeutet, war Christian Bruhn bereits vor seiner Karriere als Serienmusik-Komponist ein überaus bekanntes Gesicht in der Musik-Szene seit den 50er Jahren – beinahe könnte man sagen, dass er eine Art Vorgänger von Pop-Titan Dieter Bohlen war.

Bereits als Vierjähriger unternahm der kleine Christian erste Kompositionsversuche am heimischen Klavier. Da das gebürtige Nordlicht die letzten Jahre des Zweiten Weltkrieges zusammen mit seiner Mutter und seiner Schwester in Kärnten verbrachte, entwickelte er hier eine Vorliebe für die österreichische Volksmusik, was viele seiner späteren eher volkstümlichen Kompositionen erklärt.

Nach dem Krieg nahm er Klavier- und anderweitigen Musikunterricht und spielte seit 1955 als Jazz-Pianist bei verschiedenen Formationen. Bereits während seines Studiums hatte er 1953 die Begleitmusik für einen Kurzfilm mit dem Titel *Ware unterwegs* komponiert.

Über eine Anstellung bei der Schallplatten-Firma Spezial Record, welche für das Label »Tempo«-Schallplatten produzierte, gelangte er schließlich ins professionelle Musikgeschäft und machte die Bekanntschaft des damals bekannten Textdichters Georg Buschor (1923-2005), mit dem er eine langjährige Zusammenarbeit startete.

Der Schlager *Midi-Midinette* des damaligen Teenie-Idols Cornelia »Conny« Froboess wurde der erste gemeinsam geschriebene Hit der beiden. Noch erfolgreicher wurde der ebenfalls von Conny Froboess intonierte Evergreen *Zwei kleine Italiener,* mit dem Bruhn und Buschor gar die Deutschen Schlagerfestspiele im Jahr 1962 gewannen.

Liebeskummer lohnt sich nicht von Bruhn und Buschor, 1964 gesungen von der jungen Schwedin Siw Malmkvist, schaffte es auf den ersten Platz der Konkurrenzveranstaltung Deutsche Schlager-Festspiele in seinem Erscheinungsjahr.

Zusammen mit weiteren Mitarbeitern gilt Christian Bruhn auch als der Entdecker von Drafi Deutscher, der einer der erfolgreichsten deutschen Sänger der gesamten 60er Jahre wurde. Deutschers Hits *Teenie* (1963), *Cinderella Baby* (1964) und *Marmor, Stein und Eisen bricht* (1965), der bei mehreren Umfragen den Titel »Bekanntester deutscher Schlager überhaupt« errang, stammen zumindest teilweise aus der Feder von Christian Bruhn, was auch für weitere erfolgreiche Lieder des 2006 verstorbenen Sängers gilt.

Ähnlich erfolgreich und auch bei Leuten bekannt, die ansonsten eher keine Schlager hören, waren *Siebentausend Rinder* des Schweizer Sängers Peter »Peterli« Hinnen (1963), *Ich geh' noch zur Schule* der jungen Manuela (ebenfalls 1963) sowie *Wärst Du doch in Düsseldorf geblieben* von Dorthe Kollo.

Auch die Französin Mireille Mathieu verdankt einen Teil ihrer hierzulande erfolgreichen Lieder … richtig, Christian Bruhn.

Katja Ebstein, für die Christian Bruhn ihren Erfolgstitel *Wunder gibt es immer wieder* schrieb, den sie 1970 beim damaligen Eurovision Song Contest (der zu dieser Zeit noch Grand Prix de la Chanson d'Eurovision hieß …) vortrug und mit dem sie den 3. Platz belegte, wurde 1972 Christian Bruhns dritte Ehefrau. Davor war er mit der Sängerin Charlotte Marian verheiratet gewesen, welche in der von Bruhn produzierten (natürlich höchst erfolgreichen) ersten deutschen Mädchenband Tahiti Tamouré gesungen hatte.

Bei den allermeisten seiner frühen Kompositionen wirkte Christian Bruhn persönlich als Begleitmusiker am Klavier und auch anderen Instrumenten mit.

Insgesamt bringt es Christian Bruhn auf etliche Nummer-1-Hits der damaligen Hitparaden, von denen mindestens 8 zu Millionen-Sellern wurden; ebenso wurde er mit mehreren Goldenen Schallplatten (unter anderem für *Zwei kleine Italiener,* die Drafi Deutscher-Songs sowie *Heidi* von Gitti und Erika) ausgezeichnet. Die Anzahl der von ihm komponierten Lieder und Musikstücke wird mit weit über 2000 (!!!) beziffert.

Werbemusik, Chef der GEMA und ein Film über das Lebenswerk

Seit den späten 70er Jahren, zu einer Zeit, als der Erfolg von Schlagermusik deutlich ins Wanken kam, begann er nach dem Karrierestart von Gitti und Erika mit der vorwiegenden Komposition von Serien-Soundtracks und auch Werbe-Jingles. Das von Vicky Leandros gesungene *Schmusewolle, das macht Perwoll aus Wolle* (1974), *Shamtu Shampoo bringt Spannkraft ins Haar* (1978) sowie *Milka, die zarteste Versuchung, seit es Schokolade gibt,* in den 80er Jahren von seiner damaligen Ehefrau Erika Bruhn gesungen, gehen bis heute Leuten durch den Kopf, die in der damaligen Zeit vielleicht ein wenig zu oft das Werbefernsehen angeschaut haben. Christian und Erika Bruhns Ehe ging im Jahr 2001 kurz nach der Silbernen Hochzeit in die Brüche und wurde geschieden. 2002 heiratete Christian Bruhn zum fünften Mal, und zwar die Ärztin Irene Link.

Seit den 80er Jahren ging die Hitproduktion von Schlagermusik durch Christian Bruhn aufgrund des geänderten Publikumsgeschmacks mehr und mehr zurück, sodass er sich nach und nach fast hauptsächlich auf das Komponieren von Serienmusik verlegte.

1981 wurde Christian Bruhn Mitglied im Aufsichtsrat der GEMA (= Gesellschaft für Musikalische Aufführungs- und mechanische Vervielfältigungsrechte), die für die Ausschüttung der Gewinnerträge aus der Aufführung von Liedern und Musikstücken aller Art an die Komponisten und Interpreten zuständig ist, und fungierte von 1991 bis 2009 schließlich gar als deren Aufsichtsratsvorsitzender.

Ansonsten ist der mittlerweile 85jährige Bruhn nach wie vor als Musiker tätig: 2010 komponierte er die Begleitmusik zu den Lyrik-Lesungen von Mario Adorf des Werkes der Dichterin Claire Din, welches dem semi-klassischen Stil angehört, und arbeitet seit 2012 mit dem Berliner Entertainer Donato Plögert zusammen, für den er drei Alben produzierte.

Am 10. Januar 2019 kam der von der Filmemacherin Maria Reich inszenierte Dokumentarfilm *Meine Welt ist die Musik – Der Komponist Christian Bruhn* in die Kinos und ist mittlerweile auch im Heimkino zu sehen.

Doch bei allen seinen Erfolgen ist und bleibt Christian Bruhn für uns Science-Fiction-Fans bis heute vorwiegend der Mann, der die abenteuerlichen Raumflüge der Comet mit Captain Future und seinem Team mit jener Musik erfüllte, die nach wie vor häufig in unseren Wohnzimmern erschallt.

DIE HEIMAT VON CAPTAIN FUTURE

Eine kurze Geschichte der Toei Animation K.K.

Einleitung

Auf die Frage, wo »Captain Future« Curtis Newton eigentlich zuhause ist, gibt es gleich mehrere Antworten. Fans der Serie und Leser dieses Buches wissen natürlich: Selbstverständlich auf seiner Mondbasis, wo sein Raumschiff Comet im Dock liegt, wenn er nicht gerade spannende Abenteuer mit seiner Crew erlebt.

Zuhause war Captain Future außerdem ursprünglich in der literarischen Science-Fiction in den Büchern des Autors Edmond Hamilton, über den es im entsprechenden Kapitel dieses Buches mehr zu erfahren gibt.

Und die Serie selbst stammt natürlich aus Japan, dem Land der aufgehenden Sonne, wo die Zeichentrick-Kultur in Form von Mangas und Animes eine lange Tradition genießt.

Aber wo genau nahm unsere Lieblingsserie eigentlich 1978 ihren Anfang? Wo entstand sie, und wer produzierte sie?

Schon mehrmals war in diesem Buch von den japanischen Toei-Studios die Rede. Zeit, einen etwas genaueren Blick auf diese Animationsschmiede zu werfen, welche die *Captain Future*-Serie einst aus der Taufe hob.

Vom Film- zum Zeichentrickstudio

Das Unternehmen Toei wurde 1948, also in der Nachkriegszeit, in Tokio gegründet. Ursprünglich handelte es sich dabei um ein kleines Filmstudio, das kurze Realfilme produzierte, welche für den Einsatz im Vorprogramm »großer« Kinofilme gedacht waren. Im gleichen Jahr wurde auch das Trickfilmstudio Nihon Doga K.K. (übersetzt etwa »Japan-Animationen«) gegründet, das kurze Zeichentrickfilme realisierte und im Jahr 1952 in Nichido Eiga

K.K. umbenannt wurde (übersetzt »Japan-Animationsfilme«).

Im Sommer 1956 kaufte Toei Nichido Eiga K.K. auf und machte unter dem Namen Toei Doga K.K. (= »Toei-Animationen«) ein Komplettunternehmen daraus. Der internationale Name wurde auf Toei Animation Co., Ltd. festgelegt. Der erste Film des neuen Unternehmens war der im Frühjahr 1957 erschienene, in schwarz-weiß produzierte Kurzfilm *Koneko no Rakugaki* des Zeichners Yasuji Mori, der unter dem Titel *Kitty's Graffiti* auch im englischsprachigen Ausland gezeigt wurde.

Der erste abendfüllende, in Farbe realisierte Anime-Spielfilm von Toei wurde ein Jahr später im Herbst 1958 veröffentlicht. *Hakujaden* war die Verfilmung der alten chinesischen Fabel *Bai She Zhuan*, in der ein kleiner Junge zusammen mit zwei vermenschlichten Pandabären auf eine abenteuerliche Heldenreise geht. Regie führte der später durch weitere Anime-Filme berühmt gewordene Taiji Yabushita. In der japanischen Originalversion gab es lediglich zwei Sprecher, die den handelnden Charakteren ihre Stimmen liehen: Hisaya Morishige und seine Kollegin Mariko Miyagi. Der Film wurde ein großer Erfolg in Japan und anderen asiatischen Ländern und erhielt zahlreiche Auszeichnungen auch auf internationaler Ebene. 1961 kam er unter dem Titel *Panda And The Magic Serpent* als allererster japanischer Anime-Film auch in amerikanische Kinos.

Nach Deutschland kam *Hakujaden* erst 25 Jahre nach seiner Entstehung. Am 1. April (nein, dies ist kein Scherz!) 1983 wurde er unter dem deutschen Titel *Erzählung einer weißen Schlange* im ZDF gezeigt, mittlerweile ist er allerdings auch auf DVD erhältlich.

Der nächste Toei-Film folgte ein Jahr später. Taiji Yabushita inszenierte mit *Shonen Sarutobi Sasuke* einen weiteren Streifen, der bereits 1961 unter dem Titel *Der Zauberer und die Banditen* in Deutschland zu sehen war. Diesmal ging es um einen kleinen Jungen, der das Zauberhandwerk erlernt, um einer bösen Hexe und mit ihr verbündeten Räubern das Handwerk zu legen.

Es folgten weitere erfolgreiche Zeichentrickfilme zumeist mit Fantasy-Thematik wie *Saiyuki,* der für die deutsche Veröffentlichung den Titel *Alakazam – König der Tiere* erhielt. Es handelte sich um eine Verfilmung des populären Mangas *Boku no Son Goku* von Osamu Tezuka, der darin wiederum den klassischen chinesischen Fabel-Roman *Die Reise nach Westen* adaptierte, in dem es um den mythischen Affenkönig Alakazam und seine phantastischen Erlebnisse ging. Der in Asien hochpopuläre Roman wurde danach übrigens noch diverse weitere Male verfilmt, zuletzt in Form der für Netflix produzierten Realserie *Die Reise nach Westen.*

Es folgten während der 60er Jahre etliche weitere abendfüllende Anime-Produktionen von Toei, die teilweise entweder gar nicht oder aber erst sehr viel später im Zuge des aufkommenden Interesses an japanischen Mangas und Animes hier bei uns zu sehen waren: Etwa *Anju to Zushio-maru* (1961) oder *Arabian Night: Sindbad no Boken* (1962), eine Adaption der berühmten *Märchen aus 1001 Nacht.* Mit *Cyborg 009* (1966) und *Cyborg 009 Kaishu Senso* (1967) kamen übrigens zwei erste Science-Fiction-Animes heraus, die auch ihren Weg in das Ausland fanden und später in Form einer Zeichentrickserie fortgesetzt wurden.

Als großer Erfolg auch in der DDR erwies sich *Nagagutsu o Haita Neko* von 1969, eine (allerdings sehr freie) Verfilmung des Grimm'schen Märchens *Der gestiefelte Kater,* welche unter eben diesem Titel auch in der Deutschen Demokratischen Republik in den Kinos zu sehen war. In Westdeutschland wurde der Streifen *Perix der Kater und die drei Musketiere* betitelt. Die Hauptfigur, der Kater Pero (im japanischen Original), fungiert seitdem als Maskottchen der Toei-Studios. 1972 und 1976 erlebte Pero zwei weitere Zeichentrickabenteuer, die ihn in den Wilden Westen sowie auf eine Weltreise führten.

In den 70er Jahren hob Toei auch den von einer jungen Frau in seinem Kopf gesteuerten Riesen-Roboter Mazinger Z aus der Taufe, der ursprünglich aus den Mangas des Zeichners Go Nagai stammte. Mazinger Z erlebte mehrere animierte Kinofilm-Abenteuer und war seit 1972 auch in einer 92-teiligen Fernsehserie zu sehen, welche erfolgreich in Mittel- und Lateinamerika, Spanien und Italien zu sehen war, es jedoch niemals nach Deutschland schaffte. Der Grund dafür war vermutlich, dass die Serie für hiesige Verhältnisse außerordentlich brutal daherkam und durchaus in ihr gezeigt wurde, wie der Roboter außerirdischen Weltraummonstern und dergleichen mehr die Köpfe abschlug. Der Autor dieses Kapitels bekam die Serie in den späten 70er-Jahren während seiner Besuche bei amerikanischen Nachbarn zu sehen, die US-TV empfangen konnten.

Toei blieb jedenfalls einer der Markführer im Bereich der Anime-Kinofilme: Nach auch hierzulande gezeigten Märchenadaptionen wie *Die wilden Schwäne* (1977) und *Däumelinchen* (1978) nach Hans Christian Andersen oder *Aladin und die Wunderlampe* (1982), erneut nach den *Märchen aus 1001 Nacht,* fanden auch Verfilmungen japanischer Märchen wie *Die Königin der tausend Jahre* (wovon es auch eine Adaption als TV-Serie gab) sowie der Endzeitfilm *Das Ende aller Tage* (beide von 1982) den Weg aus Japan hierher.

Mit *Dragon Ball – The Movie: Die Legende von Shenlong* (1986), der parallel zur im gleichen Jahr gestarteten Anime-TV-Serie anlief, begründete Toei schließlich ein weiteres langjähriges Erfolgs-Franchise, dem sich 1999 mit *Digimon* eine weitere Goldgrube anschloss.

Bis heute veröffentlicht Toei weiterhin Anime-Filme aus verschiedenen erfolgreichen Franchises, ist jedoch dabei mit der Zeit gegangen und für die Realisierung der Produktionen mittlerweile auf die Erstellung am Computer, teilweise unterstützt durch 3D-Animationen, umgestiegen.

Toei TV-Produktionen

Entgegen vielen anderslautenden Meinungen, auch aus der eingeschworenen Fangemeinde, war *Captain Future* tatsächlich erst die zweite von Toei produzierte Anime-Serie, die es in das deutsche Fernsehen schaffte. Zuvor war dies nur den Abenteuern des stets eine Eierschale als Hut tragenden schwarzen Küken *Calimero* in den 99 Episoden der gleichnamigen Serie vergönnt gewesen, die seit 1972 vom ZDF gezeigt wurde.

Denn weder *Heidi* noch *Wickie und die starken Männer* (beide von 1974), *Die Biene Maja* (1975), *Pinocchio* oder *Marco* (beide 1976), die allesamt erfolgreich im hiesigen Kinderprogramm gezeigt wurden, waren Toei-Produktionen. *Heidi, Wickie* und *Die Biene Maja* stammten allesamt von Zuiyo Enterprise, während *Pinocchio* und *Marco* von dessen Nachfolge-Unternehmen Nippon Animation hergestellt worden waren. Zuiyo Enterprise beziehungsweise Nippon Animation gilt bis heute als einer der schärfsten Konkurrenten für Toei.

Allerdings dürften die Leute hinter den Kulissen zumindest teilweise die gleichen gewesen sein. So startete der weltberühmte japanische Zeichentrickfilm-Regisseur Hayao Miyazaki (*1941) – mitunter als »japanischer Steven Spielberg« geadelt und Schöpfer von weit über seine Heimat hinaus bekannten Filmklassikern wie *Nausicaä aus dem Tal der Winde* (1984), *Mein Nachbar Totoro* (1988) oder *Prinzessin Mononoke* (1997) (allesamt vom Studio Ghibli produziert, das er mitgegründet hatte) – seine Karriere bei Toei und war später auch für Zuiyo Enterprise beziehungsweise Nippon Animation tätig, wo er unter anderem an den bereits genannten Serien mitarbeitete. Ein Einzelfall dürfte er damit jedenfalls nicht sein. So wird bei einigen Werken von Toei als Schöpfer der Name Izumi Todo genannt, bei dem es sich jedoch nicht um eine real existierende Person handelt: Vielmehr ist dies ein Sammel-Pseudonym verschiedener kreativer Köpfe.

Die Toei-Studios jedenfalls stiegen im Jahr 1963 nach ersten erfolgreichen Kinofilmen auch in das TV-Geschäft in ihrer japanischen Heimat ein. *Okami Shonen Ken* lautete der Titel der ersten Toei-Serie. Sie schildert die Dschungelabenteuer des von Wölfen großgezogenen Jungen Ken, die je nach Sichtweise mehr oder weniger offen an das berühmte, bereits von Walt Disney erfolgreich verfilmte *Dschungelbuch* des britischen Autors Rudyard Kipling angelehnt waren. Berühmtheit erlangte die Serie zu ihrer Zeit vor allem durch die Information, dass in ihr mehr Bilder pro Sekunde zu sehen waren als in anderen Anime-Produktionen aus der gleichen Zeit, was sich damals hervorragend zu Werbezwecken nutzen ließ.

In den USA war die immerhin 86 Episoden lange Serie unter dem Titel *Wolf Boy Ken* zu sehen, eine deutsche Veröffentlichung gibt es nicht.

Serie Nummer 2 war *Shonen Ninja Kaze no Fujimaru,* im englischsprachigen Sprachraum als *Fujimaru Of The Wind: The Childhood Of A Ninja* bekannt. Die Serie erzählt in 65 Episoden die titelgebende Kindheit des kleinen Ninjas, der Macht über den Wind besitzt.

Auch hier blieb eine deutsche Veröffentlichung aus, ebenso wie bei *Maho Tsukai Sally* (1966), *Boken Shonen Shadar* (1967), *Akane-chan* (1968), *Cyborg 009* (1968 – hiervon wurden einzelne Folgen jedoch später auch bei uns für die Heimkino-Auswertung veröffentlicht), *Gegene no Kitaro* (1968) oder *Apache yakugon* (1971). Wie bereits erwähnt, war das stets vom Pech verfolgte Küken *Calimero* die erste Toei-Schöpfung, die auch in Deutschland bekannt wurde.

Seit den 70er Jahren verlegte sich Toei auch im Fernseh-Sektor mehr und mehr auf Science-Fiction. Neben dem schon erwähnten *Mazinger Z,* der seine Abenteuer in Kinofilmen und gleich zwei Fernsehserien gleichzeitig erlebte, schuf man sich 1975 mit der Serie *Goldorak,* in der es ebenfalls um einen von Menschen gesteuerten Riesen-Roboter ging,

Konkurrenz aus den eigenen Reihen. Im Gegensatz zu *Mazinger Z* schaffte es ein Zusammenschnitt der Abenteuer von *Goldorak* zumindest in die deutschen Videotheken und ist mittlerweile auch auf DVD erhältlich.

Bedingt durch den großen weltweiten Erfolg von *Star Wars* im Jahr 1977 wandte man sich auch bei Toei ab den späten 70er Jahren dem immer populärer werdenden Thema »heroische Weltraumgeschichten« zu, das mit Filmen wie *Der große Krieg der Planeten* und *Sternenkrieg im Weltall* (beide von 1978) bereits Eingang in die Welt des japanischen Realfilms gefunden hatte.

Eben dieser Entwicklung entsprang schließlich auch *Captain Future.* Wie in einem anderen Kapitel bereits kurz angeschnitten, waren die Abenteuer unseres Captains auf der Comet allerdings nicht die erste reine Space Opera aus den Toei-Studios: *Uchu Kaizoku Kyaputen Harokku* basiert auf dem gleichnamigen Manga des Zeichners Leiji Matsumoto aus den Jahren 1977 bis 1979. Der Manga und die nachfolgende Serie von 1978, die es auf 64 je 24-minütige Episoden in zwei Staffeln brachte, handeln von einer Welt in einer fernen Zukunft, in der die Menschheit durch die enormen technischen Errungenschaften faul und dekadent geworden ist und ihr Leben von einem übermächtigen Computer bestimmen lässt. Jeder, der sich diesem Lebensstil entgegenstellt, wird als Störenfried angesehen und von der Gesellschaft bekämpft. Captain Harokku (in der englischen und später auch der deutschen Fassung Harlock), der Kommandant des Raumschiffes Arcadia, gehört der Fraktion dieser Störenfriede an.

Erst als die Erde von den außerirdischen Mazone angegriffen wird, gehören Harokku bzw. Harlock und seine Crew zu den wenigen, die sich der feindlichen Übermacht entgegenstellen. Es gab nach dem Ende der Serie mehrere Zeichentrickfilme sowie eine Serienfortsetzung.

Die Serie wurde ins Englische, Französische, Spanische, Italienische und Deutsche übersetzt und erhielt hierzulande den

Titel *Die Abenteuer des fantastischen Weltraumpiraten Captain Harlock.* Zwar wurde sie zumindest anfangs bei uns im Gegensatz zu anderen Ländern nicht im Fernsehen gezeigt, doch wurden die ersten 12 Folgen in Form von Zusammenschnitten auf Video und später auch im kurzlebigen LaserDisc-Format herausgebracht. In jüngerer Zeit wurde sie jedoch auch bei uns im Privatfernsehen gesendet.

Kein ganz so großer Erfolg in Japan wie die Abenteuer von Captain Harlock hingegen wurde die Serie *Captain Future,* die ebenfalls 1978 erschien.

Aus dem gleichen Jahr stammt auch die eher dystopisch angehauchte Toei-Serie *Ginga Tetsudo 999,* die unter dem Titel *Galaxy Express 999* in den USA zu sehen war.

Toei blieb in der Produktion von Anime-TV-Serien ebenso fleißig wie im Bereich der Kinofilme. Neben den verschiedenen Versionen des *Dragonball*-Franchises, zu dem unter anderen die Nachfolgeserien *Dragon Ball Z* (1989) und *Dragon Ball GT* (1996) gehören, gelang Toei ab 1992 ein weiterer großer Wurf mit der ersten Serie um die unfreiwillige Superheldin *Sailor Moon:* Die eigentlich auf ein jugendliches weibliches Publikum ausgerichtete Serie war auch in Deutschland erfolgreich und brachte es auf vier weitere Fernsehserien, die bis heute einen ähnlich treuen Fan-Kreis besitzen wie *Captain Future.*

Und so ist es bis heute geblieben – Toei ist ein ausgesprochener Marktführer auch im Bereich des Anime-Fernsehens und produziert fleißig weiterhin Serien aller Genres, denn bekanntlich gibt es längst nicht nur Anime-Serien aus dem Phantastikbereich, sondern auch solche aus so gut wie allen anderen populären Genres der Unterhaltungsbranche, angefangen bei klassischen Romanzen über Sportlergeschichten bis hin zum Horror-Genre.

Mitwirkung an amerikanischen Zeichentrickproduktionen

Darüber hinaus begann man bei Toei ab den frühen 80er Jahren auch mit der Zusammenarbeit mit verschiedenen US-amerikanischen Animationsfirmen und griff den Kollegen über dem großen Teich unter die Arme.

Eine der ersten von Toei unterstützten Produktionen war die zweite Staffel der Marvel Comics-Adaption *Spider-Man und seine außergewöhnlichen Freunde* von 1982. Weiter ging es mit der Serien-Adaption des Pen & Paper-Rollenspielklassikers *Dungeons & Dragons,* die hierzulande unter dem Titel *Im Land der fantastischen Drachen* zu sehen war (1983), bis hin zur ersten Staffel der auf dem erfolgreichen Spielzeug-Franchise basierenden Serie *The Transformers.* Auch an der ebenfalls von Marvel produzierten Serie *Defenders Of The Earth – Die Retter der Erde* von 1986, die im Kapitel Captain Futures Nachfolger in diesem Buch behandelt wird, arbeitete Toei maßgeblich mit.

Die *Superman*-Zeichentrickserie von 1988 stellte die letzte Zusammenarbeit Toeis mit einer amerikanischen Animationsschmiede dar, doch werden viele Zeichentrickserien der Neuzeit ohnehin komplett in Japan realisiert.

Und so dürfen sich Animations-Fans sicherlich noch auf jede Menge interessanter Filme und Serien aus den Toei-Studios freuen. Bleiben wir also gespannt!

DER ANDERE CAPTAIN

Ein zweiter Captain?

Obwohl wir eingefleischte Science Fiction- und Captain Future-Fans sind, gestaltete sich die Recherche zu diesem Buch äußerst spannend. Es ist schon überraschend, was man bisweilen in den Tiefen und Wirren des Internets ausgraben kann. Und so staunten wir nicht schlecht, als wir auf einen weiteren Helden namens Captain Future stießen, dessen Karriere ebenfalls 1940 seinen Anfang nahm und der darüber hinaus sogar zeitweise in demselben Magazin (nämlich in »Startling Stories« 1945 und 1946) präsent gewesen zu sein scheint. Doch schon zuvor waren die beiden Captains zumindest geschäftlich untrennbar miteinander verbunden. »Startling Stories« gab es in den USA seit 1939 und wurde von Ned Pines (1905 – 1990) herausgegeben, eben jenem Publisher, der ab 1940 auch das »Captain Future Magazin« an den Mann brachte. Pines gehörten mehrere Labels, darunter »Better Publications«, das unter anderem auch als »Beacon Magazines« und »Standard Magazines« bekannt war. Zum Portfolio gehörten einige legendäre Figuren wie *The Black Bat* und *Crimson Mask* sowie Formate wie *G-Men,* der *Masked Detective* und das berühmte »Thrilling Adventures Magazin«, das zwischen 1931 und 1943 monatlich erschien und in dem auch Edgar Rice Burroughs seine *Tarzan*-Geschichten publizierte. Wer aber ist nun dieser andere Captain Future, der in den »Startling Stories« Nummer 1 bis 40 in den Jahren 1940 bis 1947 sein heldenhaftes Unwesen trieb?

Captain Future, der Superheld

Im Gegensatz zu »unserem« Captain Future, dem zu Ehren wir dieses Buch auf den Weg gebracht haben, handelt es sich bei der Figur, die in *Startling Comics* #1 im Juni 1940 erschien, um einen waschechten Superhelden. Optisch gleicht dieser Future einem wilden Mix aus Superman und Shazam mit schwarzem Haar, rotem Kurzarmkostüm, das ein gelber Blitz ziert, kurzen blauen Hosen und ebenfalls blauen Schuhen. Sein bürgerlicher Name ist Andrew Byrant. Der ehrgeizige Wissenschaftler und Forscher arbeitet bei der »Pacific Electrical Corporation« und trachtet danach, den Wert seiner Arbeit zu beweisen, um sich zu profilieren. Eines Tages ergreift er seine Chance und kreuzt Gamma- mit Infrarotstrahlen. Superheldentypisch geht das Experiment schief. Es kommt zu einer Explosion, die ihn mitten ins Gesicht trifft. Dr. Andrew Byrant überlebt, entdeckt aber schnell, dass er einem zu langen Strahlenbombardement ausgesetzt war, um ohne körperliche Veränderungen aus dem Unfall hervorgegangen zu sein. Er erlangt Superkräfte und entschließt sich, von nun an für das Gute zu kämpfen. Seine treue Freundin Grace Adams, die eine Detektei namens »Agatha Detective Agency« leitet, spielt ihm ihre schwierigsten Fälle zu, um die schlimmsten Kriminellen der USA zu Fall zu bringen.

Futures Superkräfte und seine Feinde

Nach seinem Unfall erlangt Dr. Byrant eine Vielzahl von Superkräften, die beinahe schon Superman zur Ehre gereichen würden. Wie viele andere Helden seiner Ära kann Captain Future fliegen und verfügt über eine übermenschliche Körperkraft. Als wäre dies nicht schon genug Superpower, gesellen sich einige weitere Fähigkeiten hinzu. So kann Future Energieblitze aus seinen Händen abfeuern und damit auch den fürchterlichsten Feind zur Strecke bringen. Zusätzlich kann er Gedanken lesen und telepathisch Radio- und Fernsehsender empfangen. Im Gegensatz zu vielen anderen Superhelden sind seine Möglichkeiten jedoch begrenzt. Captain Futures Kräfte brauchen sich mit zunehmender Benutzung auf, und so muss sich der schwarzhaarige Held regelmäßig seiner neuartigen Strahlung aussetzen, um seinen sprichwörtlichen Akku wieder aufzuladen.

Nach Beendigung der Prozedur ist der Captain wieder voll einsatzfähig und kann sich seinen Feinden widmen, zu denen unter anderem auch Dr. Bio und seine schrecklichen Spider-men gehören, die wie gigantische Spinnen mit Menschenköpfen aussehen. Dr. Bios irrer Wunsch, die Herrschaft über die USA zu ergreifen, spricht für sein übergroßes Ego. Gott sei Dank kann Future ihn in seine Grenzen weisen. Auch die Black Dragon Society macht Dr. Byrant zu schaffen. Der Geheimbund, der übrigens auf eine real existierende japanische paramilitärische Organisation zurückgeht, verfolgt mit dem Griff nach der Weltherrschaft große Ziele und sorgt mit seinen hochtrainierten Agenten wie dem Man of a Thousand Faces, Mr. Kato und Neper für Chaos, das nur vom gestandenen Helden aufgehalten werden kann.

TEIL 5
NACHWIRKUNGEN

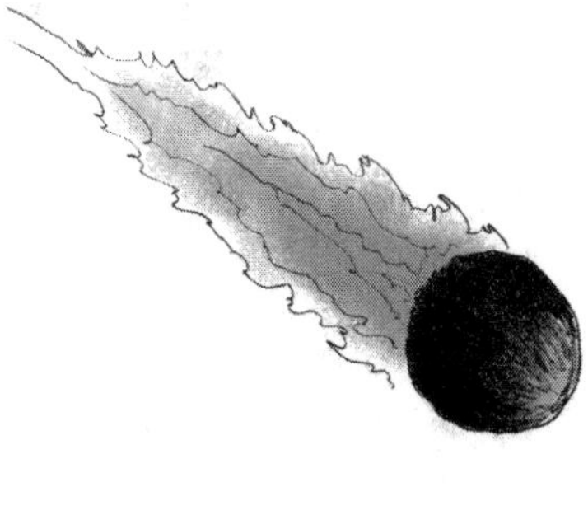

Future Merchandise – Sammelartikel aus dem Captain Future-Universum

Merchandising-Artikel, insbesondere Spielzeug zu erfolgreichen Filmen und Fernsehserien, ist weit verbreiteten Meinungen zum Trotz keine Errungenschaft des Zeitalters nach *Star Wars.* Bereits seit der frühen Nachkriegszeit hatten findige Hersteller auf dem gesamten internationalen Sektor entdeckt, dass man mit Spielwaren, die sich auf bekannte Franchises bezogen, eine Menge Geld machen konnte.

Selbst die Vorläufer des heutigen Science-Fiction-Kinos und -Fernsehens brachten Begleitartikel mit sich. Bereits in den 40er Jahren wünschten sich viele amerikanische Kinder, unter dem Tannenbaum aus Blech gefertigte Replikationen der Strahlenpistolen ihrer Kinoserial-Helden Flash Gordon und Buck Rogers vorzufinden, deren Raketenraumschiffe in ähnlichen Ausführungen erhältlich waren. Mitunter besaßen diese Merchandising-Artikel wenig bis gar keine Ähnlichkeit mit ihren Vorbildern. Später waren es Spielzeugwaffen, die man unter dem Label von Westernserien wie *The Lone Ranger* oder *Bonanza* verkaufte, oder auch kleine Plastikausgaben berühmter Superhelden aus Comics und darauf basierender bewegter Bilder. Oder auch James Bonds Autos als Metallspritzgussmodelle … Kurzum, Merchandising-Artikel sind wahrlich keine neue Erfindung.

Ganz besonders geschäftstüchtig zeigten sich hier die Vertreter der japanischen (Spielzeug-)Industrie. Schon frühe Manga- und Anime-Figuren und ihre Auftritte in Comics und Filmen wurden von verschiedensten Merchandising-Produkten begleitet. Sowohl das berühmte Filmmonster Godzilla, der superstarke Astroboy und auch die riesigen Roboter Goldorak und Mazinger Z waren dort als Spielzeuge in allen möglichen Größen und Ausführungen zu haben, teilweise gar als Ganzkörper-Kostüme. Anfänglich erfolgte der Verkauf ausschließlich in Asien, da man die zugrunde liegenden Franchises anderswo schlechterdings gar nicht kannte, später jedoch tauchten sie auch in den Regalen der Spielwarenläden der restlichen Welt auf.

Als *Captain Future* nun Ende September 1980 ins deutsche Fernsehen kam und sich schon bald zu einem recht respektablen Publikumsrenner entwickelt hatte, ließ dementsprechend auch das erste Merchandising nicht besonders lange auf sich warten. Die Weihnachtszeit war nicht mehr weit, und damals wie heute sitzt dem Verkaufspublikum in dieser Zeit der Groschen deutlich lockerer als zu anderen Zeiten im Jahr, ungeachtet dessen, ob man ihn eigentlich und un-eigentlich erübrigen kann oder nicht.

Zwar stand mit dem zweiten Star-Wars-Film *Das Imperium schlägt zurück*, der im Dezember 1980 in die deutschen Kinos kommen sollte, eine ernstliche Konkurrenz in puncto Merchandising-Verkauf ins Haus, aber wie so oft dachte man sich, dass diese unter Umständen das Geschäft belebt, und lag damit richtig.

Wie bereits erwähnt, wurde in dieser Zeit in Japan so gut wie alles gewinnbringend vermarktet, was der (Zeichentrick-) Markt hergab. Ein ganz besonderer Vorreiter hierbei war der bis heute bestehende Spielwaren-Multi Bandai. Bandai brachte seit den 60er Jahren eine große Produktpalette anfangs an Manga- und Anime-orientierten Spielwaren heraus und stieg später erfolgreich in den aufkommenden Computerspiel-Sektor ein. Im Juli des Jahres 1971 gründete Bandai eine Tochtergesellschaft mit dem Namen Popy, der eine weitere kleinere Ableger-Sektion namens Popinika Toys angegliedert wurde. Der Sinn von Popy lag darin, Manga- und Anime-Spielwaren herzustellen, welche nicht in den großen Toy-Shops, sondern in Süßwarenläden und anderen Geschäften vertrieben werden sollten, die nicht nur ausschließlich Spielwaren verkauften.

Eins der ersten Produkte von Popy war der »Henshin-Gürtel« des Kamen Rider (der Held einer japanischen Live-Action-Serie aus den frühen 70er Jahren). Nach weiteren Artikeln um den Kamen Rider schlossen sich die Roboter der *Jumbo Machinder*-Serie sowie der schon erwähnte Mazinger Z in allen möglichen Ausführungen an, welche sich allesamt gut in Asien verkauften. 1983 wurde Popy dann übrigens wieder in das Hauptunternehmen Bandai eingegliedert.

Popy jedenfalls sicherte sich Ende der 70er Jahre die Rechte an *Captain Future* und dessen Merchandising-Vermarktung. Zwar war die Serie für japanische Verhältnisse eine unter vielen, aber dennoch war auch sie erfolgreich genug, dass sich die Herstellung einer Merchandising-Serie lohnte.

Nachdem sich mit dem bekannten Spielwarenhersteller Mattel (damals bekannt für die Barbie-Puppenserie sowie die Big Jim-Abenteuerfiguren für Jungs) ein deutscher Vertriebspartner gefunden hatte, der auch für eine angepasste Beschriftung der Kartons sorgte, kamen pünktlich zum Weihnachtsgeschäft 1980 die ersten *Captain Future*-Artikel ursprünglich von Popy in die hiesigen Läden.

Da war zunächst ein Actionfiguren-Set, das die drei Haupthelden der Serie – den Captain, Otto und Grag – beinhaltete.

Die drei vollbeweglichen Figuren waren mit Waffen sowie Textilkomponenten ausgestattet (Grags Weste bestand aus Filzstoff), doch konnten sie qualitativ nicht gegen die *Star Wars*-Figuren von Kenner anstinken. Die hierzulande verkauften Figuren unter der Mattel-Ägide waren dabei zumindest geringfügig hochwertiger ausgestattet als die japanischen Originale. Außerdem waren die *Captain Future*-Figuren bei einem Set-Preis von etwa 20 D-Mark viel teurer als die *Star Wars*-Figuren, die mit etwa 5 DM pro Figur deutlich taschengeldfreundlicher für die kleinen Fans waren. Nichtsdestotrotz jedoch verkauften sich die *Captain Future*-Figuren recht gut. Übrigens seien alle Leser, die nun mit leuchtenden Augen die Seiten der Auktionsplattformen durchsuchen, ihrer Illusionen beraubt: Für ein originalverpacktes 3er Set von 1980/1981 zahlt man heutzutage ausgesprochene Fantasiepreise, die sich im mindestens 3-stelligen Bereich bewegen. Hinzu kommt, dass die vergleichsweise schwache Qualität auch bei originalverpackter Ware ihre Spuren hinterlassen hat: Häufig wird davon berichtet, dass sich die Filzweste des

Roboters Grag auch bei sachgemäßer Lagerung in Wohlgefallen aufzulösen beginnt.

Deutlich hochwertiger waren da schon die ebenfalls von Popy hergestellten Einzelfiguren. Zum Captain, Grag und Otto gesellte sich hier noch das »fliegende Gehirn« Professor Wright hinzu, welches aufgrund eines Beleuchtungsmechanismus mit etwa 25 DM etwas teurer war als die anderen Figuren, deren Preis jeweils bei etwa 15 DM lag. Diese Figuren entsprachen einer vollkommen anderen Baureihe als das zuvor erwähnte 3er Set. Während die Ähnlichkeit der erstgenannten Figuren mit ihren Serien-Vorbildern eher rudimentärer Natur war, waren die Figuren dieser Serie wesentlich ausgearbeiteter, wenngleich die künstlerische Freiheit ihrer Designer größer gewesen war. So wich etwa die Farbe der Uniform des Captains mit ihrem kräftigen Blau von der in der Serie ab. Andererseits hatte man Grag und Otto ihre kleinen witzigen Haustierchen in Form kleiner Gummifigürchen beigelegt. Alles in allem konnte man diese drei Figuren als die Luxus-Ausgabe der *Captain Future*-Figuren bezeichnen. Auch für diese drei gilt – übrigens erwies sich die Otto-Figur als die seltenste davon –, dass sie in der heutigen Zeit zu Preisen gehandelt werden, die den Erschaffer manches Kleinkunst-Objektes vor Neid erblassen lassen würden.

Ebenso verhielt und verhält es sich auch mit den Raumschiffen aus der Serie, allen voran die Comet, Captain Futures berühmtes Schiff. Auch diese gab es in einer von Popy hergestellter Version, sie entsprach von der Größe her aber selbstverständlich nicht dem Figuren-Maßstab. Mit etwa 30 DM war die Comet das teuerste der damaligen *Captain Future*-Spielzeuge. Außerdem war eine Raumkapsel erhältlich, in die man die dazugehörigen Figuren hineinsetzen konnte – der Kostenpunkt hierfür belief sich auf etwa 20 DM. Bedenkt man die Zeiten, in denen das Spielzeug erschien, waren dies nicht eben moderate Preise, aber die Tatsache, dass das *Captain Future*-Merchandise schon vergleichsweise bald nach seinem Erscheinen aus den Regalen verschwunden war, spricht durchaus für einen gewissen Verkaufserfolg.

Ein ganz besonderer Wurf in puncto *Captain Future* gelang nach dem Start der Serie jedoch der in Schwäbisch Gmünd ansässigen und bis heute sehr erfolgreichen Firma Schleich.

Die Schleich GmbH, 1935 ursprünglich als Hersteller von Kunststoffteilen gegründet, begann sich ab den 50er Jahren auf im Spritzgussverfahren hergestellte kleine Gummifigürchen zu konzentrieren, anfänglich hauptsächlich Tierfiguren. In den 60er Jahren jedoch entdeckten die findigen Schwaben den Bereich der Lizenzspielzeugfiguren. Der erste große (und bis heute anhaltende) Verkaufserfolg wurden die blauen *Schlümpfe* des belgischen Zeichners Peyo, die allein vermutlich bis heute einen großen Anteil des Firmenumsatzes ausmachen. Es folgten *Micky Maus* und andere Disney-Figuren, die *Muppets* und natürlich ab den 70er Jahren die Helden der boomenden japanischen Zeichentrickserien wie *Die Biene Maja, Pinocchio* und natürlich *Heidi.* Die kleinen stabilen Gummifigürchen waren trotz ihrer Unbeweglichkeit im Vergleich zu Actionfiguren wahre Renner in den Kinderzimmern, und neben den Figürchen selbst stellte Schleich mit der Zeit auch Zubehörsets wie etwa Schlumpfhäuser oder Gebäude aus Entenhausen her.

Schleich sicherte sich auch die Rechte an *Captain Future* und brachte insgesamt fünf Gummifigürchen zur Serie heraus: Den Captain selbst, Joan Landor, Ken Scott sowie Grag und Otto. Von letzterem sowie von Ken Scott gab es gar mehr oder weniger absichtlich fehlerhaft bemalte Versionen mit einem blauen statt dem roten Einteiler im Falle von Otto und einem grünen Overall und schwarzen Haaren bei Ken, die schlicht Figuren aus anderen Serien darstellen sollten. Beide sind heute gesuchte Raritäten. Das jedoch gilt auch für alle anderen Figuren der Firma Schleich, nicht allein aus der Serie *Captain Future.*

Zwar waren die Figürchen als reine »Standbilder« hergestellt (der Captain, Joan und Ken befanden sich in stehender, Grag in knieender Position, und Otto rannte mit einer Rakete unter dem Arm) und waren ferner nicht hundertprozentig authentisch in Bezug auf ihre Serien-Vorbilder, aber dennoch dürften sie zu den absoluten Verkaufsschlagern im Spielzeuggeschäft rund um *Captain Future* gehört haben, schon allein deshalb, weil sie mit etwa 3 DM pro Figur nicht so teuer waren wie die anderen Spielzeuge aus der Serie.

Wie bereits erwähnt, ist der schwäbische Figürchenhersteller bis heute erfolgreich auf dem Markt vertreten. Neben verschiedenen Superhelden-Figuren und detaillierten Bauernhof- und Safari-Sets gibt es übrigens eine wunderschöne Weihnachtskrippe von Schleich zu kaufen.

Mit dem Ende der Serie in Deutschland verschwanden auch die Captain-Future-Figuren nach einem kurzen Intermezzo auf Kaufhaus-Wühltischen wieder aus den Läden. Seitdem jedoch gab es immer wieder einmal Veröffentlichungen von vorwiegend Raumschiff-Modellen, aber auch Charakterfiguren aus der Serie für die hartgesottenen Fans, vorwiegend aus der »Garagekit-Szene«. So bezeichnet man Hersteller hauptsächlich aus Asien und dem sonstigen Übersee, die ihre Produkte in kleinen und allerkleinsten Auflagen herstellen und zu teilweise schwindelerregenden Preisen auf den Markt bringen. Firmen wie Scalemodel Company, BurTECH und Panik! Props boten und bieten Modelle und Bausätze aus unterschiedlichsten Materialien an, darunter gar handgeschnitzte und nur auf Bestellung gefertigte Edelholzmodelle oder so genannte »Rapid Prototypings«, die mit einer ungeheuren Detailgenauigkeit glänzen und mit denen es die Spielzeuge von Popy beziehungsweise Mattel freilich nicht aufnehmen können. Solche mitunter im höheren dreistelligen Preissegment gehandelten Kunstobjekte (denn um nichts anderes handelt es sich dabei) findet man natürlich auch schon lange nicht mehr in den Spielwarenabteilungen der Kaufhäuser, sondern muss sich dazu schon auf eine der vielen spezialisierten Verkaufsveranstaltungen begeben oder auf den Internet-Fachhandel konzentrieren.

Doch zunächst noch einmal zurück in die »gute alte Zeit«. Neben den Figuren und Modellen gab es während der

Erstausstrahlung von *Captain Future* auch noch eine Reihe anderer Produkte für eine fangemäß nerdige Investition des Taschengeldes zu kaufen.

Polydor Records, damals eins der bekanntesten Schallplatten-Labels, brachte 1980 und 1981 zwei erste Hörspiele zur Serie heraus. Diese erschienen auf Langspielplatte sowie auf Musik-Cassette und waren nicht im Entferntesten mit den seit 2012 erscheinenden Golkonda-Hörspielen zu vergleichen. Bei diesen beiden ersten Hörspielen handelte es sich schlicht um Tonspur-Aufnahmen aus den ZDF-Folgen, bei denen es nicht einmal einen Erzähler gab, der nur optisch in der Handlung dargestellte Komponenten beschrieb und erklärte.

Die Firma Panini, damals in erster Linie als Hersteller von Sammelalben und in kleinen Tütchen verkauften Einklebebildern bekannt, brachte so etwas auch von *Captain Future* heraus, nachdem sich zuvor das *Star Wars*-Album als riesiger Verkaufsschlager erwiesen hatte. Allerdings gab es in der gleichen Zeit dafür keins vom zweiten *Star Wars*-Film. Die damalige Themenpalette der Panini-Alben war schlicht gigantisch: Von *Winnetou, Barbie* und den *Schlümpfen* bis hin zu den heute beliebten Fußball-Bildchen zu Bundesliga sowie Welt- und Europameisterschaften. Sammelalben und die passenden Einklebebildchen gelten bis heute als einer der ganz großen Kinder- und Jugendkulte der 70er und 80er Jahre.

Da mindestens ein Spiel zu einem neuen Erfolgsfilm oder auch einer Serie zum guten Ton gehörte, erschienen gleich zwei davon zu *Captain Future:* »Captain Future – Die Eroberung der Planeten« war ein Brettspiel des Autors Wolfgang Kramer, außerdem erschien eins der damals beliebten Karten-Quartetts zu der Serie. Hersteller war in beiden Fällen der bereits 1832 gegründete Spielkartenhersteller ASS Altenburg.

Alle diese Artikel werden, so wie die Figuren und Modelle, heute in den unterschiedlichsten Zustandsformen zu mitunter Höchstpreisen gehandelt, und der Spät-Fan muss schon wirklich großes Glück haben, um dergleichen möglicherweise auf Flohmärkten oder Sammlerbörsen zu halbwegs zivilen Preisen habhaft zu werden.

Last not least gab es selbstverständlich auch Comics zur Serie.

Der Bastei-Verlag brachte zwischen 1980 und 1983 ganze 80 Ausgaben der *Captain Future*-Heftserie heraus. Sie kosteten zunächst 1,70 DM und ab Heft 25 1,80 DM, was heute in etwa zwischen 0,80 und 1,00€ entspräche. Ein Teil der darin enthaltenen Comicgeschichten fand sich ab Ende 1980 auch als Fortsetzungsreihen in den Fernsehzeitschriften Gong, Hörzu und Bild+Funk wieder. Die Cover weisen übrigens einige Reminiszenzen an seinerzeit bekannte Science-Fiction-Filme und -Serien auf. Auf der Titelseite von Heft Nummer 11, »Kampf der Roboter«, erkennen wir beispielsweise Maximilian, den Kampfroboter des verrückten Professor Meinhardt aus »Das schwarze Loch«. Der Sternenkrieger aus Heft Nummer 26, »Im Banne des Sternenkriegers«, weist wiederum eine gewisse Ähnlichkeit zu den Zylonen aus *Kampfstern Galactica* von 1978 auf. Dasselbe trifft auf das Äußere der auf dem Cover abgebildeten Kampfschiffe zu.

Zusätzlich erschienen, ebenfalls von Bastei, zwischen 1981 und 1985 auch noch 18 Taschenbücher für 3,00 € das Stück. Ein Teil der Titelzeichnungen stammte übrigens von dem türkischstämmigen deutschen Illustrator und Computerspiel-Grafikdesigner Celal Kandemiroglu, der später an bekannten Spielen wie *Söldner: Secret Wars* oder *Sacred* und *Sacred 2* mitarbeitete und ferner Zeitschriften wie PC Player oder Amiga Joker redaktionell mitbetreute. Die Comics waren jeweils um die 98 Seiten lang und beinhalteten in der Regel drei Geschichten. Als Chefredakteur zeichnete hier Luitpold Pini verantwortlich, die Redaktion übernahm Günter Schäfer. Die Qualität der Zeichnungen schwankte insgesamt sehr stark. Während beispielsweise Heft 1 *Der Herrscher des Alls* überaus gelungen ist, kann man das vom ersten Comic-Taschenbuch *Angriff aus dem All* nicht behaupten. Vor allem Future und Joan Landor sind sehr grob gezeichnet, während Simon, Otto, Grag und die Comet recht ansehnlich geraten sind.

Die Handlung der *Captain Future*-Comics orientierte sich anfangs noch mal mehr, mal weniger an der Handlung der Fernsehepisoden, hatte aber im Grunde genommen abgesehen von den Namen eigentlich nicht mehr viel mit dieser und noch weniger den Romanen von Edmond Hamilton zu tun. In Fachkreisen hatten die Comics dementsprechend keinen sonderlich guten Ruf und wurden gelinde ausgedrückt als bestenfalls zweitklassig angesehen.

Nachdem die Comicheftreihe bereits 1983 wegen des nachlassenden Verkaufserfolges eingestellt worden war, erschienen die Taschenbücher zunächst noch weiterhin, doch auch für sie kam 1985 das Aus.

Trotz der bereits angesprochenen qualitativen Schwäche der Comics gehen auch diese heutzutage für reichlich Bares über den Ladentisch insbesondere von Comic-Antiquariaten, wobei Komplettsammlungen natürlich am Gesuchtesten sind.

Relativ günstig sind bis heute verschiedene Captain Future-T-Shirts, die man bei verschiedensten Anbietern vorwiegend im Online-Fachhandel mit allen möglichen Serien-Motiven und in unterschiedlichen Farben erhalten kann.

Natürlich gehören auch die Veröffentlichungen der Serienepisoden selbst auf DVD und BluRay zum angesprochenen Merchandising. Seit 2016 gibt es eine Neuveröffentlichung der Serie in verschiedenen Versionen auf BluRay von Universum Film GmbH. Auf der »Limited Collector's Edition« sind neben den 40 synchronisierten Folgen auch die 52 Originalepisoden enthalten.

Davor wurde die seinerzeit nur limitiert herausgebrachte erste DVD-Veröffentlichung von *Captain Future* aus dem Jahre 2003 vom gleichen Hersteller zu ähnlich utopischen Preisvorstellungen gehandelt.

Man kann also unschwer erkennen, dass das Universum des Captain Future durchaus ebenso zum Armwerden geeignet ist wie die Welten eines George Lucas oder Gene Roddenberry.

Captain Futures Erben

Es ist noch nicht besonders lange her, dass erstmals von einer geplanten Wiederbelebung der Abenteuer von Captain Future die Rede war; im entsprechenden Kapitel dieses Buches wird der deutsche Filmemacher Christian Alvart vorgestellt, der diesbezügliche Pläne hat.

Doch nach dem damaligen Ende von *Captain Future* in den frühen 80er Jahren wurde es erst einmal wieder still um die Crew der Comet und ihre fantastischen Abenteuer. Damals wie heute spielte die Gerüchteküche eine große Rolle im entsprechenden Fandom, das diesen Namen damals noch gar nicht trug, und es wurde sowohl über die Veröffentlichung bisher hierzulande nicht gesendeter Folgen als auch über ganz neue Episoden aus Japan gemunkelt, welche angeblich schon abgedreht waren und nur auf eine Veröffentlichung auch in Deutschland warteten. Doch wie wir alle wissen, erwies sich dies nur als heiße Luft.

Eins jedoch hatte sich durch *Captain Future* auch hier bei uns ganz sicher geändert: Das damals ungemein populäre Science Fiction-Genre hatte durch die Serie den Eingang in die Welt des Zeichentricks gefunden. Zwar waren, wie schon öfter in diesem Buch erwähnt, japanische Animationsserien ab den 70er Jahren durch *Heidi, Die Biene Maja* und Co. sehr erfolgreich bei uns geworden, aber *Captain Future* war eine der ersten »utopischen« Zeichentrickserien.

Vor Captain Future

Zuvor hatte es lediglich ganze drei solche Serien auch in Deutschland zu sehen gegeben: *Sealab 2020* aus dem Jahr 1972 war eine 13-teilige amerikanische Zeichentrickserie, die die Abenteuer der Besatzung einer futuristischen Unterwasserstation schilderte; sie wurde ab Anfang 1974 in der

ARD gezeigt. Obwohl sich insbesondere ältere Zuschauer sicher gern an die einfach gestrickten Folgen erinnern werden, kam *Sealab 2020* erfolgsmäßig nicht einmal in die Nähe von *Captain Future.*

Gleiches galt für die berühmt-berüchtigte 22-teilige *Star Trek*-Zeichentrickserie von 1973, die drei Jahre später in stark gekürzten Fassungen unter dem Titel *Die Enterprise* im ZDF zu sehen war, sowie ein Jahr später die 1973 produzierten 13 Animationsfolgen der Comedy-Serie *Mein Onkel vom Mars* beim gleichen Sender: Der Siegeszug animierter Weltraumabenteuer wurde erst durch *Captain Future* in Gang gesetzt, und an der daraus resultierenden Erfolgsgeschichte hat sich bis heute nichts geändert.

Auch wenn weitere Episoden ausblieben, weckte *Captain Future* das Interesse an animierten Serien, die dahin gingen, wo noch nie jemand zuvor gewesen war.

Eine von vielen in Japan

Im Land der aufgehenden Sonne standen die Dinge seit jeher anders. Da der japanischen Filmindustrie für ihre Erzeugnisse faktisch nie vergleichbar hohe Produktionsbudgets wie in Hollywood zur Verfügung standen und ein Großteil filmischer japanischer Phantastik als »Billigproduktionen« verschrien ist (das sicherlich bekannteste Beispiel sind die berühmten kultigen Godzilla-Filme), konzentrierte man sich dort schon recht früh auf Animationsfilme und -serien.

Eine der ersten fantastischen Animationsserien überhaupt war *Astro Boy*, zwischen 1963 und 1966 von Mushi Productions in Japan produziert, die es auf immerhin 193 25-minütige Folgen brachte. Der Titelheld war ein mit übermenschlichen Kräften ausgestatteter Roboter in Gestalt eines niedlichen kleinen Jungen, der in einer futuristischen Welt allerlei Abenteuer zu bestehen hat. *Astro Boy* war die erste japanische Zeichentrickserie, die außerhalb Japans in synchronisierter Version ausgestrahlt wurde, und zwar ab 1964 in den USA beim

Sender NBC, der zwei Jahre später auch die klassische *Star Trek*-Originalserie erstmals senden würde.

1980 folgte eine 52-teilige Neuauflage der Serie, die es im Gegensatz zur Originalserie zumindest teilweise auch nach Deutschland schaffte: Die ersten 6 Folgen erschienen im Jahr 2000 in deutsch synchronisierter Fassung auf insgesamt 3 Videocassetten. Ebenfalls nach Deutschland schaffte es auch der im Jahr 2009 als Co-Produktion der USA, Japan und Hongkong realisierte Animationsfilm *Astro Boy – Der Film,* der von prominenten Schauspielern wie Freddie Highmore *(Bates' Motel),* Charlize Theron *(The Huntsman & The Ice Queen)* und Donald Sutherland *(Space Cowboys)* synchronisiert wurde, in den USA und Deutschland aber trotzdem kein sonderlicher Erfolg wurde.

Die Zahl japanischer Zeichentrickfilme – wie wir bereits mehrmals erwähnt haben, nennt man diese im Gegensatz zu den »Manga« genannten Comics »Anime« – ist Legion, und es gibt sie aus allen nur erdenklichen Genres, vom Sportlerdrama für Jugendliche über ausgedehnte Liebesgeschichten bis hin zu recht herben Erwachsenen-Storys, vom Phantastik-Bereich der Genres Science-Fiction, Fantasy und Horror ganz zu schweigen. Eine auch nur ungefähre Aufzählung der sowohl für die Kino- als auch Video/DVD-Veröffentlichung produzierten Reihen und unzähligen Fernsehserien würde den Rahmen dieses Kapitels, wenn nicht gar dieses Buches sprengen. Aus diesem Grund sei lediglich gesagt, dass *Captain Future* bei seiner Entstehung im Jahr 1978 nur eine unter vielen damals populären Film- und TV-Reihen in Japan war. Übrigens besitzt *Captain Future* in der Manga- und Anime-Fanszene auch in Deutschland (die Fans nennt man übrigens »Otaku«, was Begriffen wie »Nerd« oder »Geek« entspricht) einen etwas zwiespältigen Ruf: Viele ausgesprochene Otakus bemängeln, dass der Großbereich der »Science-Fiction-Animes« in der allgemeinen Wahrnehmung allzu oft auf *Captain Future* reduziert wird, was den vielen anderen Genre-Produktionen aus Japan ihrer Ansicht nach nicht gerecht wird.

Bereits 4 Jahre vor *Captain Future* wurde in Japan die Serie *Space Battleship Yamato,* produziert von Academy Productions und dem Studio Nue, ein riesiger Erfolg. 77 Folgen lang kämpfte darin die Crew des titelgebenden Kriegsraumschiffes im Jahr 2199 gegen die übermächtigen Gamilons und präsentierte dabei Parallelen zur tatsächlichen japanischen Militärgeschichte. Nach dem Ende der ersten Serienstaffel sorgte der weltweite Erfolg um *Star Wars* für neuerliche Erfolge und bescherte der Serie schließlich eine Fortsetzung, die 1981 beendet wurde. Auch danach wurde *Space Battleship Yamato* in unterschiedlichster Weise in Form von TV-Filmen und dergleichen weitergeführt. 2010 folgte der aufwändige Realfilm gleichen Titels, der einer der erfolgreichsten japanischen Kinofilme überhaupt wurde, mit einem Budget von 24 Millionen Dollar fast schon an Hollywood heranreichte und hierzulande immerhin auf DVD und BluRay veröffentlicht wurde. Zwischen 2012 und 2013 kamen 7 zwischen 50 und 100 Minuten lange Animationsfilme des Reboots heraus, das den Titel *Star Blazers: Space Battleship Yamato 2199* trägt. Im Gegensatz zur hierzulande niemals gezeigten Originalserie ist das Remake in synchronisierter Form für das Heimkino erhältlich.

1978 kam ferner fast zeitgleich zu *Captain Future* mit der Serie *Space Pirate Captain Harlock* eine 42-teilige Adaption einer berühmten Manga-Reihe heraus, die wie *Captain Future* ebenfalls von Toei Animation hergestellt worden war und später in unterschiedlicher Weise fortgesetzt wurde, so im Jahre 2013 ebenfalls als computeranimierter Kinofilm. Der titelgebende Weltraumpirat erlebt seine Abenteuer in der Zukunftswelt des Jahres 2977 an Bord seines Raumschiffes Arcadia. Die Menschheit ist trotz ungeheurer technischer Entwickungen in einem Stadium der Degeneration angelangt und kann sich daher nicht gegen eine Rasse außerirdischer Eroberer zur Wehr setzen, die ihre Existenz bedroht.

Space Pirate Captain Harlock schaffte es trotz insbesondere seiner stilistischen Ähnlichkeiten mit *Captain Future* niemals ins deutsche Fernsehen, doch wurden 12 der insgesamt 42 Folgen synchronisiert und auf Videocassette, später auf LaserDisc und DVD veröffentlicht. Auch der computeranimierte Kinofilm ist in deutscher Fassung erhältlich.

Und damit wollen wir es an dieser Stelle mit weiteren Anime-Produktionen belassen, die es wie erwähnt sonder Zahl gibt, hierzulande jedoch eher in ausgesprochenen Fan-Kreisen bekannt sind.

Phantastischer Zeichentrick nach Captain Future

Man mag darüber streiten können, ob es wirklich die Abenteuer von *Captain Future* waren, die seit den 80er Jahren einen ausgesprochenen Boom an Zeichentrick-Science-Fiction in Serienform auslösten. Eine Rolle hat »unsere« Lieblingsserie dabei ganz sicher gespielt, doch es gab auch andere Faktoren.

Einer der ersten Super-Erfolge nach *Captain Future* auch hierzulande ging im Grunde genommen auf eine sehr funktionelle Marketing-Strategie zurück: Anfang der 80er Jahre hatten sich Actionfiguren und entsprechendes Zubehör wie Fahrzeuge, Raumschiffe oder Flugzeuge sowie Spielsets zu einem absoluten Verkaufsschlager entwickelt. Marktführer waren neben den bestens bekannten *Star Wars*-Produkten auch das seit den 60er-Jahren bestehende G.I.-Joe-Franchise, das in Deutschland allerdings niemals auch nur in die Nähe der Verkaufserfolge in Übersee rücken konnte, obwohl es die Figuren und anderweitigen Erzeugnisse auch hier bei uns zu kaufen gab. Langer Rede kurzer Sinn: Mattel, einer der bekanntesten Spielwarenproduzenten der Welt (allein Barbie und ihre gefühlt 1000 verschiedenen Inkarnationen und Puppen-Freundinnen dürften den Fortbestand des Unternehmens langfristig gesichert haben), beschloss Anfang der 80er Jahre, ebenfalls auf dem Actionfiguren-Sektor mitzumischen. Das Ergebnis schließlich hieß *He-Man und die Masters Of The Universe*, welche ab Anfang 1983 auch den deutschen Markt eroberten. Dabei handelte es sich um martialisch aussehende Fantasy-Gestalten mit geradezu übermenschlicher Muskel-Ausstattung in kampfbereit wirkenden Posen, die mit ihren etwa 15 Zentimetern Größe ihre *Star Wars*- und G.I.-Joe-Plastikkameraden ein wenig überragten. He-Man, die mit einem Schwert und einer Streitaxt bewaffnete Hauptfigur, war ein Barbar vom fernen Planeten Eternia, der eine separat erhältliche riesenhafte Raubkatze als Reittier benutzte und gegen den skelettgesichtigen Skeletor kämpfte. Sowohl Skeletor als auch He-Man hatten jeweils eine Reihe von Kampfgefährten, die es natürlich ebenfalls als Figuren zu kaufen gab. Angeblich hatte man bei Mattel ursprünglich eine Figurenreihe zum 1982 gestarteten Film *Conan der Barbar* mit Arnold Schwarzenegger herausbringen wollen, das Ganze jedoch verworfen, da Kinder eben nicht die Zielgruppe des Streifens gewesen waren.

Die Masters Of The Universe-Figuren jedenfalls verkauften sich außerordentlich gut in der westlichen Welt, zumal der *Star Wars*-Stern nach dem damaligen 3. Film, *Die Rückkehr der Jedi-Ritter,* allmählich zu verblassen begann und die Spielzeugverkäufe in diesem Sektor zurückgingen.

He-Man and the Masters of the Universe

Und da man den Erfolg noch vergrößern wollte, brachte man ab dem Herbst 1983 die (Zeichentrick-) Serie zur Spielzeugreihe heraus: *He-Man And The Masters Of The Universe,* produziert von der Animationsfirma Filmation. Für die Serie wurde He-Mans Hintergrund kindgerechter verändert: Der Recke war nun der gutmütig-trottelige Prinz Adam von Eternia, der sich mittels seines Zauberschwertes und dem Ausruf »Bei der Macht von Castle Grayskull!« (seiner mystischen Wohnstatt) in sein Alter Ego als He-Man verwandeln konnte.

Bis Ende 1985 wurden drei Staffeln mit insgesamt 130 Folgen produziert, die sich zu einer der erfolgreichsten Zeichentrickserien der 80er Jahre entwickelten und natürlich auch die Spielzeugverkäufe ganz erheblich ankurbelten. Anfang der 90er Jahre erfuhr die Serie eine kurzzeitige Neuauflage, was sich 2002 im Zuge des damaligen »He-Man-Revivals« ein weiteres Mal wiederholte, doch keine der beiden Nachfolgeserien konnte ähnliche Erfolge verzeichnen wie das Original. Übrigens sieht es derzeit ganz danach aus, als stünde der entsprechenden Fan-Szene ein weiteres Revival ins Haus: Streaming-Riese Netflix arbeitet derzeit an gleich zwei verschiedenen Serien-Neuauflagen der Abenteuer des blonden Recken He-Man, welche zeitgemäß in computeranimierter Version daherkommen werden.

She-Ra

Da man bei Mattel neben der anvisierten Zielgruppe, die aus Jungs bestand, auch auf die Mädchen zu schielen begann, hob man ab 1985 She-Ra, die Princess Of Power, aus der Taufe, ebenfalls zunächst als Spielfigurenreihe. Die auf einem geflügelten Einhorn reitende Superheldin wurde als Zwillingsschwester von He-Man/Adam geschildert, die gegen den Finsterling Hordak und seine »Wilde Horde« (… die noch schlimmer war als Skeletor und seine Bande …) sowie ihre Erzfeindin Catra kämpfte.

Die entsprechende Serie mit dem späteren deutschen Titel *She-Ra – Prinzessin der Macht* lief von 1985 bis 1987 in den USA und brachte ebenfalls immerhin 93 Folgen hervor.

Beide Serien waren hierzulande erst ab dem Ende der 80er Jahre erstmals beim Sender Tele5 im Rahmen des Nachmittags-Kinderprogramms Bim Bam Bino zu sehen (die He-Man-Serie erhielt hierfür übrigens den bis heute nur wenig bekannten deutschen Titel *He-Man – Im Tal der Macht)* – zu einem Zeitpunkt, als der He-Man- und She-Ra-Kult bereits deutlich abgeklungen war. Darunter hatte übrigens auch der 1987 produzierte *Masters Of The Universe*-Realfilm mit Rocky-Gegner Dolph Lundgren als He-Man zu leiden – er wurde zu einem der größten Flops der damals populären Produktionsgesellschaft Cannon Films.

Während He-Man seitdem immer mal mehr, mal weniger präsent geblieben ist, hatte seine Zwillingsschwester She-Ra deutlich mehr Glück: 2018 produzierte der Streaming-Multi Netflix in Zusammenarbeit mit der Animationsschmiede Dreamworks die stilistisch stark an japanische Animes angelehnte Serie *She-Ra und die Rebellen-Prinzessinnen,* die sehr viel unabhängiger vom *Masters Of The Universe*-Franchise daherkommt als die ursprüngliche Serie, aufgrund ihres Zeichenstils jedoch nicht nur Freunde fand.

Bravestarr und M.A.S.K.

Eine ähnliche Entstehungsgeschichte wie *He-Man, She-Ra* und die *Masters Of The Universe* hat auch Marshall *Bravestarr* aus der gleichnamigen, ebenfalls von Filmation produzierten Serie, von der zwischen 1987 und 1989 65 Episoden produziert wurden. Die Serie spielt auf dem futuristischen Planeten New Texas, auf dem sich die Geschichte des Wilden Westens in hochtechnologisierter Form wiederholt. Hier müssen der titelgebende indianische Ordnungshüter und seine Mitstreiter, unter anderem das hochintelligente Roboter-Pferd Thirty-Thirty, den Planeten vor dem nichtmenschlichen Bösewicht Tex Hex und diversen Alien-Horden schützen. Bravestarr war, ebenso wie He-Man, eine Spielzeuglinie von Mattel mit allerdings knapp 30 Zentimeter großen Figuren. Zwar entwickelte sich das Ganze nicht zum Verlustgeschäft für den Spielzeugmulti, doch wurde Bravestarr kein so großer Erfolg wie der Vorgänger. Bravestarr kam in Deutschland im gleichen Rahmenprogramm heraus wie He-Man und She-Ra.

Dritter beziehungsweise vierter im Bunde wurde von 1985 bis 1986 die Serie *M.A.S.K. – Die Masken,* die von der futuristischen Geheimdienstorganisation gleichen Namens handelte, welche 75 Folgen und zwei Staffeln lang die gegnerische Fraktion V.E.N.O.M. mit allerlei futuristischen Fahr- und Flugzeugen bekämpfte. Hier hatte sich *Star Wars*-Spielzeugproduzent Kenner mit der entsprechenden Actionfigurenlinie seine eigene Konkurrenz geschaffen. *M.A.S.K.* schaffte es übrigens deutlich schneller in das deutsche Fernsehprogramm als He-Man & Co: Bereits ab Juni 1987 sah man die Serie erstmals auf RTLplus.

Thundercats und Saber Rider

Doch gab es im Anschluss an *Captain Future* durchaus auch Serien, die nicht ihrem eigenen Merchandising nachfolgten. Eine davon war *Thundercats,* alternativ versehen mit dem Zusatztitel *Die starken Katzen aus dem All,* welche zwischen 1985 und 1990 in 4 Staffeln mit insgesamt 130 Episoden produziert wurde. Es ging um die mit Superkräften versehenen Katzenmenschen vom Planeten Thundera, die nach der Zerstörung ihrer Heimatwelt den »Planeten der dritten Erde« entdecken, auf dem sie sich ansiedeln wollen. Leider hat der bösartige Untote Mumion entschieden etwas dagegen, was erwartungsgemäß zu vielerlei Kämpfen führt.

Entgegen mancher anderslautenden Meinung war Thundercats keine Anime-Serie, auch wenn ihr Stil in eine sehr ähnliche Richtung geht. Die Serie wurde von der US-Gesellschaft Rankin/Bass Production in Zusammenarbeit mit mehreren japanischen Animationsstudios realisiert, darunter auch die Firma Topcraft, aus der später das weltberühmte Studio Ghibli wurde. Die Serie wurde ein ansehnlicher Erfolg und brachte das obligatorische Merchandising-Sortiment mit Actionfiguren, Comics, Videospielen und so weiter mit sich.

In Deutschland übernahm ab dem Frühjahr 1991 Sat.1 die Ausstrahlung.

Ähnlich gelagert sind die Dinge bei *Saber Rider und die Starsheriffs,* die von 1987 bis 1988 in insgesamt 57 Episoden produziert wurde. Hierbei handelt es sich gewissermaßen um die amerikanische Nachbearbeitung der Anime-Serie *Sei Jushi Bismarck* von 1984, die durch World Events Productions in Zusammenarbeit mit japanischen Studios entstand. Die Handlung erinnert auf den ersten Blick ein wenig an *Bravestarr:* Die Menschheit ist dabei, neue Planeten zu kolonisieren, wobei sich in vielem die Besiedlung des amerikanischen Kontinents zu wiederholen scheint. Der titelgebende Saber Rider, der auf einem Roboter-Pferd daherkommt, und sein Team beschützen die Kolonisten auf den Planeten der »Föderation«, die immer wieder Angriffen durch Außerirdische ausgesetzt sind.

Saber Rider und die Starsheriffs war ab 1988 auf Tele 5 zu sehen.

Alte Helden im neuen Gewand

Eine recht innovative Zeichentrickserie schließlich wurde die 1985 produzierte Reihe *Defenders Of The Earth – Die Retter der Erde,* entstanden als Co-Produktion von King Features und dem Animationsstudio Marvel Productions, wo man damals von heutigen Kinoerfolgen aus dem MCU nur träumen konnte.

Für die Serie ließ man den ikonischen Weltraumhelden Flash Gordon und seinen Sohn Rick ein Team mit dem afrikanischen Superhelden Lothar und seinem Sohn Junior, dem Magier Mandrake und dem geheimnisvollen »Phantom« bilden, das gemeinsam gegen Flash Gordons Todfeind Ming antrat, der mit allerlei Raumschiffen, anderweitigen technischen Wunderwaffen und Verbündeten wieder einmal die Welt erobern wollte.

Alle diese Figuren waren eigenständige Comic-Strip- und auch Roman-Helden, vorwiegend aus der Nachkriegszeit, und hatten niemals zuvor gemeinsame Abenteuer erlebt. Für die Serie versetzte man sie kurzerhand in ein gemeinsames Universum, in dem sie interagierten.

Die Serie war vom Frühjahr 1991 an bei Tele 5 zu sehen und brachte es hierzulande neben Figuren und Comics zu einem recht fragwürdigen Merchandising-Produkt: Man konnte damals auch Kaugummi-Zigaretten mit ihren Konterfeis kaufen.

Viele Serienhelden, aber nur ein Captain

Seitdem sind etliche andere Zeichentrickhelden gekommen und gegangen und haben vielfach ihre eigenen Fangemeinden hervorgebracht – als ein letztes Beispiel seien die *Teenage Mutant Hero* (beziehungsweise *Ninja* im Original) *Turtles* genannt, die ihr Unwesen in der amerikanisch-japanischen Co-Produktion ab 1987 193 Folgen lang trieben, doch haben die wenigsten von ihnen den gleichen anhaltenden Kult-Status zumindest hierzulande erlangt wie *Captain Future.*

Zeichentrickfilme sind und waren ein fester Bestandteil der Kino- und TV-Kultur, seit die Bilder laufen lernten, und sicherlich wären die allermeisten davon auch dann entstanden, wenn es niemals die Serien-Adaption jener alten Romanserie von Edmond Hamilton aus den 30er Jahren gegeben hätte.

Doch ein Erfolg insbesondere in Deutschland wären einige von ihnen dann definitiv nicht geworden – Hand drauf!

EPILOG

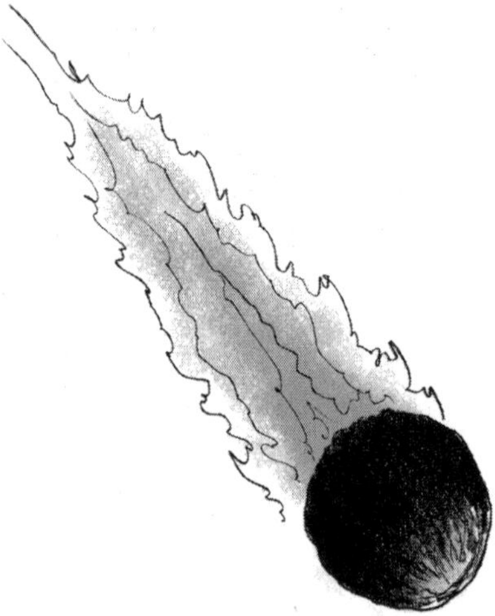

CAPTAIN FUTURES ZUKUNFT

Wird Christian Alvart die Serie auferstehen lassen?

Eine Idee auf Irrwegen

Satte vier Jahre ist es bereits her, dass ein Raunen durch die Captain-Future-Fangemeinde hier in Deutschland ging: Auf den sozialen Netzwerken erschien ein geheimnisvoller Trailer, von dem die wenigsten Zuschauer zunächst wussten, was von ihm zu halten war. Erzeugt im CGI-Verfahren, sah man eine Art futuristischen Moonbuggy über die Kraterlandschaft des Mondes fahren und sich schließlich einer Startbasis nähern. Und auf dieser Startbasis stand sie in voller alter und doch gleichzeitig zeitgemäß modernisierter Pracht: Die Comet, das unsterbliche Raumschiff von Captain Future. Anschließend gab es einen kurzen und eher angedeuteten Blick auf das berühmte »fliegende Gehirn« Professor Simon Wright. Dann war der Captain höchstpersönlich beim Verlassen des Moonbuggys zu sehen, der das Schiff mittels seiner Armbandarmatur aktivierte, gefolgt von einer Einblendung des ikonischen »F«-Symbols, das bekanntlich den Gürtel seines Raumanzuges ziert, in dem wir den Captain im nächsten Moment mit allerdings verdecktem Gesicht erblicken können. Ein kurzer Schwenk zeigt kleinere Raumfahrzeuge, die die Comet umschwärmen, dann sieht man den Captain zusammen mit Professor Wright und zwei anderen Begleitern die Rampe in das Schiff hinaufgehen. Einer dieser Begleiter ist der Roboter Grag, während der andere leider nicht gezeigt wird. Nach weiteren Kameraschwenks, die noch einmal das Äußere und schließlich das Innere der Comet zeigen, erhebt sich das Raumschiff schließlich majestätisch von der Mondoberfläche in den Weltraum hinaus, während der anfänglich von einer sphärisch klingenden Frauenstimme gehauchte Begleitsong in eine langsame, orchestrale Version von Christian Bruhns berühmtem Soundtrack übergeht, und erneut sehen wir das »F«-Symbol, diesmal mit der Unterschrift Captain Future.

Nach dem Abklingen der Gänsehaut war die Fan-Welt in heller Aufregung.

Was genau war da zu sehen? Hatten etwa irgendwelche eifrigen Fans per Heimcomputer einen Konzepttrailer erstellt? Es dauerte nicht sehr lange, bis eine entsprechende Aufklärung erfolgte. Eine deutsche Produktionsfirma mit dem Namen Wiedemann & Berg Film und TV meldete sich in den sozialen Netzwerken zu Wort und vermeldete, bei dem Trailer handele es sich um »interne Concept-Art-Überlegungen«. Man arbeite zur Zeit mit einer weiteren Firma namens Syrreal Entertainment an einem Captain-Future-Projekt, da die Beteiligten selbst große Fans der alten Serie seien, doch könne man derzeit leider noch nicht mehr dazu sagen.

Einige Zeit später kam erstmals der Name des deutschen Regisseurs und Produzenten Christian Alvart ins Spiel, welcher sich bereits 2010 die Rechte an der Serie gesichert habe, da auch er ein großer Fan der auf einer alten Pulp-Romanserie basierenden Anime-Figur sei.

Vier Jahre sind seitdem vergangen, und immer wieder einmal sind Gerüchte über die Wiederbelebung von Captain Future zu vernehmen, ohne dass es dabei konkrete Informationen gibt. Wie steht es um das Projekt? Auf diese Frage wollen wir in diesem Kapitel einen so weit wie möglich umfassenden Blick werfen.

Wer ist Christian Alvart?

Der am 28. Mai 1974 im hessischen Jugenheim geborene Regisseur, Produzent und Drehbuchautor Christian Alvart ist ganz ohne Zweifel einer der vielversprechendsten deutschen Filmemacher der Gegenwart und, was vielleicht im Zusammenhang mit dem titelgebenden Projekt am Wichtigsten erscheint, dem phantastischen Film-Genre ganz und gar nicht abgeneigt.

Nach unterschiedlichen Tätigkeiten in verschiedensten Wirkungsbereichen (unter anderem war Alvart der Chefredakteur des in Insider-Kreisen gefeierten Underground-Filmmagazins X-Tro) begann er ab Ende der 90er Jahre seine Karriere als Filmregisseur mit dem Thriller *Curiosity & The Cat* mit Nadeshda Brennicke *(Dampfnudelblues)* und Konstantin Graudus *(Süperseks)* in den Hauptrollen. Hier erzählte er die Geschichte eines desillusionierten, voyeuristisch veranlagten Kunstmalers und des von ihm observierten Opfers, doch handelte es sich dabei keineswegs um ein Drama, sondern um einen Psychothriller mit ausgesprochenen Horror-Elementen. Alvarts Debüt wurde trotz eines eher bescheidenen Einspielergebnisses für den Max-Ophüls-Preis nominiert.

Alvarts nächster Film gehört ebenfalls mehr in den Horror- als in den Thrillerbereich: *Antikörper* von 2005 zeigte einen ähnlichen Einblick in die Seele eines Serienmörders wie 15 Jahre vorher *Das Schweigen der Lämmer,* allerdings hieß der Killer hier Gabriel Engel, nicht etwa Hannibal Lecter, und er wurde von André M. Hennicke *(So weit die Füße tragen, Der Untergang)* exzellent bedrohlich dargestellt. Seinen Gegenspieler, den Polizisten Michael Martens, spielte Wotan Wilke Möhring *(Das Experiment),* mit dem Christian Alvart später noch mehrere weitere Male zusammenarbeiten würde.

Christian Alvarts nächster Film, erneut ein Psycho-Thriller mit Horror-Anleihen, entstand bereits in Hollywood: *Fall 39* aus dem Jahr 2009 präsentierte Renée Zellweger *(Bridget Jones)* als Sozialarbeiterin, die es mit dem dämonischsten Kind seit dem kleinen Damien aus der *Omen*-Filmreihe zu tun bekommt.

Der Space-Horror-Streifen *Pandorum* aus dem gleichen Jahr entwickelte sich trotz eher bescheidener Erfolge an den Kinokassen recht schnell zu einem ausgesprochenen Kultfilm: Hollywoodstar Dennis Quaid *(Die Reise ins Ich)* findet sich darin als Raumpilot an Bord eines überaus gruseligen Raumschiffes als einer der letzten Überlebenden von der Erde wieder. Neben Quaid waren Ben Foster *(X-Men: Der letzte Widerstand)* und die bekannte deutsche Schauspielerin Antje Traue *(Weinberg, Dark)* in dem atmosphärisch ungeheuer dichten Weltraumhorrorthriller zu sehen, in dem Wotan Wilke Möhring eine kleine Rolle als der Vater eines der Protagonisten in Rückblenden spielte. Außerdem hatte der aus der Serie *The Walking Dead* als der verwegene Daryl Dixon bekannte Norman Reedus in *Pandorum* einen seiner ersten Filmauftritte. Trotz der internationalen Besetzung und auch anderweitiger Beteiligung entstand *Pandorum* übrigens in den nahe Potsdam gelegenen Filmstudios Babelsberg (die sich auch als Produktionsstätte der Captain-Future-Neuverfilmung anbieten würden, Anm. d. Verf.).

8 Uhr 28 von 2010 schließlich war ein Beziehungsdrama, in dem besagter Norman Reedus diesmal die männliche Hauptrolle neben der ebenfalls bereits genannten Nadeshda Brennicke spielte.

Ab 2011 trat Alvart zunehmend als Regisseur von Folgen des ARD-Dauerbrenners *Tatort* hervor. Nach zwei Fällen des exzentrischen Kommissars Borowski (Axel Milberg) von 2011 und 2012 und der spielfilmlangen Sonderfolge *Wolff: Kampf im Revier* (2012) inszenierte Alvart ab 2013 auch die 4 Tatort-Folgen mit Til Schweiger als Kommissar Nick Tschiller und Fahri Yardim als Kommissar Yalcin Gümer sowie den auf ihnen basierenden (und an den Kassen leider gnadenlos gefloppten …) Kinofilm *Tschiller: Off Duty* von 2016. 2013 drehte er auch den schmissigen Kino-Krimi *Banklady* mit Nadeshda Brennicke in der Hauptrolle sowie 2015 die Komödie *Halbe Brüder* mit dem umstrittenen Deutsch-Rapper Sido als Hauptdarsteller.

2017 wirkte Alvart als Produzent am Science-Fiction-Streifen *S.U.M.1* von Regisseur Christian Pasquariello mit Iwan Rheon *(Game Of Thrones)* mit, in dem es um den titelgebenden futuristischen Soldaten ging.

2018 schließlich schickte Alvart erneut Wotan Wilke Möhring im Thriller *Steig. Nicht. Aus!* auf eine Action-Tour-De-Force und legte im gleichen Jahr mit dem Horror-Thriller *Abgeschnitten,* einer Adaption des Romans von Sebastian Fitzek und Michael Tsokos, nach, in der diesmal Moritz Bleibtreu *(Schutzengel)* die Hauptrolle spielte.

Seit dem gleichen Jahr, 2018, ist Christian Alvart schließlich der Showrunner der von Netflix produzierten und veröffentlichten erfolgreichen Krimi-Drama-Serie *Dogs Of Berlin,* in der Fahri Yardim und Felix Kramer als Ermittlerduo Erol Birkan und Kurt Grimmer in der Drogenszene der deutschen Hauptstadt ermitteln.

Soviel also zu Christian Alvart selbst, dem Mann, der Captain Future gern erneuern möchte.

Captain Future im Kino, im TV oder gar auf Netflix???

Besonders viel ist freilich noch nicht über die geplante Neuauflage von Captain Future bekannt, wenn dieses Buchkapitel entsteht.

Fest steht auf jeden Fall, dass es sich dabei nicht, wie anfänglich angedeutet, um eine CGI-Serie handeln wird, ferner wird der Captain seine Abenteuer auch kein weiteres Mal mehr als Anime-Held aus der künstlerischen Hand japanischer Zeichner erleben. Bekanntermaßen ist die Serie in ihrem Herkunftsland bis heute bestenfalls ein Insidern bekannter Geheimtipp und konnte niemals die Erfolge verbuchen, die sie in Deutschland sowie in etwas abgemilderter Form Frankreich, Italien und Spanien feiern konnte, und es ist überaus fraglich, ob im Land der aufgehenden Sonne angesichts der riesigen Konkurrenz im Anime- und Manga-Genre überhaupt ein gesteigertes Publikumsinteresse hieran bestünde.

Wie Christian Alvart in einem Interview verlauten ließ, soll es sich durchaus um eine Real-Adaption der Abenteuer des Hamilton'schen Helden handeln. Schauspieler für verschiedene Rollen seien jedenfalls bereits angedacht, deren Namen natürlich noch geheim gehalten werden, doch dürfe man durchaus davon ausgehen, dass es sich bei Alvarts *Captain Future* um eine internationale Produktion handeln wird, wie es bereits *Pandorum* gewesen ist.

Mit dem Fortschreiten der Verzögerungen bei der Vor-Produktion habe man ferner bereits mehrere potentielle Hauptdarsteller verworfen, da die Alvart-Version des Captain Future bei ihrem ersten Auftreten sehr jung sein soll. Alvart betonte in besagtem Interview, dass er unbedingt die Entstehungsgeschichte des Weltraumhelden zeigen wolle, die in weiten Teilen auch in den Romanen seines Erfinders Edmond Hamilton geschildert wird.

Captain Future alias Curtis Newton, wie die Figur eigentlich heißt, wird als Waisenkind gezeigt, das auf einer geheimen Mondbasis vom »fliegenden Gehirn« Professor Simon Wright, dem Bio-Androiden Otto bzw. Otho sowie dem Roboter Grag aufgezogen wird und in seinen ersten Lebensjahren keine anderen Menschen kennenlernt, was in seiner Entwicklung gewisse Probleme im Umgang mit den natürlichen Artgenossen des jungen Curtis mit sich bringt. Diese Entwicklung möchte Alvart in seiner Version natürlich ausführlich thematisieren, obwohl dergleichen niemals wirklich Bestandteil der Zeichentrickserie war. Doch Zeiten ändern sich und mit ihnen der Publikumsgeschmack. Es dürfte in der heutigen Zeit schwer sein, dem Publikum einen »fertigen Helden« zu verkaufen, der nun einmal so ist, wie er ist; gleichzeitig sollen die Alt-Fans der Serie nicht mit allzu vielen Neuerungen vergrault werden, die der Figur und damit der Serie zu viel von deren ursprünglichen Charakter nehmen könnten.

Nicht allein der Werdegang Captain Futures soll das Thema sein, sagte Alvart weiterhin. Der Zuschauer wird ebenso erleben, wie Grag einst erbaut wurde, wie Professor Wright zu seinem schwebenden »Ersatzkörper« kam und wie aus Joan Landor die schlagkräftige Weltraumagentin wurde. Aus diesem Grund müsse man einen solchen Film entsprechend vollkommen anders bewerben. Schlimmstenfalls käme es zu einem noch immer vergleichsweise teuren Flop, dem niemals eine Fortsetzung folgen würde … die Frage »Wollen wir das?« kann an dieser Stelle eigentlich durchaus ausgelassen werden, allerdings liegt auf der Hand, wohin solche Überlegungen letztlich führen: Wird es letztlich keinen Kinofilm, sondern eine Serie für das Pantoffelkino geben?

Christian Alvart ist, wie bereits vorher in diesem Kapitel erwähnt, der Showrunner der Serie *Dogs Of Berlin*, die einer der größten Überraschungserfolge bei der deutschen Sektion des Streamingdienstes Netflix ist, und dürfte hierdurch über hervorragende Beziehungen verfügen.

Und Science-Fiction rechnet sich auf Streaming-Plattformen, wie man nicht erst seit den neuen Star-Trek-Serien oder der Neuauflage des Klassikers *Lost In Space* weiß – keine dieser Serien war bisher im linearen Fernsehen zu sehen, und dennoch sind die Quoten stabil genug, dass es von jeder mehrere Staffeln gibt. Mit der Science-Fiction-Mystery-Serie *Dark* gibt es auch einen deutsch produzierten Genre-Vertreter, der es ausgezeichnet versteht, das Publikum zu unterhalten.

Läge also hier die Lösung?

Es sei noch einmal erwähnt – nichts Genaues weiß man nicht, und nicht einmal die ansonsten so emsige Gerüchteküche lässt sich mit Angeblichkeiten über die Veröffentlichung der Captain-Future-Neuauflage aus. Doch wäre eine Geschichte für Serien-Fans gut, die sie aus den TV-Episoden bestens kennen. Zumindest im ersten Teil der Captain-Future-Neuauflage. Moment … erster Teil … das impliziert doch, dass …

Obwohl sich Alvart hierüber nicht eindeutig geäußert hat, erweckt er doch recht offen den Eindruck, dass es mehr als nur einen einzigen neuen Film geben könnte. Das führt zwangsläufig zur nächsten wichtigen Frage: In welcher Form wird das Captain-Future-Remake/Reboot eigentlich entstehen?

Keine Frage, Fans wünschen sich einen Kinofilm. Dass auch Macher aus deutschen Landen zu dergleichen durchaus in der

Lage sind, hat nicht nur Christian Alvart selbst mit *Pandorum* bereits gezeigt, sondern auch seine berühmten Kollegen Roland Emmerich *(Independence Day)* und Wolfgang Petersen *(Enemy Mine – Geliebter Feind).* Wenn da nur das Wörtchen »wenn« nicht wäre … und das bezieht sich in diesem Fall auf die unvermeidliche Frage nach einem kommerziellen Erfolg.

Aufwändige Science-Fiction-Filme müssen im heutigen digitalen Zeitalter nicht mehr zwangsläufig teuer sein, und die Dimensionen eines *Terminator II – Tag der Abrechnung* sind dementsprechend auch kein Maßstab mehr. Dennoch wird jedes potentielle Filmstudio die notwendige Kosten-Nutzen-Rechnung für ein Projekt wie das Captain-Future-Remake erstellen (müssen). Natürlich hat die Serie bis heute treue Fans in Deutschland, wie aber sieht es eigentlich in anderen Ländern aus? Außerhalb Deutschlands, Japans, Frankreichs, Italiens und Spaniens kennt kaum jemand die Serie, vor allem nicht im riesigen Absatzmarkt der USA.

Netflix‘ mehrteilige Filmreihe (es MUSS ja gar nicht unbedingt eine vielteilige Serie sein!) ist durchaus ein ambitioniertes Projekt für Christian Alvart und sein zweifellos bereits zusammengestelltes Background-Team. Ob man dem Captain und seinen Abenteuern damit zu neuerlichen Erfolgen wie einst zu Anfang der 80er Jahre verhelfen würde, steht natürlich in den sprichwörtlichen Sternen. Aber uns vom Autorenduo kommt es durchaus so vor, als sei dies noch immer die erfolgversprechendste Möglichkeit für die Rückkehr unseres ikonisch gewordenen Helden.

Es gibt nur wenig auf dieser Welt, das so interessant ist wie die Zukunft. Seien wir also gespannt und lassen wir uns überraschen, in welcher Weise Captain Future, Grag, Ot(h)to und Professor Wright neue Abenteuer an Bord der Comet erleben werden!

DANKSAGUNGEN

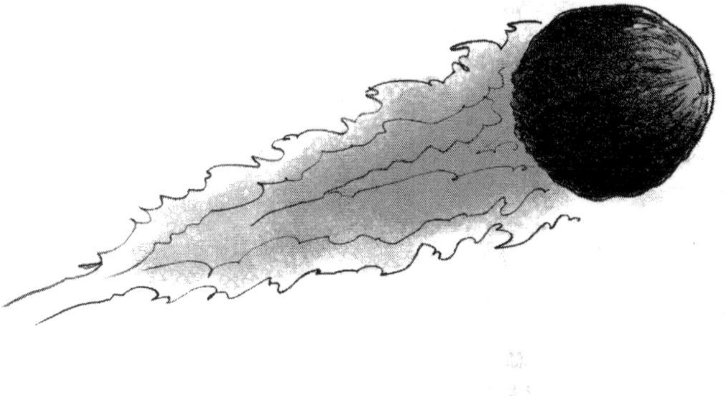

VON REINHARD PRAHL

Ein Sachbuch wie dieses erfordert neben einem großen Rechercheaufwand und natürlich enorm viel Zeit auch eine grosse Anzahl an Personen, die ein umfangreiches Projekt über Captain Future in Deutschland mitzutragen vermögen. Daher ist es nur fair, diesen Menschen herzlich zu danken. An erster und oberster Stelle sei meine Frau Kerstin erwähnt, die meine langen Tage und Nächte vor dem Fernseher und am Computer nicht nur geduldig ertrug, sondern mich auch stets dann ermutigte weiterzumachen, wenn ich einmal die Motivation verlor. Kerstin ist weder Nerd noch auch nur Fan, dennoch hörte sie sich tapfer meine kreativen Anwandlungen an und verschaffte mir Freiräume, wo immer es möglich war.

Mein Sohn Felix Tim, der noch Jahre davon entfernt ist, Papas Werke begutachten zu können, bekam bisweilen weniger Zeit mit mir, als er und ich gebraucht hätten. Dafür entschuldige ich mich von Herzen und hoffe, er wird dieses Buch dafür eines Tages mit Stolz und Freude in seinen Händen halten und mit mir gemeinsam die wunderbaren Welten des Edmond Hamilton kennenlernen.

Thorsten Walch, meinem Freund und Co-Autor, kann ich nicht genug dafür danken, dass er meine Vehemenz, Übellaunigkeit und die stundenlangen Diskussionen klaglos hinnahm. Deine Geduld, Ruhe, aber auch dein Wissen über Science-Fiction im Allgemeinen machten *Es lebe Captain Future* erst zu dem, was es heute ist.

Ein großer Dank gebührt auch Herausgeber und Verlagsleiter Björn Sülter. Björn leitete mit seinem grandiosen *Es lebe Star Trek* die Idee zu dieser tollen Serie ins Verlagsportfolio ein und führte es mit Thorsten Walchs *Es lebe Star Wars* und dem hier vorliegenden Band weiter. Ohne seine Freundlichkeit und seinen Mut wäre der Verlag In Farbe und Bunt heute nicht das, was er ist. Mögen noch viele Sachbücher dieser wahrhaft fantastischen Serie folgen. Björn, du hattest es nicht immer leicht mit uns und führtest so manchen Kampf um

Aussehen, Inhalt und Gestaltung dieses Buchs. Im Laufe der Zeit wurdest du aber zu mehr als nur zu einem lieben Kollegen. Das macht die Arbeit mit dir so spannend.

Abschließend gilt mein Dank all jenen, die sozusagen hinter den Kulissen einen enormen Anteil an der Fertigstellung von *Es lebe Captain Future* hatten: den Lektoren, Korrektoren, Covergestaltern, Setzern, Druckern, Testlesern, Beratern und unseren Interviewpartnern Sven Plate, Sebastian Pobot, Thomas Tippner und Marie Bierstedt, die sich die Zeit nahmen, das Buch mit ihren Erfahrungen, Erinnerungen und Meinungen zu ergänzen.

Last but not least danke an euch Fans, Nerds und Leser/innen. Gäbe es euch nicht, wäre *Captain Future* bereits vor 40 Jahren in den Tiefen der Vergessenheit versunken und nur eine weitere Serie unter vielen. Damit, dass eine kleine Zeichentrickserie wie diese ein so nachhaltiges Echo in Deutschland hinterlassen würde, hat 1980 beim ZDF sicherlich niemand gerechnet. Ihr seid die Besten!

VON THORSTEN WALCH

Wo zwei Autoren sind, da sind in der Natur der Sache liegend natürlich auch zwei Danksagungen. Und ebenso zwangsläufig kommt es zu Überschneidungen, da es in weiten Teilen die gleichen Leute sind, denen auch der zweite Autor zu großem Dank verpflichtet ist. Da ist natürlich Mit-Autor Reinhard Prahl zu nennen, der mit seinen überaus rationalen und vernünftigen Sichtweisen so oft den idealen Gegenpol zur eher mystisch-spirituellen Ader des Verfassers dieser Zeilen bildet, was eine gelungene Mischung ergibt. Ferner gibt es wenige Menschen mit einem so ansteckenden Enthusiasmus wie ihn.

Natürlich gilt auch meiner lieben Ehefrau Sabine, mit der gemeinsam ich 2020 auf 25 glückliche Ehejahre zurückblicke, erneut ebenfalls großer Dank. Durch ihren Zuspruch und ihre unaufhörliche Motivation (schließlich ist auch sie ein Nerd!) ist es mir überhaupt erst gelungen, meinen jahrzehntelang gehegten Wunsch vom Bücherschreiben wahr werden zu lassen. Doch erneut muss ich mich auch bei ihr für die vielen Unterlassungen im Haushalt und dem restlichen täglichen Leben entschuldigen, die durch die Arbeit an verschiedenen Projekten zustandekamen und noch immer kommen. Ich gelobe – wie so oft! – Besserung, fürchte jedoch, dass es mit der Durchführung hapern könnte.

Und natürlich darf auch auf meiner Seite Björn Sülter nicht fehlen. Mit der energischen Durchsetzungsfähigkeit eines James T. Kirk ist es ihm gelungen, aus dem Verlag In Farbe und Bunt eine der, wenn nicht die führende(n) Schmiede(n) von Nerd-Träumen verschiedenster Art zu machen – sei es mit ungeheuer fantasievollen und gelungenen Romanen und Romanserien oder mit Sachbüchern, wie man sie sich in der Anfangszeit des deutschen Phantastik-Fandoms sehnlichst gewünscht hätte. Möge die Macht lange und erfolgreich mit dir sein, Captain!

Und ansonsten möchte ich all den wundervollen Menschen aus der Science-Fiction-, Fantasy- und auch Horror- (kurz zusammengefasst als »Phantastik«) Fanszene danken, denen ich seit fast 40 Jahren immer wieder begegne und aus deren Reihen tiefe und mittlerweile fast lebenslange Freundschaften entstanden sind. Ohne euch alle wären nicht nur Bücher wie das vorliegende gar nicht möglich, sondern ohne euch würden Serien wie *Captain Future* binnen kürzester Zeit in Vergessenheit geraten, wenn nicht gar überhaupt nicht erst produziert werden.

Verliert niemals eure Fantasie und eure Fähigkeit zu träumen!

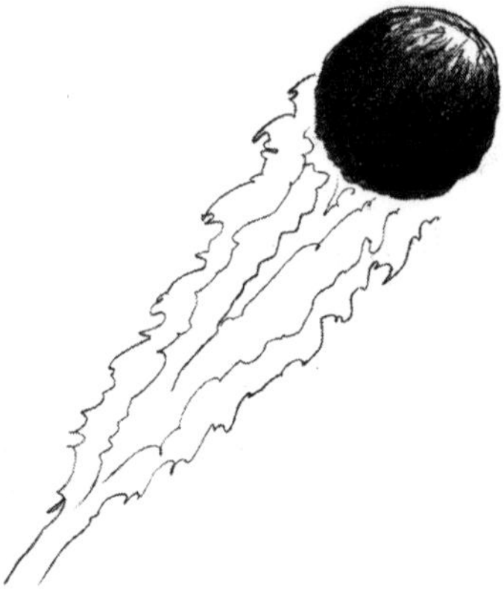

ANHANG

Captain Future: Titel der japanischen Originalfassung

Der schreckliche Weltraumherrscher

1. Auftritt des Weltraumherrschers
2. Das Gefängnis im Flammenmeer
3. Das Wunder der fliegenden Festung
4. Entscheidungsschlacht auf dem Mond Noon

Die verlorene Welt der Zeit

5. Ein 100 Millionen Jahre altes SOS-Signal
6. Das Rätsel des heiligen Sterns Koom
7. Die Entstehung des Sonnensystems
8. Eine Reise 5 Milliarden Jahre in die Vergangenheit

Die rätselhaften Raumschiffräuber

a. Special: Das fantastische Sonnensystem-Weltraum rennen

Die Unterwasserstadt Sturm

9. Die Verschwörung des Königs der Zerstörung
10. Die Falle auf dem Meeresgrund
11. Der schauderhafte Meeresteufel
12. Das Rätsel des Königs der Zerstörung

Jenseits der funkelnden Sterne

13. Der drohende Untergang eines Planeten
14. Die Tragödie des finsteren Sternes
15. Das Gesetz der Wächter

16. Der auferstandene Planet

Katastrophenalarm auf dem transparenten Planeten

17. Die Herausforderung des Ul Quorn

18. Das Dunkelvolk unter der Erde

19. Allein auf dem Planeten

20. Das Phantomvolk des transparenten Planeten

Die sieben geheimen Schätze des Sonnensystems

21. Die geheimnisvollen Steine der Galaxie

22. Todeskampf im Weltraumzirkus

23. Der Tod des Captains

24. Das unbekannte Mikro-Universum

Der dunkle Planet

25. Der wirbelnde Grabstein

26. Das Heulen des Gletschers

27. Die Erzählung des Monsterjägers

28. Die Zivilisation des Phantomsterns

Die Rebellion an Bord des Gefängnisschiffs

29. Ein Raumschiff wird gekapert

30. Die Flucht aus der Milchstraße

31. Von Null anfangen

32. Raumfahrer im Sternennebel

Das Duell auf dem magischen Mond

33. Captain Future gesucht!

34. Ein gefährlicher Drehort

35. Planet der Illusionen

36. Die ultimative Waffe im Einsatz

Das Komplott des Kometenkönigs

37. Die verschwundenen Raumschiffe

38. Der Herrscher des Kometen

39. Die wahre Gestalt des Alulus

40. Die Welt der Albträume

Die Schmuggler des Ewigen Lebens

41. Das Schmugglersyndikat des Ewigen Lebens

42. Die Herausforderung des Herrschers des Ewigen Le bens

43. Die Illusion von Leben und Tod

44. Die Entscheidung in der Hauptstadt der Albträume

Die Rettung des Planeten Tarust

45. Held einer wiederbelebten Legende

46. Plan zur Rettung Grags

47. Die Höllenstrafe der Einsamkeit

48. Das Rätsel des Helden Kafuru

Das Geheimnis der künstlichen Evolution

49. Das Rätsel der Weltraumruinen

50. Das Mysterium der Tiermenschen

51. Showdown in der Geisterstadt

52. Jenseits von Licht und Dunkelheit

Captain Future: Liste der Romane, Kurzgeschichtensammlungen und Comics in deutscher Sprache

– Anmerkung: Bereits in den 1950er-Jahren erschien ein Teil der originalen Captain Future-Romane unter dem eingedeutschten Titel Captain Zukunft im Erich Pabel Verlag im Rahmen der Heftroman-Reihe Utopia Zukunftsroman. Da diese Ausgaben vermutlich auch antiquarisch nur noch schwierig zu bekommen sein dürften, beginnen wir die nachfolgende Auflistung mit den Ausgaben, welche im Zug der Fernsehserie zwischen 1981 und 1984 im Bastei Lübbe Verlag veröffentlicht wurden. –

Romane von Bastei Lübbe

1.) Die lebende Legende (Captain Future And The Spa ce Emperor) von Edmond Hamilton

2.) Kollisionsziel Erde (Calling Captain Future) von Ed mond Hamilton

3.) Die Gravium-Sabotage (Captain Future's Challen ge) von Edmond Hamilton

4.) Der Lebenslord (The Triumph Of Captain Future) von Edmond Hamilton

5.) Diamanten der Macht (Captain Future And The Se ven Space Stones) von Edmond Hamilton

6.) Sternstraße zum Ruhm (Star Trail To Glory) von Ed mond Hamilton

7.) Der Marsmagier (Magician Of Mars) von Edmond Hamilton

8.) Im Zeitstrom verschollen (The Lost World Of Time) von Edmond Hamilton

9.) Die Materiequelle (Quest Beyond The Stars) von

Edmond Hamilton

10.) Das Erbe der Lunarier (Outlaws Of The Moon) von Edmond Hamilton

11.) Im Schatten der Allus (The Comet Kings) von Ed mond Hamilton

12.) Held der Vergangenheit (Planets in Peril)von Ed mond Hamilton

13.) Planetoid des Todes (The Face Of The Deep) von Edmond Hamilton

14.) Invasion der Sverd (Worlds To Come) von Joseph Samachson – diese Kurzgeschichtensammlung war der einzige Band der Bastei Lübbe-Veröffentlichun gen, die nicht aus der Feder des Originalautoren Ed mond Hamilton stammte.

Romane von Golkonda

2011 brachte der in Berlin und München ansässige Golkonda Verlag eine Neuauflage der Captain Future-Roman- und Kurzgeschichtenreihe heraus, in der neben Neuübersetzungen der bereits von Bastei Lübbe veröffentlichten Romane auch deutsche Erstausgaben bisher hierzulande unveröffentlichter Geschichten erschienen sind. Ein Teil der Neuausgaben erhielt dafür neue Titel.

1.) Der Sternenkaiser (neuer Titel von Die lebende Le gende)

2.) Erde in Gefahr (neuer Titel von Kollisionsziel Erde)

3.) Die Herausforderung (neuer Titel von Die Gravi um-Sabotage)

4.) Der Triumph (neuer Titel von Der Lebenslord)

5.) Die sieben Weltraumsteine (neuer Titel von Diaman ten der Macht)

Die restlichen Bände behielten ihre alten Titel.

Die Bände 21 und 22 der Golkonda-Neuauflage mit den Titeln Die Rückkehr von Captain Future (The Return Of Captain Future) sowie Der Tod von Captain Future (The Death Of Captain Future) enthielten bisher in deutscher Übersetzung unveröffentliche Kurzgeschichten sowohl von Edmond Hamilton als auch anderen Autoren, welche ursprünglich in verschiedenen amerikanischen Genre-Magazinen veröffentlich worden waren. Band 23 hingegen, der Roman Die Rache von Captain Future (Avengers Of The Moon) ist eine Hommage an Hamiltons Werk und stammt vom Science-Fiction-Autoren Allen Steele. Es erschien im Jahr 2017.

Die Comics von Bastei Lübbe

1980 beginnend erschienen 80 Comicbände der von Bastei Lübbe eigenproduzierten Comic-Reihe in Heftform. Neben den Heftausgaben produzierte man von 1981 bis 1985 zusätzlich 18 Bände im Taschenbuch-Format, welche auch nach der Einstellung der Heftreihe noch für eine Weile weiterhin erschienen. Die Comics besaßen in keiner Weise die hohe Qualität japanischer Mangas und wurden in Europa produziert. In ihnen wurden sowohl an die Handlung der TV-Serie angelehnte als auch hinzuerfundene Geschichten erzählt.

Hefte:

1.) Der Herrscher des Alls

2.) Invasion der Feuermenschen

3.) In der Falle der Säbelzahntiger

4.) Im Reich der Kometensonne

5.) Der Planet der Kroko-Monster

6.) Aufstand der Doppelgänger

7.) Der Stern der Riesensaurier

8.) Notruf aus dem All

9.) Die Wächter des Höllenplaneten

10.) Die unheimliche Maskenfrau

11.) Kampf der Roboter

12.) Raumpatrouille in Gefahr

13.) Notlandung in der Todeszone

14.) Der Söldner aus dem All

15.) Der Untergang des Feuerplaneten

16.) Die Gefangene des Sternentempels

17.) Verrat auf dem roten Planeten

18.) Planet der Verlorenen

19.) Das Raumschiff der Verräter

20.) Die Welt der Unbesiegbaren

21.) Der Überfall der Sternenjäger

22.) Die Wächter des großen Gehirns

23.) Der Planet der Würgepflanzen

24.) Invasion der Affen-Monster

25.) Die Kampfmaschinen von Pyras

26.) Im Banne des Sternenkriegers

27.) Das Raumschiff der blauen Bestien

28.) Alarm auf der Dunkel-Welt

29.) Die Nacht des kalten Feuers

30.) Der Wächter des toten Planeten

31.) In der Flammenhölle von Luna

32.) Der Wächter der Todesmine

33.) Die Verbannten von Terra

34.) Die Falle der Fledermaus-Bestien

35.) Kampf um die Erde

36.) Die Raumpiraten

37.) Das Tor des Vergessens

38.) In der Hölle von Urcan

39.) Im Schatten der Sternenfestung

40.) Die vergessene Raumstation

41.) Hüter der Nebelwelt

42.) Stützpunkt im Nichts

43.) Die Stunde des Menschenjägers

44.) Planet ohne Wiederkehr

45.) Im Zentrum des Bösen

46.) Paradies der Ungeheuer

47.) Im Sturm der Gnadenlosen

48.) Die Stunde der Lavamonster

49.) Der Fluch des Sternenlords

50.) Kampf um New York

51.) Vorstoß in die Hölle

52.) Angriff auf die Sternen-Festung

53.) Aufstand der Gladiatoren

54.) Im Fadenkreuz des Todes

55.) Der Doppelgänger

56.) Planet der Hypno-Kämpfer

57.) Notlandung auf dem Monster-Stern

58.) Palast der tausend Schrecken

59.) Alarm in der Höllenfestung

60.) Aufstand der Verdammten

61.) Kosmo-Kämpfer greifen an

62.) Die Rache des Sternenlords

63.) Gorak – der Gnadenlose

64.) Duell auf dem Todesstern

65.) Die Dämonen-Welt

66.) Jenseits der Sterne

67.) Der Planeten-Killer

68.) Die Hallle des Grauens

69.) Ein mörderischer Test

70.) Brennpunkt HYPER-BASIS

71.) Stern der Todgeweihten

72.) Clarissas Rache

73.) SOS aus der Hölle

74.) Im Zoo der Außerirdischen

75.) 40 Stunden in der Hölle

76.) Vorstoß zur Anti-Welt

77.) Die Rückkehr der Sternen-Monster
78.) Die Kelbes-Revolte
79.) Die Welt der tausend Schrecken
80.) Planet der Verdammten

Comic-Taschenbücher

1.) Angriff aus dem All
2.) Kampf um die gläserne Stadt
3.) Die Verräter von Xeron
4.) Planet der tausend Schrecken
5.) Das Ungeheuer von Merowia
6.) Piraten des Alls
7.) Das Geheimnis der Dunkel-Welt
8.) Die Monstergarde
9.) Die Wächter des Höllenplaneten
10.) Die Sklavernjäger von Cyber-13
11.) Im Bann der Sternenmafia
12.) Der Killer aus dem All
13.) Notlandung in der Todeszone
14.) Angriff der Killer-Bienen
15.) Der Kampfkoloss
16.) Der Todes-Blitz
17.) Reise in die Vergangenheit

18.) Planet der Verlorenen

Quellen

Filmmaterial

Captain Future Komplettbox BluRay, Universum Film GmbH, 2016

Coffret intégrale capitaine flam, DVD Box, Ab Vido

Captain Future Collectors Edition Blu Ray, Universum Film GmbH, 2019

Hörspiele

Die Rückkehr des Captain Future, Highscore Music/Maritim, 2012

Die Kinder der Sonne, Highscore Music/Maritim, 2012

Die Harfner des Titan, Highscore Music/Maritim, 2012

Nerven aus Stahl, Highscore Music/Maritim, 2012

Mond der Vergessenen, Highscore Music/Maritim, 2012

Kein Erdenmensch mehr?, Highscore Music/Maritim, 2013

Wiege der Schöpfung, Highscore Music/Maritim, 2013

Der Tod von Captain Future 1, Highscore Music/Maritim, 2013

Der Tod von Captain Future 2, Highscore Music/Maritim, 2013

Der Sternenkaiser 1 – Tod auf dem Jupiter, Highscore Music/Maritim, 2014

Der Sternenkaiser 2 – Die Macht des Sternenkaisers, Highscore Music/Maritim, 2014

Der Sternenkaiser 3 – Die Spur, Highscore Music/Maritim, 2015

Der Sternenkaiser 4 – Der Platz der Toten, Highscore Music/Maritim, 2015

Der Sternenkaiser 5 – Das geheime Wissen der Ahnen, Highscore Music/Maritim, 2015

Erde in Gefahr 1 – Die Bedrohung aus dem All, Highscore Music/Maritim, 2016

Erde in Gefahr 2 – Friedhof der Raumschiffe, Highscore Music/Maritim, 2016

Erde in Gefahr 3 – Die Ankunft des Dr. Zaro, Highscore Music/Maritim, 2016

Erde in Gefahr 4 - Die Straße der Jäger, Highscore Music/Maritim, 2016

Erde in Gefahr 5 – Welt der Illusionen, Highscore Music/Maritim, 2016

Erde in Gefahr 6 – In den Tiefen des Weltraums, Highscore Music/Maritim, 2016

Die Herausforderung 1 – Stunde Null, Highscore/Maritim, 2018

Die Herausforderung 2 – Konferenz im Weltall, Highscore Music/Maritim, 2018

Die Herausforderung 3 – In der Welt der Ozeane, Highscore Music/Maritim, 2018

Die Herausforderung 4 – Bedrohung aus der Tiefe, Highscore Music/Maritim, 2018

Die Herausforderung 5 – Gefährlicher Schwindel, Highscore Music/Maritim, 2018

Soundtrack

Bruhn, Christian: Captain Future – Originalmusik aus der TV-Serie, 1 CD, Colosseum (Alive), 1995

Literatur und Online-Artikel

Alpers, Hans Joachim, Fuchs, Werner, Hahn, Ronald M.: Lexikon der Science Fiction-Literatur, Heyne 1991

Bialy, Shmuel, Loeb, Abraham: Could Solar Radiation Pressure Explain Oumuamua's Peculiar Acceleration?, The Astrophysical Journal Letters, Vol. 868, 2018

Clute, John, Peter, Nicholls: The Encyclopedia of Science Fiction, Orbit Verlag 1999

Der Koran, diverse Ausgaben, unter anderem: Nikol 2010 und http://islam.de/

Div.: Der menschliche Körper – und wie der funktioniert, DK Verlag GmbH 2017

Div.: Spektrum der Wissenschaft Highlights: Parallelwelten: Über die großen Rätsel des Universums, 2012

Div.: Spektrum der Wissenschaft Kompakt: Dunkle Materie – Die Suche nach dem Unsichtbaren, 2018

Div.: Spektrum der Wissenschaft Kompakt: Dunkle Energie: Rätselhafter Antrieb des expandierenden Universums, 2019

Div.: Spektrum der Wissenschaft Kompakt: Schwarze Löcher: Was kommt hinter dem Horizont, 2017

Div.: Spektrum Spezial: Neue Blicke ins All: Rätselhafte Vorgänge und seltsame Objekte im Visier der Astronomen, Spektrum der Wissenschaft, 2018

Div.: Sterne und Weltraum Dossier: Die Milchstraße – Entwicklung und räumliche Struktur unserer Heimatgalaxie,

Spektrum der Wissenschaft, 2018

Div.: Sterne und Weltraum Dossier: Kometen und Asteroiden: Kleinkörper im Sonnensystem, Spektrum der Wissenschaft 2015

Dönges, Jan: Gedankenübertragung, https://www.spektrum.de/news/gedankenuebertragung/1185552, zuletzt abgerufen am 18.12.2019

Eisfeld, Rainer, Jeschke, Wolfgang: Marsfieber, Droemer, 2013

Fulton, Robert: The Encyclopedia of TV Science Fiction, Boxtree, 1995

Giesen, Rolf, Meglin, Claudia: Künstliche Welten Europa Verlag, 2000

Green, Brian: Das elegante Universum, Goldmann Verlag, 2006

Hruska, Thomas, Evermann, Jovan: Der neue Serienguide, 4 Bände, Schwarzkopf & Schwarzkopf, 1999

Kettlitz, Hardy: Edmond Hamilton: Autor von Captain Future, Golkonda Verlag, 2015

Krause, Till: Gute Mine, böses Spiel, https://sz-magazin.sueddeutsche.de/wissen/gute-mine-boeses-spiel-80689 , zuletzt aufgerufen am 30.09.2019

Naraminov, E.E., Li, H., Barnakov, A, Tumkur, T.U., Noginov, M.A.: Darker than black: radiation-absorbing metamaterial, 26. September 2011, publiziert auf https://arxiv.org/abs/1109.5469, zuletzt aufgerufen am 03.12.2019

Paàl, Gábor: Wie viele Gigabyte hat unser Gehirn, https://www.swr.de/wissen/1000-antworten/gesundheit/Hirnforschung-Wie-viel-Gigabyte-Information-kann-das-Gehirn-speichern,1000-antworten-2194.html , zuletzt aufgerufen am 29.12.2019

Plugge, Jörg: Wechselwirkungen industrieller organischer Schadstoffe mit Rhizosphärenkomponenten und Bilanzierung von Stoffströmen in Pflanzenkläranlagen – Laborversuche, Dissertation zur Erlangung des akademischen Grades Doktor

Raymon, Alex: Flash Gordon- Auf dem Planeten Mungo, Hannibal Kult, 2018

Rerum Naturalium, 2001, https://web.archive.org/web/20140327234450/http://www.ufz.de/export/data/1/29239_ufzbericht15_01.pdf, zuletzt aufgerufen am 20.09.2019

Leitenschläger, Bernd: Mit Raumsonden zu den Planetenräumen, BOD, 2018

Pobregar, Nadja, Lohmann, Dieter: Im Fokus: Sonnensystem, Springer Spektrum, 2014

Okuda, Michael und Denise: Star Trek: Die offizielle Enzyklopädie, Heel Verlag 1994

Randall, Lisa: Dunkle Materie und Dinosaurier, S. Fischer, 2018

Rieman, Dr. Rainer: Pluto & Charon, Codex Regius, 2016

Scholz, Mathias: Planeten des Sonnensystems, 2012

Scholz, Mathias: Kleine Planeten und Kuiperoide im Sonnensystem, 2013

Stoyan, Ronald: Atlas der großen Kometen, Oculum, 2013

Vaas, Rüdiger: Signale der Schwerkraft, Kosmos, 2017

Walch, Thorsten: Nerd-O-Pedia, Nibe, 2017

Westram, Heike: Metall-Ernte durch Phytomining – Diese

Pflanzen sind echte Heavy-Metal-Fans, https://www.br.de/themen/wissen/phytomining-superpflanzen-schwermetalle-hyperakkumulatoren-100.html , zuletzt aufgerufen am 30.09.2019

Webseiten

http://2045.com/, zuletzt aufgerufen am 29.12.2019

https://www.abiszubi.de/goodtimes/kult/interview.pdf , Interview mit Josef Göhlen, zuletzt aufgerufen am 13.02.2019

https://www.chemie.de/lexikon/Absoluter_Nullpunkt.html , zuletzt aufgerufen am 19.09.2019

https://exoplanetarchive.ipac.caltech.edu , zuletzt aufgerufen am 26.07.2019

www.fernsehserien.de/captain-future , zuletzt aufgerufen am 29.04.2019

www.futuremania.de, zuletzt aufgerufen am 28.08.2019

https://www.goldenekamera.de/streaming/article215814673/Neue-Captain-Future-Filme-bei-Netflix.html , zuletzt aufgerufen am 27.02.2019

www.greatscifi.de/captain-future-serie-zeichentrick-70er/ , zuletzt aufgerufen am 29.04.2019

https://www.handelsblatt.com/technik/forschung-innovation/lichtabsorption-metamaterial-ist-dunkler-als-schwarz/4672672.html?ticket=ST-3757651-Twgt-PVgk6VHF5GJLiQva-ap5 , aufgerufen am 03.12.2019

https://www.heise.de/tp/features/Gentechnik-und-Internet-3448101.html , aufgerufen am 17.07.2019

https://www.ingenieur.de/technik/forschung/gehirne-loesen-aufgaben-gemeinsam-mittels-hirn-zu-hirn-interface/ , zuletzt aufgerufen am 19.12.2019 https://www.innovations-report.de/html/berichte/geowissenschaften/exotische-planeten-aus-saphiren-und-rubinen.html , zuletzt aufgerufen am 19.09.2019

www.isfdb.org , zuletzt aufgerufen am 29.04.2019

http://www.laborlexikon.de/Lexikon/Infoframe/c/Calcium.htm , zuletzt aufgerufen am 19.09.2019

www.nasa.gov , zuletzt aufgerufen am 29.04.2019

www.oiger.de , zuletzt aufgerufen am 25.04.2019

https://www.ratgeber-muskeln-gelenke-knochen.de/specials/wirkstoff-lexikon/calcium-vitamin-d3/ , zuletzt aufgerufen am 19.09.2019

www.robertweinberg.net/captainfuture.htm, zuletzt aufgerufen am 23.09.2019

www.schnittberichte.com , zuletzt aufgerufen am 28.08.2019

https://scilogs.spektrum.de/einsteins-kosmos/erste-sterne-dunkle-sterne/, zuletzt aufgerufen am 29.04.2019

http://scienceblogs.de/astrodicticum-simplex/2011/11/01/uber-die-suche-nach-supermassereichen-dunklen-sternen/ , zuletzt aufgerufen am 29.04.2019

https://www.spektrum.de/lexikon/physik/roche-grenze/12490 , zuletzt aufgerufen am 09.07.2019

https://spektrum.de/news/neues-vom-interstellaren-besucher-oumuamua/1635770, zuletzt aufgerufen am 26.04.2019

https://www.spiegel.de/gesundheit/diagnose/china-gen-manipulation-an-crispr-babys-droht-lebenserwartung-zu-verkuerzen-a-1270649.html , aufgerufen am 18.12.2019

https://www.spiegel.de/wissenschaft/weltall/hubble-entdeckung-football-planet-spuckt-metalle-aus-a-1280233.html , zuletzt aufgerufen am 30.09.2019 https://www.sueddeutsche.de/wissen/bestaetigung-crispr-babys-china-1.4296824 , zuletzt aufgerufen am 18.12.2019

https://www.synchronkartei.de/, zuletzt aufgerufen am 19.12.2019

http://corp.toei-anim.co.jp/en/film/detail.php?id=100 , aufgerufen am 27.02.2019

http://www.weltraumport.de/events/vortraege/kometen/kometen-halley.html , nach Daten aus: Yeomans, Donald: Comets, 1991, zuletzt aufgerufen am 08.10.2019

https://wikipedia.org/wiki/Captain_Future , zuletzt aufgerufen am 30.06.2019

https://de.wikipedia.org/wiki/Jupiter_(Planet) , zuletzt aufgerufen am 29.04.2019

https://de.wikipedia.org/wiki/Titania_(Mond) , zuletzt aufgerufen am 29.07.2019

https://www.wissenschaft.de/allgemein/tachyonen-schneller-als-licht/ , zuletzt aufgerufen am 29.07.2019

https://www.wissenschaft.de/gesundheit-medizin/tote-schweinehirne-wiederbelebt/ , zuletzt aufgerufen am 11.09.2019

https://www.wissensschau.de/genom/crispr_forschung_medizin.php , abgerufen am: 18.12.2019

www.wunschliste.de/serie/captain-future, zuletzt aufgerufen am 29.04.2019

www.zeichentrickserien.de/captain-future.htm , zuletzt aufgerufen am 26.2.2019

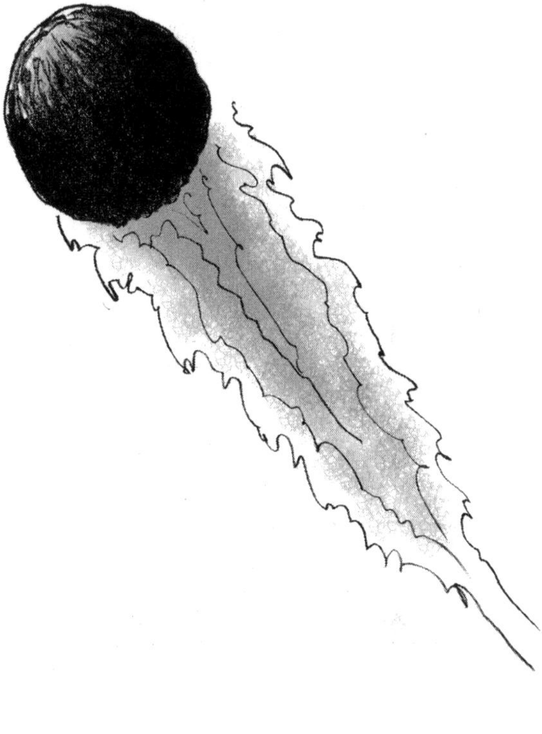

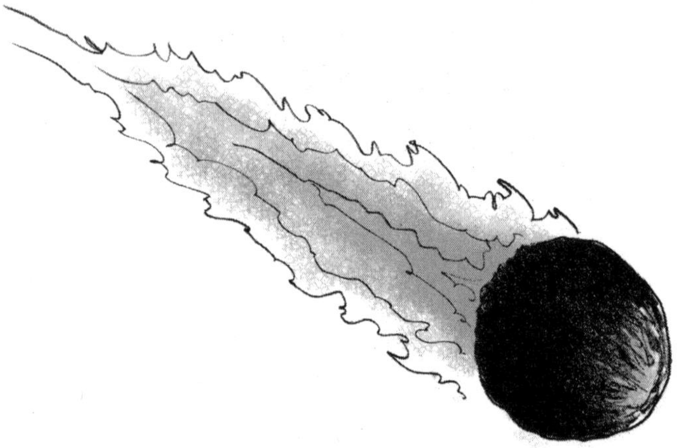

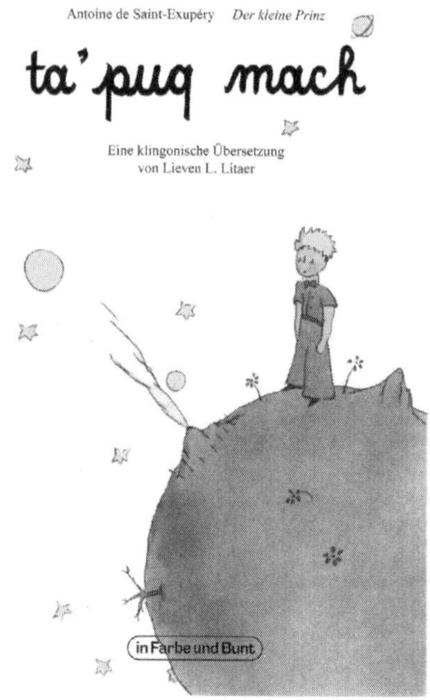
Antoine de Saint-Exupéry Der kleine Prinz
ta'puq mach
Eine klingonische Übersetzung
von Lieven L. Litaer
in Farbe und Bunt

Corona Magazine

Seit 23 Jahren auf dem Markt und nicht mehr wegzudenken: Das *Corona Magazine* liefert Rezensionen, Hintergrundberichte, Interviews, Berichte, Analysen und Fakten aus allen Bereichen der Phantastik von Literatur, Comic, Film und Serie über Musik, Spiele und Wissenschaft bis hin zu *Perry Rhodan* und *Star Trek*!

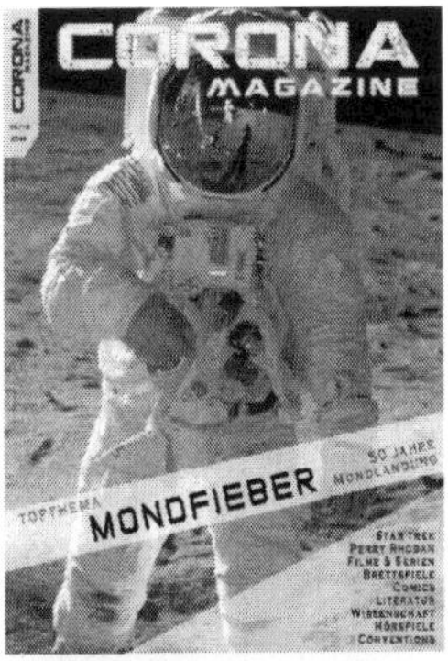

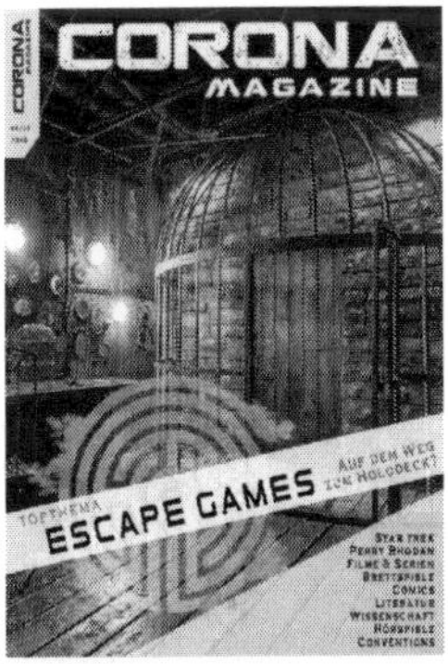

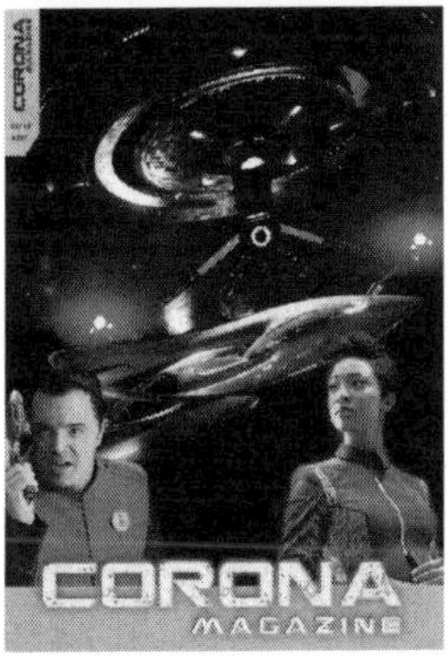

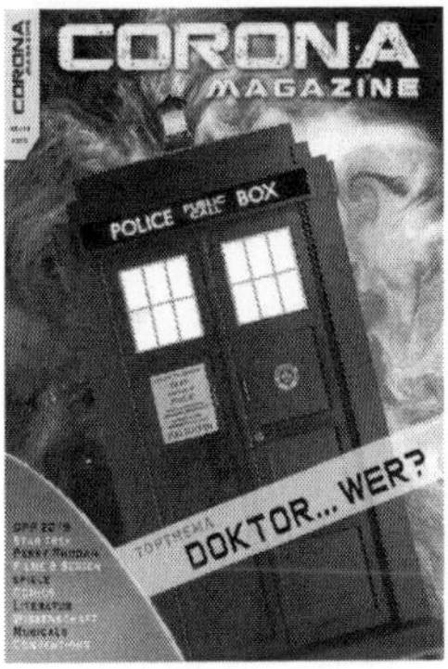

www.corona-magazine.de